|개정판|

유아와 교사를 위한

동작교육

이춘희 · 장미정 · 남효순

태영출판사

머리말

인간은 움직임을 통해 자신의 내면적인 세계를 표현하려는 잠재적인 욕구를 지니고 있다. 특히 영유아기의 어린이들은 움직임을 통해 욕구를 만족시킨다. 이에 자신의 내면적 세계를 표현하는 동작교육은 영유아의 발달에 직접적인 도움이 된다고 할 수 있다.

유아의 동작교육은 유아의 인지, 신체, 정서, 발달 측면을 함께 다룰 수 있는 특별한 교육적 가치를 지니고 있는 통합교육이다. 따라서 동작교육은 유아의 움직임을 '창의적'인 활동으로 구성하여 자신의 능력을 탐색하여 활동하고 감상하도록 한다. 또한 동작을 재조직하는 기회를 제공함은 유아교육의 질을 결정하는데 도움이 될 것이다.

유아기는 상상력이 풍부한 시기로 신체의 기본자세, 신체이동의 능력, 사물의 조작능력 등을 시험해 보는 시기이다. 그리고 남다른 사고와 움직임 등, 새로운 일을 스스로 시도해 보고자 한다. 그러므로 창의성의 하위기능인 유창성, 융통성, 상상력, 독창성, 민감성 등을 바탕으로 움직여 볼 때 유아는 세상을 이해하고 창의성을 개발할 수 있는 기회를 갖게 된다.

본서에서는 동작교육의 여러 영역을 매개체로 통합적인 교육내용이 운영되도록 다양한 지도방법을 제시하였다. 본서가 유아교육 현장에서 '유아 음률활동', '창의적 신체표현', '유아 교육무용', '유아 리듬활동' 등의 강의 교재와 유아교육기관의 참고서로 유용하게 사용될 수 있을 것이라 생각된다. 이러한 관점에서 유아의 보다 창의적인 움직임을 유도하고 개발하기 위해 이 책은 다양한 활동의 이론과 실제편

으로 구성하였다.

본 교재는 이론과 실제의 총 9장으로 구성하였으며 내용을 요약하면 다음과 같다.

이론편은 동작교육을 이해하기 위한 제반 지식을 설명하였다. 제1장은 유아 동작교육의 개념 및 목적에 대해 기술하였다. 유치원과 어린이집의 공통교육과정인 누리과정의 동작교육 영역에 대해 설명하였다. 2장은 영유아의 연령에 따른 운동능력의 발달과 기본동작의 발달 특성에 대해 소개하였다. 3장은 유아동작 표현활동의 기본동작에 대해 활동의 예를 통해 이해를 돕도록 하였다. 4장은 동작교육의 교수-학습방법과 동작교육을 구성하는 교사의 역할에 대해 구체적으로 살펴보았다.

실제편은 영유아의 교육현장에서 교사와 유아가 상호작용에 활용할 수 있도록 동작을 보다 창의적으로 구성하였다. 5장은 동작교육의 기본에 쉽게 접근할 다양한 기본 Step 동작활동을, 6장은 유아의 창의적인 신체표현을 동작활동에 연결할 수 있도록 하였다. 7장, 8장은 유아들의 주의집중과 흥미를 유도하여 동작활동에 응용할 손유희와 게임을 소개하였다. 9장은 유아 스스로 자신의 신체를 이용하여 창의적으로 사물을 표현하고 정서적 안정감과 성취감을 가질 수 있는 유아 요가체조를 통한 동작활동을 구성하였다.

이 책을 출판하기까지 많은 도움을 주신 동료 교수님들께 깊은 감사를 드린다.

본 서의 출판을 오래 기다려 주신 태영출판 사장님과 수고해 주신 관계자 분들께 고마움을 전합니다. 그리고 본 교재를 통해 영유아 동작교육의 중요성과 관심을 가지게 될 예비 유아교사와 유아들을 사랑으로 지도하고 계신 현장의 선생님들에게도 도움이 되기를 바란다. 아울러 부족한 책의 보완을 위해 귀한 충고와 아름다운 격려를 부탁드립니다. 특히 혹시라도 작곡자와 작사자, 인용에 누락됨이 있을 시에 연락 주시기 바랍니다.

2012년 7월

저자 일동

차 례

제1부 동작교육의 이론

제2부 동작활동의 실제

제 1 부

동작교육의 이론

제 1 장

유아 동작교육의 이해

1. 유아 동작교육의 개념 및 목적
2. 유아 동작교육의 배경
3. 누리과정과 동작교육

1. 유아 동작교육의 개념 및 목적

몸과 마음이 건강한 유아는 잠시도 쉬지 않고 움직이며 주변세계를 탐색하고, 건강한 유아는 자신의 생각을 동작을 통해 전달한다. 이 시기의 유아를 위한 동작교육은 유아의 신체 · 인지 · 정서적 발달에 많은 영향을 미친다. 따라서 유아기의 동작교육은 대단히 중요한 의미를 가진다고 하겠다. 본 장에서는 유아 동작교육의 개념과 이를 기초로 동작교육의 목적에 대해 알아보고자 한다.

1) 동작교육의 개념

유아들의 동작은 삶의 근원이다. 유아는 동작을 통해서 삶을 경험한다. 최근 유아교육의 많은 연구를 살펴볼 때 동작활동은 "유아를 위한 적절한 놀이 접근법으로서, 유아에게 집단으로 똑같은 동작을 요구하는 전통적 접근법에 찬성하지 않는다. 유아들이 창조적인 방법으로 게임, 놀이 동작활동 등을 통해 유아 자신의 환경 속에서 신체, 정신, 감정을 상호작용하는 복합성을 인식한다. 인간의 동작활동 요소에 좀 더 주의를 기울이면서 창작적인 움직임과 탐색을 강조한다."라고 한다.

이에 동작활동은 경험적인 지식이며, 특별한 교육적 가치를 지니고 있다. 활동으로는, 유아의 인지적 · 신체적 · 사회적 · 정서적 측면을 통합적으로 다룰 수 있도록 계획한다. 유아가 활동에 참여하는 동안 여러 가지 동작 기술을 탐색하고 실행하며 연습해 볼 수 있는 기회를 갖게 한다. 그러므로 자기 나름대로의 유연하고 자연스러운 움직임을 효과적으로 움직이는 방법에 대한 지식을 발전시키도록 도와 주어야 함을 의미하는 것이라 하겠다.

동작활동은 유아의 인지발달과 밀접한 관계를 갖는다. Piaget에 의하면 대개 2세까지의 감각 운동기에 있는 유아는 자신의 행동을 통해서 모든 것을 학습한다고 한다. 그 후 성장하면서 실제로 만져 보거나 움직여 보지 않고도 생각하거나 상상할 수 있게 된다. 이러한 생각이나 상상은 언어를 사용하기 이전에 행동이 내면화된 것으로서 추상적인 사고의 기초가 되는 것이다. 이와 같이 동작활동은 모든 감각의 통합이다. 이러한 감각적인 통합은 학습으로 가능한 것이며 그것은 곧 인지발달에 필수적인 배경이 된다.

유아는 몸동작을 신체적인 자의식과 어휘력을 기를 수 있다. 이는 공간개념, 모양, 색, 무게, 빠르기, 방향 등 사고의 기초적 개념도 움직임을 통해서 자각할 수 있다.

동작활동은 자신의 감정이나 정서를 표현하는데 필수적인 역할을 하므로 정서발달과도 밀접한 관계가 있다. 유아는 성인처럼 감정을 억제하지 못하므로 무서우면 몸을 떨고 기쁘면 깡충깡충 뛰곤한다. 그러므로 이러한 움직임에 의한 표현을 보다 잘 할 수 있게 하고, 감정을 해소하거나 또는 다양한 표현방법을 익히도록 하는데 동작활동이 기여할 수 있을 것이다.

유아의 다양한 경험과 기회를 통해 창의적인 표현력, 독창적인 문제해결의 태도를 기르며 주어진 공간에서의 동작이 중요한 역할을 하게 된다.

또한 자신도 환경의 일부라는 사실에 대한 인식은 곧 유아의 사회성 발달에도 필수적인 기초가 된다. 유아가 몸을 자유롭게 움직이고 나아가서 운동능력이 발달되면 자신의 신체적 능력에 대해 자신감을 갖게 된다. 이 자신감의 발달이 정서발달이나 사회성 발달에 매우 중요한 기초가 되는 것이다. 활동의 경험은 유아에게 자신감에 있어서 매우 중요한 일이다.

이에 유아로 하여금 실패감 없는 활동을 경험하게 하는 활동은 동작과 심리발달의 관계를 이해함으로써 가능하다고 본다.

따라서 연령이 어린 유아에게 있어서 움직임이라는 것은 '창의적인 활동' 혹은 '표현적인 활동'으로 간주된다. 이 시기의 유아들은 자신들의 몸을 이용하여 자유롭게 움직여 보는 것만으로도 충분하다고 할 수 있겠다. 그러나 연령이 증가할수록 동작 활동은 체계적으로 유아 자신의 능력을 탐색할 수 있도록 조직되어야 한다. 즉 동작교육이란 동작의 기초영역(기본동작과 동작의 기본요소)에 대한 이해를 바탕으로 이를 창의적 사고와 상징적 표현에 이용할 수 있도록 한다. 유아의 발달에 적합한 동작교육 프로그램을 통해 인지적 · 사회적 · 정서적 · 신체적인 발달을 도모하는 것이라 할 수 있다.

2) 동작교육의 목적

동작교육은 현대적 개념으로 볼 때 유아기 동작교육의 목적은 보다 포괄적인 목표로 계획되어야 할 것이다.

Barrett(1977)은 동작교육의 목적을 '표현 수단으로 자신의 신체를 사용하는 능력을 증진시키는 것이라 하였다. 동작표현을 통해 자기 만족감을 얻는 것이며, 움직이는 것에 대한 즐거움을 이해하고 감상하는 것이라 하였다. 이는 여러 가지 다양한 리듬을 해석하고 그에 반응하는 능력을 발달시키는 것'이라고 제시하고 있다. Graham(1993) 등은 '자신과 타인에 대한 느낌과 태도를 표현하기 위해 자신의 신체를 사용하는 능력을 증진시키는 것이다. 자신의 신체를 효과적으로 사용하여 표현의 도구로서 자기만족감을 증진시키는 것이며, 움직이는 것에 대한 즐거움을 인식하는 것' 등을 동작교육의 목표로 제시하고 있다. Seefeldt(1976)도 '신체의 움직임을 통하여 자아인식을 기르고, 사회적으로 협동하는 능력을 기르며, 심미감을 발달시킨다. 자신의 몸을 점차 복합적인 방법으로 활용하는 능력을 기르며, 사고하고 상징적으로 표상화할 수 있는 능력을 기르는 것'이 동작교육의 정의이자 목적이라고 밝히고 있다.

앞에서 살펴본 동작교육에 대한 여러 학자들의(Barrett, 1997 ; Graham et al., 1993 ; Seefeldt, 1976 ; Gallahue, 1993 ; Pica, 1995 ; 이영, 1993 ; 이영자 · 이기숙, 1987) 동작교육에 대한 정의와 목적을 참고하여 유아기 동작교육의 목적을 종합해 보면 다음과 같다.

첫째, 동작교육을 통해 자신감과 사회 · 정서적 능력을 발달시킨다.

유아는 동작을 통해 정서 및 사회적 능력을 발달시킨다. 이는 신체를 다양하게 움직여 보게 함으로써 신체에 대한 자아의식을 길러 준다. 아울러 적절한 동작기술을 발달시켜 타인과 원만한 관계를 맺는 사회적 기술을 증진시켜 준다. 자유자재로 자신의 신체를 조절하고 탐색한다. 문제를 해결할 수 있는 유아는 많은 성공적인 경험을 통해 긍정적인 자아개념을 형성하게 된다. 또한 다른 사람에게 효과적으로 반응하고 행동할 수 있는 능력을 갖게 됨에 따라 타인과의 관계가 원만해 질 수 있다. 만약 표현하지 못하면 좌절감이나 위축감, 실패감이 생길 수도 있다.

둘째, 동작교육을 통해 신체를 점차적으로 더욱 복합적인 방법으로 활용할 수 있게 된다.

점차적으로 신체를 복합적으로 움직일 수 있는 것은 성숙과 학습의 결과라고 할 수 있다. 유아기에 일어나는 가장 명백한 발달의 형태는 신체의 서로 다른 근육에 대한 통제력의 발달이라고 할 수 있다. 영아가 무기력하며 협응력이 부족하나 5세나 6세가 되면서 독립적이며 자립적으로 행동하게 된다. 머리에서 발끝으로의 발달과, 중앙에서 말초적인 신체의 발달을 통해 유아는 목을 가누고, 뒤집고, 기어 다니고, 앉고, 서고, 걷게 된다. 신체를 충분히 활용하는 방법을 배울 기회가 주어지면 5~6세 유아는 한 발로 균형잡기, 앵금질(한 발로 깡충깡충 뛰기), 달리기, 말뛰기, 스킵까지도 배우게 된다. 따라서 유아기에는 자신의 신체 중 여러 부분을 활용해 볼 수 있는 다양한 기회가 주어져야 하며, 교사는 이러한 기회를 최대한으로 제공해 줄 수 있어야 한다.

예를 들어 "몸의 여러 기관을 사용해서 돌아다닐 수 있는 방법을 생각해 보자."고 제안하면서 유아가 손과 무릎으로 기어서 돌아다녀 보도록 하거나, 한 손과 한 발로 걸을 수 있는 방법에는 어떤 것이 있는지 탐색해 보게 한다.

이러한 탐색을 기초로 하여 동작을 통해 유아는 자신이 바라는 욕구와 관심을 외면화하고 발전시켜 나갈 수 있다. 이는 신체를 표현의 수단으로 사용하게 되는 것이다. 즉 세차게 불어오는 바람에 떨어지는 나뭇잎의 움직임을 보며 모양에 대한 감각, 사물의 무거움과 가벼움, 공간과 관계되는 사람 · 사물 · 자연 등의 다른 요소들과 상호작용하는 것을 표현하게 된다. 이와 같이 표현하기 위해 탐색하고 발견하는 기회를 통해서, 유아는 이미 알고 있는 지식에 상상력을 발휘하여 다양한 표현적인 동작으로 확장해 나간다. 동작 탐색시간과 계획된 창작의 과정을 거친 후, 결과를 평가하고 이어지는 동작표현에 대해 계속 생각해 보는 것은 자신의 신체를 더욱 복합적으로 사용하면서 표현능력을 발달시켜 나가는데 중요한 영향을 미치게 된다.

셋째, 동작교육을 통해 기본적인 인지능력을 발달시킨다.

신체를 이용한 다양한 동작활동을 해 보게 함으로써 실험, 조작, 탐색, 발견의 기회를 갖게 한다. 그리고 자연 현상 및 사회 현상에 대한 개념이나 수, 색, 공간, 시간, 어휘력 등 기본적인 인지개념을 학습(문제해결 능력)하도록 한다. 유아는 자유롭게 각종 동물이나 곤충의 움직임을 동작으로 표현해 보는 가운데 동물이나 곤충의 특징을 파악할 수 있다. 또한 바람부는 날 바람을 등지고 달리거나 바람을 안고 달려 봄으로써 바람의 힘에 대해 경험해 볼 수 있다. 그리고 시소타기를 표현하면서 균형의 개념을 학습할 수 있다. "거북이 걸음으로 천천히 다섯 걸음 걸어 보자." 라는 표현활동을 통해서 수 세기와 수의 의미를 자연스럽게 학습할 수 있다. 또한 각종 동작활동을 통해 원, 반원, 네모, 긴 네모, 세모 등 모양에 대해 알게 되고, 토끼와 거북이처럼 움직이면서 속도 개념을 획득할 수 있다. 그 밖에도 외국의 민속무용 등을 배우면서 다른 문화의 특징을 인식하게 되며 여럿이 집단으로 함께 동작활동을 하면서 규칙과 질서를 체험하게 된다(이영, 1993).

넷째, 동작교육을 통해 기초적인 운동 능력을 기르며 신체인식(body awareness), 동작 가능성(movement potential), 공간인식(space awareness), 조작능력(manipulative ability)을 발달시킨다.

유아기에는 운동 기능이 급속도로 발달한다. 그러므로 이 시기는 달리기, 뛰기, 던지기 등의 기능을 훈련하기에 결정적인 시기라고 할 수 있다. 동작교육에 관한 연구 결과들은 기본적인 운동 기능의 경험이 이후의 더욱 복합적인 능력을 성취하도록 돕는다는 것을 제시하고 있다. 특히 유아를 위한 동작교육 프로그램에서 현재 가장 논쟁이 되고 있는 것은 운동 발달을 우연에만 맡겨서는 안 된다는 것이다. 운동 기능의 사용과 발달 사이에는 밀접한 관계가 있기 때문에 계획된 프로그램이 이 시기의 유아에게 주어져야 할 것이다(Gallahue & Ozmun, 1982 ; Gallahue, 1982 ; Hoffman et al., 1981 ; 김은심, 1995). 기본동작을 익혀서 그것을 매개로 하여 창의적인 움직임을 표현할 수 있다.

다섯째, 심미감과 창의성을 기른다.

동작 속에는 음악이 있고 율동이 있다. 유아들이 즐겨하는 손유희나 손뼉치기는 물론이고 걸음걸이와 같은 모든 움직임에는 리듬이 있다. 특히 리듬에 맞추어 다양하게 자신의 감정을 표현해 보면서 리듬과 동작의 아름다움, 그리고 균형과 조화의 아름다움 등을 느끼고 이해함으로써 예술적 · 심미적 감각을 기를 수 있다.

2. 유아 동작교육의 배경

1) Laban과 동작교육

Laban은 1879년 체코슬로바키아의 브라티슬라바(Bratislava)에서 태어났다. Laban의 이름은 몇 가지로 알려져 있으나 공식 명칭은 그의 제자 Oscar Bienz에 의해 사용된 Rudolf von Laban으로 알려져 있다(Thornton, 1971). Laban은 군인인 아버지와 교양있고 진보적인 사고를 하는 어머니와의 사이에서 태어난 4남매 중 장남이자 외아들이었다. Laban은 어릴적부터 군인인 아버지를 따라 아버지의 근무지가 바뀔 때마다 여러 곳으로 옮겨 다니며 새로운 경험과 기회를 가지게 되었다.

이러한 초년기의 여행이 그의 사상에 많은 영향을 주었다(육완순, 1986, 재인용). Laban은 아버지의 뜻을 따라 짧은 기간 육군학교에 다니다가 예술에 대한 흥미를 버리지 못한 채 예술을 공부하기 위해서 파리로 갔다. 1900년까지 파리의 예술학교(Ecole de Beaux Arts)에서 여러 과정을 이수하면서 특히 무대 디자인, 드라마, 무용 그리고 연극 구성, 무대 복장 등에 특별한 관심을 가졌다. 그러나 Laban이 인간의 움직임을 공부하게 된 직접적인 계기는 그의 아버지가 주둔한 발칸 반도에서 이슬람교의 승려인 Iman이라는 개인교사로부터 종교 의식에서의 움직임과 춤에 관해 배우게 된 것이었다고 회고하였다(Foster, 1977). 그의 부친을 통해 움직임에 대한 창조적인 생명력에 관심을 가졌으며, 군대에서의 절대적인 동작을 통한 전체 질서의 창조라는 점에서 받은 인상도 작용을 하였다. 또한 그의 어머니도 Laban을 승마 선수나 테니스 선수, 수영 선수로 키우고 싶어하였기에 그에게 다양한 기회를 제공해 주었다. 따라서 Laban의 움직임에 대한 관심은 연극, 무용, 스포츠 등 인간의 모든 움직임에서 비롯되었다(육완순, 1986).

Laban은 특별히 고전발레의 형식적이며 부자연스러운 동작 기술을 사용하지 않는 무용 드라마를 탐구하였다. 이 때부터 공간 형태와 조화에 대한 연구가 시작되었다. Laban은 1차 세계 대전의 소요 때문에 스위스로 옮겨와 살게 되었다. 여기서 움직임의 페스티발, 무용기보법, 체조기술의 연구법, 그리고 공간과 조화에 관한 아이디어들이 정리되었다고 한다. Laban이 1910년부터 1920년까지 스위스의 예술 분야에 끼친 영향 가운데에서 가장 중요한 것은 다다이즘(dadaism)에의 참여이다(육완순, 1986). 다다이즘은 전통의 권위, 예술의 기성가치나 형식을 모두 부정하는 허무주의적 성격을 가진 예술 운동으로서 Laban은 이 다다이스트들의 모임에서 주도적인 인물이었다.

Laban은 제 1차 세계 대전 이후에 독일에 돌아왔다. 그러나 독일 나치 정권하에서의 억압과 건강상의 이유로 작품활동을 소홀히 하다가 1937년에 영국으로 이주했다. Laban은 거기서 제자의 도움을 받으며 각종 예술 분야의 예술가에게 자문역할을 했으며 예술의 공통 요소인 움직임에 대해 연구하였다. 이때, 영국에서는 New Education Followship과 같은 교육 단체가 조직되었고, 혁신적인 교육의 이론과 실제에 대해 연구하였다. 이 단체에서 Laban의 동작교육에 많은 관심을 보이고 그 이론을 발전시켰다. 이를 계기로 Laban은 영국 체육에 많은 영향을 주었으며, Laban의 많은 제자들이 그의 이론을 이해하고 발전시켰다. Laban은 "인간은 자기 자신을 표현하기 위해서 움직임을 사용하고, 동시에 그의 움직임은 자신의 마음에 영향을 줄 수 있는 요인으로 작용한다."고 주장하였다.

Laban의 움직임 이론은 인간을 좀더 완전히 이해할 수 있는 방법을 제공하여 준다. 이유는 Laban의 움직임 이론은 신체적인 면에 제한된 것이 아니라 움직임을 통해서 보여지는 것과 같이 신체와 정신 사이의 상호관련성을 이해하고 의식을 촉진시키는데 목적을 두기 때문이다.

특히 Laban은 어린이의 정신 발달에 있어서 훈련만큼 유효한 것이 없다고 주장하였다. 그는 "어린이에게 있어서 움직임 교육은 지적 발달에 중대한 영향을 끼치며, 움직임을 통해 마음과 신체가 조화롭게 발달할 수 있다"고 말하였다.

어린이의 신체나 정신이 어느 한쪽으로만 치우쳐 발달하는 것은 바람직하지 못하다. 정신과 신체가 더불어 조화있게 발달해야 하므로 교사는 특히 이 점에 주의를 기울어야 할 것이다. 교사는 어린이들로 하여금 움직임과 주위와의 관계에 대한 이해를 도모해야 한다는 것이다.

어린이가 경험하는 움직임은 그의 마음에 뚜렷한 영향을 주기 때문에 동작의 강도에 따라 여러 가지의 정서적 변화가 일어난다. 따라서 신체와 정신을 상호 밀접하게 연결된 것으로서 이해하고 교사는 움직임을 통해서 학생들을 바람직한 방향으로 이끌어야 하는 것이다.

Laban은 스위스와 독일에 있었을 때에도 근로자의 움직임에 관하여 관심이 많았다. 그리고 영국에 와서도 Lawrence와 함께 공장에서 무거운 것을 운반하는 여성 근로자의 움직임을 자세히 관찰하고 움직임을 작용하게 하는 effort가 있다고 주장하여 「Effort」(1947)를 출판하였다. effort란 독일어 Antrib에서 나온 용어로서 인간이 움직이는데 있어 사용한 힘의 질적 변화를 나타낸다. 신체로 표현되는 effort는 움직임을 만드는 내적 충동이다. 인간을 움직이게 하는 원인이며 또한 태도를 볼 수 있는 상징이기 때문에 effort의 연구는 동작에 있어 표현을 훈련시키며 개인적 발달을 추구한다. 이는 교육이나 무용법에 사용될 수 있고 무용극 예술에 적용될 수도 있다. 이후 Laban의 동작이론은 근로자의 동작 변화의 연구에 크게 기여하였다(Foster, 1977).

한편, Laban이 영국에 도착했을 당시에 영국의 체육교육은 전통적인 스포츠와 게임, 그리고 스웨덴의 링 체조가 주축을 이루고 있었다. 아동 개개인의 자질이나 욕구, 흥미, 노력 등이 전혀 고려되지 않는 방식이었다. 이러한 기존의 교육 방법은 Laban이 영국에서 활동하면서 새로운 변화를 맞게 되었는데 특히 초등학교를 중심으로 가장 크게 일어났다. 종전의 교사들이 언제나 교사 위주로 지도한 반면, Laban은 항상 학생들이 발견 못하는 자신들의 장점을 찾아 내려고 노력하였다. 학생들은 전에 생각지도 못했던 자신들의 새로운 장점을 찾아 내서 자기들이 그 방면에서 가장 중요한 사람이라는 것을 인식하게 하였다. 이와 같이 Laban은 자기 학생들에게 최대의 관심을 가지면서 지도하려고 노력하였다. 재래적인 형식 위주의 지도 방법과 대조되는 이 새로운 지도 방법은 개방교육(open education)이라 불리웠다. 주로 교실 내부의 책상과 의자의 배치를 몇 개의 영역으로 나누어 공부할 수 있도록 꾸미는 등 공간의 재구성이 가장 큰 변화였다.

공간을 새롭게 이용함으로써 교사와 학생, 교사와 교사, 학생과 학생 사이의 상호 이해의 폭이 넓어졌다. 그리고 아동간 개인의 격차가 뚜렷이 드러남으로 한 반의 학생도 같은 내용의 교과를 가르치지 않고 각자의 속도나 능력 수준에 따라 개별적으로 학습하게 하였다. 이러한 교육 방법이 체육교육에도 반영되었으며 영국의 현대적 동작교육으로 발전되었다.

Laban의 동작 이론과 개방교육의 지도 방법이 혼합되어 함께 발전된 동작교육은 2차 세계 대전 당시에 특히 스웨덴 체조 프로그램의 형식적 전통을 이어받은 영국의 전통적인 체육에 불만을 품은 여성 교사들에 의해 민감하게 받아들여졌다. 또한 Laban의 인간 동작에 대한 개념과 학습자 중심의 개별적인 발견학습 방법을 중심으로 계속해서 전파되고 발전되었다.

이 새로운 체육교육 방법은 당시에 현대교육무용(modern educational dance)과 현대교육체조(modern educational gymnastics)로 불리어졌다. 그리고 Laban은 움직임을 시간(time), 힘(force), 공간(space), 흐름(flow) 등 네 가지 요소로 구분하였다.

첫째, 움직임에 있어서 시간이란 신체나 신체의 각 부분이 여러 가지 속도로 움직일 수 있는 능력을 말한다. 예를 들면, 빨리 혹은 천천히 또는 움직임이 가속되어 진행될 수 있고 혹은 감속으로 진행될 수 있으며, 리듬에 맞추어 움직일 수도 있다.

둘째, 힘이란 신체의 움직임에 있어서 근육의 수축 정도를 말한다. 즉, 움직임이 무거울 수도 있고 가벼울 수도 있는 상태이다.

셋째, 공간이란 신체가 공간을 어떻게 사용하는가를 말한다. 신체나 신체의 각 부분이 여러 방향(앞, 뒤, 옆)으로, 여러 궤도(똑바로, 돌아서)로 그리고 여러 단계로 움직일 수 있다.

넷째, 흐름이란 움직임의 특징을 말한다. 쉽게 멈출 수 있는 움직임이 있는가 하면 좀더 계속적인 움직임이 있다.

Laban은 이상의 네 가지 기본요소를 이용하여 효율적인 신체운동을 가르쳤다. 동작에 대한 여러 가지 기본 개념, 동작의 탐색, 다양한 기구의 사용, 창의적인 지도, 자유로운 수업 분위기 등을 중요시하였다. 또한 이 동작교육의 목적은 우리의 신체를 진공 상태에서 훈련시킬 수 없다는 원칙하에 다양한 환경의 변화에서 지적인 측면을 강조하여 효율적이며 표현적인 동작 반응의 발달을 목적으로 하였다.

따라서 이 동작교육에서는 아동중심의 교수방법과 개별 지도, 창의성, 자연성 및 자기발견을 통한 동작적 탐색이 가장 중요시되므로(Sweeney, 1970) 가르치는 방법이 재래적인 체육교육과는 다르다. 그리고 내용에서도 움직이는 가운데 타인을 이해하고 즐거움을 경험하고 자신감을 갖도록 하는 정서적 측면이 강조된다. 이 새로운 개념인 동작교육은 Laban의 원리에 기초함과 동시에 아동중심 혹은 학습자 중심의 교육방법에 기초하고 있다.

2) Frangois Delsarte의 동작표현

Delsarte의 삼위일체법은 마음(mind), 몸(body), 정신(spirit)의 통일체로서의 인간 개념을 명백히 하는 것이다. 그는 동작을 더 분석해서 긴장과 이완, 평형과 폼 그리고 원심성(eccentric), 구심성(concentric), 그리고 정상적인 동작(normal motion)으로 분류했다.

Delsarte의 '조화의 법칙'은 곧 삼위일체의 법이다. 이 의미는 표현동작은 그 동작에 영감을 주는 사상과 감정에 상호 교류함을 말한다. Delsarte는 이것을 하나하나의 정신적인 기능에 대하여 몸의 기능이 반응하는 것으로, 그리고 각기 다른 몸의 기능들에 대해 정신적인 행동이 조화를 이루는 것이라고 설명했다.

오늘날 Delsarte의 기본적인 움직임의 이론은 현재의 움직임 교육에 큰 영향을 미쳤다. 그는 사고와 감정의 상호전달 매체로서 움직임의 개념을 확립했으며 그렇게 하는 중에 보다 자연스러운 연기, 무언극(mime), 웅변을 만들어 냈다. 그는 마음, 몸, 정신의 삼위일체로서의 움직임을 동작, 무용, 체조의 연구에 있어서 새로운 접근방법으로 이끌어 내었다.

3) Isadora Duncan의 동작표현

세기가 바뀔 때쯤 미국에 새로운 스타일의 무용이 나타났는데 그때가 바로 Duncan이 그녀의 독특하고 자연스러운 무용을 선보이던 때이다. 전통 발레와는 대조적으로 그녀의 춤은 사상과 감정을 자유롭고 자연스러운 움직임을 통해 동작표현했다.

대양의 물결, 나무들 표피의 자유와 미의 느낌을 창작해 낸 Duncan은 학생들에게 자연의 움직임을 관찰하고 적용할 것을 가르쳤다. Duncan은 몸의 조화로운 발전을 위해 체조의 중요성을 강조했으며 유연성과 근력운동을 사용하여 몸이 영혼의 낭만과 사상을 표현하기 위해 가능하며 완전한 도구가 되게 했다.

'규율로부터의 자유' 그것은 바로 Duncan의 동작활동의 그 자체였다. 그녀는

또 생후 1년 정도가 지나면 걸을 수 있게 되는 발달 과정을 볼 수 있다.

둘째, 운동 능력은 신체 중심에서 외곽 부분으로, 즉 몸통 부분에서 말초 방향(proximodistal direction)으로 발달이 진행된다. 즉, 유아는 몸통과 어깨 근육의 발달이 이루어진 후에 손, 손목, 손가락의 운동 능력이 발달된다.

셋째, 운동 능력은 전체 운동에서 세부적인 운동으로, 즉 큰 근육에서 미세 근육(gross to fine motor)으로 발달이 진행된다. 유아의 몸이나 목, 팔, 다리 등의 큰 근육이 발달된 후에 손, 손목, 손가락, 발, 눈 부분과 같은 미세 근육이 발달되는 것이다. 가령 유아가 수저나 연필 등을 잡는 동작을 보면 처음엔 손바닥 전체로 잡다가 점차 운동 능력이 발달되면서 손가락을 사용하여 잡을 수 있는 것을 볼 수 있다.

이러한 운동 능력 발달의 일반적인 경향은 신생아기 이후 영아기(infancy)와 유아기(early childhood)에 더욱 급속한 발달을 이룬다.

계속 성장하는 운동 능력은 연령에 따라 두드러진 특성을 나타낸다. Gallahue (1993)는 운동 기능의 발달적 단계를 연령에 따라 반사적 동작(reflexive movement), 초보적인 동작(rudimentary movement), 기본적인 동작(fundamental movement), 전문화된 동작(specialized movement)단계로 구분하였다. 이상의 특징을 간략히 살펴보면 다음과 같다.

1) 1단계 : 반사적 동작(reflexive movement)

태아나 신생아에게서 나타나는 최초의 운동 발달 특징이라고 할 수 있다. 반사는 외적인 자극에 따라 무의식적으로 신체가 움직여지는 것을 말한다. 대표적인 반사 동작들을 보면, 빨기반사(sucking reflex)는 입술에 무언가가 닿으면 빠는 반사작용이다. 방향반사(directing reflex)는 뺨에 손가락을 대면 그것을 찾아 머리를 돌리는 반사행동이며, 바빈스키반사(Babinsky reflex)는 발바닥에 자극을 주면 발가락을 부채 모양으로 쫙 폈다가 오므리는 반사작용을 하는 것이다. 모로반사(Moro reflex)는 자극적인 소리에 깜짝 놀라 팔 · 다리를 벌렸다가 손을 오므리는 반사작용이다. 파악반사(grasping reflex)는 손바닥에 자극이 느껴지면 손을 오므려 잡으려 하는 것이다. 이렇듯 반사는 주로 먹는 기능과 생리적 기능을 유지하는데 유용하며, 신생아를 위험으로부터 보호해 주는 기능을 갖는다.

2) 2단계 : 초보적인 동작(rudimentary movement)

출생 이후부터 2세까지 발달한다. 반사적 동작이 점차 감소되면서 불완전해 보이는 기초 움직임이 나타나는데 이 시기는 의도적인 신체운동이 시작되는 주요한 시점이다. 목, 머리, 몸을 조절하면서 앉고 설 수 있는 비이동동작이 가능하며, 팔꿈치와 엉덩이로만 기어가는 동작(crawling)과 손과 무릎을 사용하여 기어가는 동작(creeping), 그리고 걷기(walking)와 같은 이동동작을 할 수 있다. 또한 조작적 동작 기술로서 사물에 손을 뻗치는 것이나 물건을 잡았다가 놓는 경험도 갖게 된다.

3) 3단계 : 기본적인 동작(fundamental movement)

2세 이후부터 7세까지 지속된다. 유아는 초보적인 동작 단계에서 점차 다양한 기본 동작을 성숙하게 수행할 수있는 단계로 이르게 된다. 신체를 안정된 자세에서 굽히고, 뻗고, 흔들고 하는 비이동동작의 기술을 획득한다. 뿐만 아니라 달리고, 높이뛰고, 기어오르는 등 다양한 이동동작이 가능하며, 공을 던지고 잡는 등 물체를 조작하는 동작도 발달된다. 그러나 아직은 세분화되고 정확한 기술적인 움직임은 발달되어 있지 않다.

4) 4단계 : 전문화된 동작(specialized movement)

7세 이후 초등학교 아동기를 거쳐 그 이후 청년기까지 지속적으로 발달되며, 이 시기는 보다 세분화하여 그 특성을 설명하고 있다. 초등학교 저학년(6~9세)은 과도기(transition stage)로서 기초적인 동작 발달 단계보다 각종 동작을 정확하게 구사할 수 있으며, 일반적인 운동(general movement) 능력이 발달하게 된다. 초등학교 고학년(10~12세)은 응용기(application)로서 보다 세분화된 운동(specific movement) 능력이 발달하며 복합된 동작 기술이 나타난다. 13세부터 청년기까지는 이용기

(utilization)이며 전문화된 운동 기술(specialized skill)이 발달된다. 이제까지 습득한 모든 운동 능력을 경쟁적이고 오락적 활동, 즉 각종 스포츠나 레크리에이션에 적용할 수 있다(이영, 1993, pp. 55-56).

유아기 동안보다 성공적인 경험을 하도록 이끌어 주기 위해서는 이들의 운동 발달 특성을 잘 이해하고 발달 수준에 적합한 동작활동을 제공해야 한다.

대부분의 동작 발달 연구가들은 특정 연령에 해당되는 특정 동작 능력을 제시하였다. 그러나 이것은 유아가 어떤 수준에 이르렀는지만을 참고하게 할 뿐이다. 중요한 것은 유아의 운동 능력을 신체적 성숙과 더불어 얼마만큼 동작을 발휘해 보는 경험을 하였느냐에 관점을 두어야 한다. 그러므로 유아들은 모두 서로 다른 속도로 운동 기술을 발달시키게 되므로, 어떤 연령적 기준에 도달했는지를 비교하는 것보다 개인적 발달 속도에 초점을 두는 것이 중요하다(Curtis, 1982, p. 82).

유아의 운동 발달 특성을 이해하는 것이 우선되어야 하겠다. 유아기에 발달되어야 하는 운동 능력인 초보적인 동작과 기초적인 동작의 출현시기 및 동작의 능력을 안정적 동작, 이동동작, 조작동작으로 나누어 다음에 표로 나누어 제시하였다. 표에 나타난 유아기의 기본적 동작 발달 특성은 연령에 따른 일반적인 경향임을 전제하여 참고하도록 한다.

〈표 2-1〉 유아의 안정적 동작 출현 연령

동작 유형	연령	동작 능력
역동적인 균형 (dynamic balance) : 역동적인 균형은 무게 중심의 이동에 따라 몸의 균형을 계속 유지	2세 2세 3세 3세 4세 4세 6~7세	• 낮은 평균대 위에 서 있기를 한다. • 5~7cm 정도 폭의 평균대 위를 걷는다. • 2~5cm 정도 폭으로 그려진 두 선을 따라 걷는다. • 1cm 폭의 짧은 평균대 위를 걷는다. • 2.5cm 정도 폭으로 그려진 원 모양을 따라 걷는다. • 10cm 정도 폭의 짧은 평균대 위를 발 바꾸어 걷는다. • 기본적인 앞으로 구르기를 한다. • 성숙된 앞으로 구르기를 한다.
정적 균형 (static balance)	10개월 11개월	• 잡고 서 있기(일으켜 세우기)를 한다. • 잡지 않고 서 있을 수 있다.

	12개월 5세 6세	• 혼자 일어서기를 한다. • 한 발로 균형잡기를 한다. • 거꾸로 서 있기를 한다.
중축적 균형 (axial balance)	24~30개월 4~6세	• 허리를 쉽게 구부린다. • 신체의 방향을 바꿀 수 있다. • 몸을 뻗고 꼬는 동작 등은 신생아 초기에도 나타난다. • 근육이 세분화되고 성숙되면서 몸의 균형을 잡는다. • 던지기, 받기, 차기와 같은 동작이 가능해진다.

〈표 2-2〉 유아의 이동 동작 출현 연령

동작 유형	연령	동작 능력
걷기(walking): 발끝과 발뒤꿈치에 신체의 무게를 옮기며, 바닥에 닿은 한쪽 발 앞으로 다른 쪽 발을 내딛는 동작	12개월 전후	• 성인의 도움 없이 앞으로 걷는다. • 발바닥의 평평한 부분이 바닥에 닿으며, 바닥에 닿는 다리의 무릎이 굽혀졌다 곧 펴지는 동작으로 걷는다. • 목이 약간 앞으로 경사진 자세이며, 걸음의 폭이 짧다. • 팔꿈치가 굽혀진 채 넘어지지 않으려는 듯 팔을 들어올린다.
	17~24개월 이후	• 옆으로, 뒤로 걷는다. • 발의 뒤꿈치(heel) 부분이 바닥에 닿으면서 몸의 중심이 옮겨진다. 바닥 위에서 들어올려지는 다리의 무릎이 굽혀진다. • 경사진 몸의 자세는 없어지며, 걸음의 폭도 길어진다. • 팔은 곧게 편 자세로 신체의 양 옆에서 가볍게 흔들린다.
	24~25개월	• 20개월 정도에는 성인의 도움으로 계단 위로 올라갈 수 있다. • 계단을 위, 아래로 오르내린다. 그러나 한 발씩 교대하며 오르내리지는 못한다. 한 계단에 두 발을 모두 모았다가 그 다음 계단으로 올라간다.
	3세 4$\frac{1}{2}$세	• 계단을 오를 때 한 발에 한 계단씩 서로 다른 발을 교대로 올려놓으며 올라간다. • 계단을 내려올 때도 한 계단씩 발을 교대하며 내려온다.
달리기(running): 몸을 순간적으로	18개월	• 빠른 걸음으로 달리는 듯하나 진정한 의미의 달리기는 아니다.

공중에 뜨게 하여 두 발이 동시에 바닥에 닿지 않는 짧은 순간이 포함	24개월 이후~3세	• 달릴 수는 있으나 유연하지 않은 뻣뻣한 자세로 달린다. • 달리는 걸음의 폭이 짧으며, 팔도 펴진 상태에서 균형을 유지하는 정도에서 팔의 움직임이 아주 적다. • 24개월까지는 달리다가 멈춰 서고 또다시 달리기 시작할 수 있으나 이 동작을 재빨리 변화시키기 어렵다. • 앞으로 내딛는 다리가 굽혀지는 정도도 아직은 낮은 수준에 머물며, 무릎은 앞을 향하기보다는 양 옆 바깥으로 향해 보인다.
	4~5세	• 몸을 약간 앞으로 경사지게 하여 달릴 수 있다. • 달리는 걸음의 폭이 길어지며, 팔의 동작이 달라진다. 즉, 다리와 반대쪽의 팔이 함께 움직여지며, 팔을 굽혀 팔뒤꿈치를 어깨 정도의 높이로 올려 달릴 수 있다. • 앞으로 내딛는 다리의 무릎도 높이 올라가고 그 뒷발의 뒤꿈치는 거의 둔부까지 올라간다. • 속도를 증가시키며 달리게 된다.
뛰기(jumping): 뛰어내리기, 높이뛰기, 멀리뛰기와 같은 동작이 포함	18~24개월	• 뛰어내리기(jump) 동작이 가능하지만 자주 넘어진다.
	30~36개월	• 뛰어내리는 동작을 보면 몸을 앞으로 약간 내밀고 팔을 뒤로 했다가 뛰어오른다. 두 팔을 위로 올리지만 몸은 쭉 펴지지 않은 상태에서 무릎은 약간 굽히고 한 발을 먼저 바닥에 착지한다. • 높이뛰는 동작을 할 때도 팔을 올리며 점프(jump)를 하지만 곧게 펴지지 않는다. 둔부와 무릎도 굽혀지며 약간 앞으로 경사진 상태로 한 발 먼저 착지하며 내려온다. • 위와 유사한 자세로 약 30cm 정도 앞으로 멀리뛰기를 한다.
	4~5세	• 뛰어내리는 동작을 준비하기 위해 몸을 웅크리고 팔을 앞, 뒤로 흔든다. 팔을 힘껏 흔들고 두 발을 모아 뛰어오르고 앞으로 뛰어내린다. 두 발을 모아 착지할 수 있다. • 높이뛰는 동작에서도 더 높이 뛰려는 준비자세로 무릎과 엉덩이를 굽혀 발목 가까이 웅크린다. 모은 신체를 위로 힘껏 편 자세로 몸을 올렸다가, 두 발을 모아 착지할 수 있다.
앵금질(hopping): 한 발로 뛰어올라	3세	• 편한 발로 아주 짧게 3번 정도 앵금질한다.

같은 발로 착지하는 동작	4세	• 같은 발로 4~6번 앵금질한다. 잘 사용하지 않는 발로도 앵금질이 가능하다.
	5세	• 같은 발로 8~10번 앵금질한다. • 약 11초 동안 15cm 거리를 앵금질한다.
	6세	• 리듬의 변형에 맞추어 능숙하게 앵금질한다.
말뛰기(galloping): 한 발은 앞으로 걷고 다른 발은 달리듯 빨리 끌어다 붙이는 동작	3세	• 성인의 겔로핑 동작을 모방하여 유사하게 나타낸다.
	4세	• 기초적이고 서투른 말뛰기 동작을 한다.
	6세	• 겔로핑 같은 불규칙적 리듬의 동작을 보다 성숙된 동작으로 할 수 있다.
스키핑(skipping): 한 발짝 앞으로 걷는 스텝동작과 가볍고 빠르게 뛰는 앵금질(hop)이 함께 일어나는 동작	4세	• 한 발로 스킵을 한다. • 한쪽 옆으로만 스킵을 한다.
	5세	• 서로 발을 엇갈리며 스킵을 할 수 있으나 성숙된 동작을 나타내는 유아들의 수가 적다.
	6세	• 성숙된 스키핑 동작으로 지속하여 동작할 수 있다.

〈표 2-3〉 유아의 조작적 동작 출현 연령

동작 유형	연령	동작 능력
던지기(throwing)	2~3세	• 발을 고정시키고, 손에 든 공을 귀 가까이에 올려 팔을 뻗친 자세로 내던진다. 이제 한 발을 앞으로 내딛지 않고 몸통도 고정되어 있다.
	3.5~5세	• 공 든 손을 머리 뒤까지 젖혔다가 던진다. 이 때에도 발을 내놓지는 못하지만, 던지는 팔과 반대쪽으로 몸통을 돌린다.
	5~6세	• 팔동작과 몸통 회전은 윗단계(3.5~5세)와 같다. 공을 던지는 팔과 같은 쪽의 다리를 앞으로 내딛으며 던진다.
	6세 이상	• 던지는 동작이 시작되면서 몸의 무게는 공을 든 쪽으로 옮겨진다. • 팔을 들어 머리 뒤로 올린다.

던지기(throwing)		• 던지는 팔과 반대편 쪽의 다리를 앞으로 내딛으며 몸무게를 옮긴다. • 몸통을 던지는 쪽과 반대쪽으로 돌려 준다. • 팔과 손목을 사용하여 낚싯줄 던지듯 공을 멀리 던질 수 있다.
받기(catching)	2~3세	• 공중에서 날아오는 공에 반응을 못하고, 팔동작의 반응이 늦다. • 손바닥을 위로 향한 채 몸의 바로 앞에 떨어지는 공을 팔을 쭉 편 상태에서 잡으려 한다. • 공이 팔에 닿은 팔꿈치를 굽힌다. • 가슴으로 껴안 듯이 공을 받으려 한다. 공이 날아오면 두려움의 반응으로 머리를 돌리거나 뒤로 젖힌다. • 팔꿈치를 가볍게 굽히고 팔을 앞으로 한다.
	4세	• 공이 다가오면 가슴 쪽으로 두 팔을 둥글게 하여 잡는다.
	5세 이후	• 가슴에 의지하지 않고 손으로만 공을 받으려 한다.
	6세	• 날아온 공을 가로채려는 듯한 손동작을 한다. • 손을 움직여 날아오는 공의 힘을 제어하기 위해 엉덩이와 무릎을 굽힌다.
	7세 이후	• 공이 오는 방향쪽으로 몸을 움직이며 공을 잡게 된다.
	8세	• 달려가며 공을 잡을 수 있다(이동동작과 조작동작의 병행).
차기(kicking)	2~3세	• 다리를 곧게 펴고 앞을 향해 공을 차지만, 다른 신체 부분은 함께 움직이지 않는다.
	3~4세	• 공을 차기 위한 준비 자세로 공 차는 다리를 낮은 정도로 들어올리고 뒤로 가져간다.
	4~5세	• 무릎을 굽혀 보다 높게 다리를 올리고 뒤로 가져간다. • 다리가 흔들리는(swing) 폭이 더욱 커지고, 팔은 반대방향으로 움직이며 균형을 잡는다.
	5세 이후	• 몸이 뒤로 약간 젖혀진다. • 다리는 보다 더 큰 폭으로 움직인다. • 공에 닿는 다리를 흔들다 무릎을 곧게 한다.

차기(kicking)	5세 이후	• 팔도 함께 뒤로 가져간다거나 몸통을 굽히는 등 다른 신체부위의 동작도 함께 나타난다. • 공을 차기 위해 공 뒤로 약간 멀리 서 있다가 몸 전체를 움직이며 공을 찬다. • 구르는 공을 찰 수 있다.

참고 : Gallahue & Ozmun(1982), pp. 223~282.
Gallahue(1976)를 인용한 이영(1993), pp. 54~60.
Pica(1995), pp. 38~74.

제 3 장

유아의 동작표현 활동

1. 유아의 기본 동작활동

1) 비이동동작(Nonlocomotor movement)

비이동동작은 서 있는 상태 또는 무릎을 꿇고 있는 상태, 앉은 상태, 누워 있는 상태와 같이 한 곳에서 움직이는 동작이다. 그래서 비전이동작 또는 축을 중심으로 하는 동작(axial movement)이라고 부르기도 하는데 이는 신체를 축으로 고정하여 다양한 움직임을 한다는 것이다.

비이동동작은 운동 기술로 간주되고 있으나 Murray(1975, p. 129)에 의하면 비이동동작은 운동으로 보기 어렵고, 오히려 창의적 표현을 위한 탐색 과정에서 출발점으로의 기능을 하는 것으로 보았다. 그러므로 동작의 효과적인 신체의 관리를 위해서는 동작의 다양성 뿐만 아니라 동작의 효과적 통제도 아주 중요하기 때문에 융통성이 제한된 비이동동작도 중요한 의미를 가진다.

(1) 구부리기(Bending)

구부리기는 신체의 일부를 수축하여 근접하도록 하는 동작이다. 팔, 손가락, 다리, 목, 허리 등 모든 신체 부분들이 구부러질 수 있다. 굽히는 동작(bend)과 쭉 펴는 동작(stretch)은 함께 병행할 수 있는 자연스러운 움직임이다. 구부리기는 유아기에는 남녀 모두 보통 유연하나, 나이가 들어감에 따라 연습이 부족한 경우에는 유연하지 못하게 된다.

〈활동의 예〉

- 신체 중 구부러질 수 있는 곳 찾아보기
- 앞으로, 옆으로, 웅크린채로 동작하기.
- '잠에서 깨어나 하품하는 것처럼 쭉펴기', '운동화 끈을 매는 것처럼 굽히기', '바닥에 떨어진 동전을 줍기 위해 몸을 굽히기' 등을 상상하여 동작해 보기

구부리기

(2) 뻗기(Stretching)

뻗기 동작은 신체의 한 부분 또는 여러 부분을 수직으로, 수평으로 뻗어 늘리는 것이다. 뻗기 동작의 요소는 구부리기 동작과 반대되는 동작이다. 구부리기 동작과 마찬가지로 뻗기의 가능한 범위는 유아의 유연성과 신체 발달에 의해서 정해져야 한다. 흔히 남자 아이가 여자 아이보다 덜 유연한 경우가 많기 때문에 여자만큼 신체를 뻗기를 기대해서는 안 된다. 신체를 뻗어 보는 동작은 운동 근육이 수축되는 것을 막으며, 몸을 더 차분하게 하는 면도 있다.

〈활동의 예〉

- 고양이가 하품하는 것처럼 뻗어 보기
- 한쪽 팔을 높게, 한쪽 팔은 낮게 뻗어 보기
- 누워서 한쪽 다리는 바닥에 길게, 다른 쪽은 천장을 향해 뻗기

뻗 기

(3) 꼬기(Twisting)

꼬기동작은 축을 중심으로 신체의 한 부분을 다른 부분으로 회전시키는 움직임을 말한다. 신체의 다른 부분은 고정시킨 상태에서 신체 부분을 반대방향으로 돌리거나 부분적으로 돌린다. 신체 부분인 목, 몸통, 팔, 다리는 쉽게 꼬기 동작에서 할 수 있는 부분들이고, 손목, 발목, 어깨, 엉덩이는 동작이 쉽게 되지 않는 부분들이다.

꼬기는 거의 이동이나 조작적 동작과 함께 나타나는 동작형태이다. 꼬기에서 기억해야 할 기본적인 것은 회전하기(Turning)와는 달리, 신체의 한 부분을 움직이지 않고 다른 부분을 돌리는 것이다. 꼬기는 대부분의 조작적 동작의 기본이 된다.

〈활동의 예〉

- 모래 위에서 발로 구멍을 파내는 움직임 해 보기
- 발로 모래를 섞는 모습처럼 동작하기
- '세탁기 안쪽'이 움직이는 모습을 상상하여 동작하기

꼬 기

(4) 회전하기(Turning)

몸을 중심으로 하여 자신의 신체 부분 또는 전체를 거의 완전히 돌려 보는 동작이다. 몸을 회전시킬 때 팔과 머리도 돌리는 방향으로 움직여야 한다. 돌려 보는

동작은 시계 방향과 시계 반대 방향으로 신체 여러 부분을 돌릴 수 있다. 유아에게 방향을 제시할 때는 시계 반대 방향 또는 시계 방향이라는 용어는 사용하지 않아야 한다. 오른쪽 · 왼쪽이란 용어를 사용해야 하는데(Graham, 1993) 이 용어가 익숙해질 때까지는 먼저 구체적인 방향, 예를 들어 '창문이 있는 쪽으로' 등으로 지칭해 주어야 한다.

회전하기는 대부분의 게임과 스포츠, 무용에서 사용되며 방향을 바꾸는데 이용된다. 또한 스케이팅에서도 사용된다.

〈활동의 예〉

- 우리 몸에서 돌릴 수 있는 신체 부분 찾아보기
- 몸을 축으로 하여 돌 때, 천천히, 빨리, 높게, 낮게 등으로 회전해 보기
- 걷다가 또는 달리다가 몸 돌리기를 해 보기

회전하기

(5) 흔들거리기(Swinging)

흔들거리기는 신체의 한 부분 끝을 고정하고 다른 부분은 포물선을 그리면서 앞과 뒤로 자유롭게 움직이는 추의 움직임을 말한다. 흔들거리기는 대부분의 이동동작과 조작적 동작에서 발견되어지는 동작 형태이다. 신체의 부분, 즉 머리, 팔, 다리 등으로 동작을 할 수 있으며, 몸 전체로도 할 수 있다.

성숙된 흔들거리기를 위해서는 첫째, 동작은 편안하고 리드미컬해야 하며 둘째,

몸의 부분은 고정된 부분에서부터 자유롭게 작은 포물선을 그리면서 흔들거리며 셋째, 신체는 중요한 동작을 할 때 꼿꼿이 펴야 한다.

〈활동의 예〉

- 신체의 어떤 부분으로 흔들어 보기
- 동작이 가능한 곳 찾아보기
- 팔을 앞뒤로 흔들어 보기
- 오뚜기 처럼 흔들어 보기
- '시계의 추', '자동차 앞 유리에 있는 와이퍼(wiper)'의 움직임처럼 상상하여 흔들어 보기

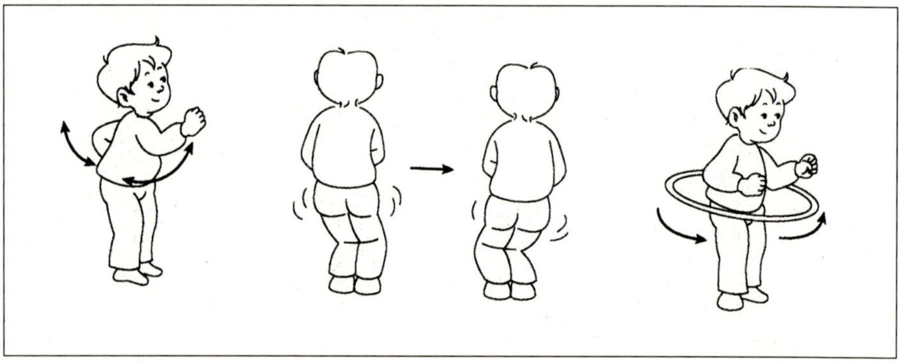

흔들거리기

(6) 구르기(Rolling)

구르기는 신체가 순간적으로 앞, 뒤, 옆의 공간으로 뒤바뀌는 것을 말한다. 먼저 손은 어깨 너비로 땅을 짚고 무릎을 구부린 자세로부터 시작된다. 몸을 뒤집을 때 무게는 유아의 손과 어깨에 놓이게 되고, 등은 둥글게 된다.

이 동작은 신체의 공간 인식, 균형을 발달시키는 좋은 활동이 된다. 구르는 동작이 아동들이 재미있어 하는 활동이다.

<활동의 예>

- 천천히, 빨리 굴러 보기
- 통나무 처럼 굴러 보기(log rolls)
- 팔을 머리 위로 올려 몸을 길게 쭉 편채로 양 방향으로 굴러 보기
- '공', '훌라후프'가 구르는 것처럼 상상하여 구르기

구르기

2) 이동동작(Locomotor movement)

이동이란 공간 속에서 신체의 위치를 바꾸면서 일어나는 동작을 말한다. 이동동작은 안정 동작과 함께 일어나는 경우가 많다. 안정의 기본적인 형태는 이동동작을 효율적으로 할 수 있기 이전에 숙달되어져야 한다(Gallahue, 1975, p. 11). 이동동작의 스텝은 리듬의 요소를 학습하는 가장 좋은 접근이 된다.

이러한 기본적 동작의 다양한 형태를 경험할수록 유아는 리듬적 운동 능력과 표현 능력이 증진되며 균형성이 풍부해져서 더욱 창의적인 동작으로 이끄는 준비가 된다.

(1) 걷기(Walking)

걷는 것은 발끝(toe)과 뒤꿈치(heel)에 무게를 옮김으로써, 공간 속으로 자신의 신체를 옮기는 동작이다. 이는 균형을 잡기 위해 팔을 들어올리며, 발바닥 전체를

바닥에 닿게 하고 걷는다. 점점 성숙하면서 뒤꿈치를 바닥에 닿게 하면서 걷고, 걸을 때 앞발의 무릎이 약간 굽어지며, 팔도 약간 굽히며 다리와 반대로 자연스럽게 흔들며 걷게 된다.

걷기 동작은 머리를 똑바로 들고 시선은 눈 높이로 앞을 주시하고 발이 일직선이 되어 앞을 향해 내딛고 팔은 자연스럽게 움직이며 걷는 바른 자세가 늘 지도되어야 한다. 몸을 곧게 세우고 발끝 모두 앞을 향하여 일직선이 되어야 하며, 몸의 무게가 다섯 개의 발가락 쪽에 골고루 분배되어야 한다.

<활동의 예>

- 재미있는 모양을 만들며 걸어 보기
- 제자리에서 앞으로, 뒤로, 옆으로 걸어 보기
- 걷다가 신호에 맞추어 걷는 속도 변화시키기
- '모래 속 걸어 보기', '유령집 걷기', '깊은 눈 속에서 걷기' 등 상상하면서 걷기

걷 기

(2) 달리기(Running)

달리기는 몸을 순간적으로 공중에 뜨게 하며 몸의 무게를 한 발에서 다른 발로 옮기는 동작이며, 이때 신체는 약간 앞으로 경사진 자세로 팔을 약간 굽혀서 반대편 무릎 가까이 흔들게 된다.

유아는 달리기하는 기회가 증가함에 따라 달리기의 패턴이 성숙된다. 따라서

유아기에는 달리기를 위한 많은 기회가 필요하다. 앞방향으로 곧장 달리는 것은 뒤로, 옆으로, 지그재그 패턴으로 달리는 것보다 먼저 이루어진다.

〈활동의 예〉

- 팔을 많이 흔들며 달리기
- 신호에 따라 멈추거나 빠르게 달려 보기
- 뒤로 옆으로 달려 보기
- '육상 경기를 할 때', '농구를 할 때', '잡기 놀이를 할 때' 등을 상상하며 달려 보기

달리기의 연속 동작

(3) 뛰어넘기(Leaping)

뛰어넘기는 달리기 스텝의 연장이다. 달리기 스텝이 높이와 거리에 있어 증가함에 따라, 공중에 떠 있는 상태의 기간이 길어진다. 유아는 어떤 장애물을 뛰어넘을 때 또는 지정된 지점에 도달하고자 할 때 자연적으로 뛰어넘기를 하게 된다.

일반적으로 달리기가 이어지며 높이 경쾌하게 나는 것처럼 해야 된다. 땅바닥에 내려올 때는 유연하게 내려온다.

〈활동의 예〉

- 여러 방향으로 뛰어넘기
- 팔을 앞으로 뻗으면서 뛰어넘기

- 로프, 훌라후프 등을 바닥에 놓고 건너뛰기
- '웅덩이 뛰어넘기, '장애물 뛰어넘기', '슈퍼맨 되어 보기' 등 상상하며 뛰어넘기

뛰어넘기

(4) 뛰기(Jumping)

뛰기는 이동적인 움직임으로 발가락을 밀어 올리며 양 발로 바닥에서 뛰어오르고 다시 내려선다. 뛰기에는 어떤 높은 물체에 닿으려고 할 때 높이 뛰는 것, 장애물을 뛰어넘고자 할 때의 멀리뛰기, 높은 곳으로부터 뛰어내리기의 세 가지 형태가 있다.

뛰기를 하기 위해서는 두 발 또는 한 발을 이용해서 날아오르듯 몸을 위로 올려 뛰는 것이다. 땅 위에서 뛰어오를 때 바닥과 마지막으로 닿는 부분이 발끝(toe)이다. 다시 바닥에 내려올 때도 발끝(toe)이 먼저 닿고 그 다음 발바닥 부분, 발뒤꿈치가 닿게 된다. 무릎은 바닥 위에서 충격을 흡수하기 위해 굽혀져야 한다.

〈활동의 예〉

- 제자리에서 깡충 뛰어 보기
- 앞으로, 뒤로, 옆으로 뛰어 보기
- 높게 또는 낮게 뛰어 보기
- '공이 튀어오르는 모습', '큰 소리에 놀라 펄쩍 뛰는 개구리' 등 상상하며 뛰어 보기

뛰기의 연속 동작

(5) 앵금질(Hopping)

이 동작은 한 발에 몸의 무게를 주고 바닥에서 밀어 올리고 나서 같은 발로 되돌아 다시 바닥에 닿는 것이다. 앵금질은 좋아하는 발로 먼저 행한다. 앵금질은 어떤 방향으로도 할 수 있고, 이때 거리 또는 높이를 강조할 수 있다.

앵금질에는 부드러움과 리듬감이 있어야 하며, 속도나 거리감은 별로 중요하지 않다. 앵금질은 한쪽 발로 무게를 지탱하면서 깡충거리다가 무게가 다른 다리로 옮겨지는 것이다. 그리고 두 팔은 다리와 반대로 흔들거려야 한다.

〈활동의 예〉

- 팔을 많이 흔들면서 무릎을 높이하여 앵금질하기
- 뒤쪽으로 앵금질하기
- 발을 바꾸어 앵금질하기
- 바닥에 줄이나 훌라후프를 놓고 안과 밖으로 앵금질하기

앵금질하기의 연속 동작

(6) 스키핑(Skipping)

스키핑은 같은 발로 앵금질하면서 잇따라 걷기 스텝이 뒤따라오는 것이다. 따라서 성숙된 스키핑 형태는 스텝보다는 앵금질에 더 많은 리드미컬한 패턴을 맞추는 것이다. 어떤 어린이는 스텝-홉(step-hop)을 할 수 있기는 하지만 스킵이라고 할만큼 리드미컬하지 않은 경우가 많다. 또는 스킵을 할 수 있는데 자신이 있는 발로만 하는 경우도 있다. 성숙된 스키핑 패턴은 다른 발로 스킵하면서 또 한 발로 계속 이어서 스킵하는 것이다. 즉 각 발로 가볍게, 빠르게 뛰어오른 후에 반대 발로 다시 가볍게 오른다. 유치원 시기의 어린이는 스키핑 능력에 있어서 상당히 다양한 형태를 보이기 때문에 숙달되기 위해서는 많은 경험이 필요하다.

〈활동의 예〉

- 어린 유아에게는 '걷고 뛰고(step-hop)'하는 연결 동작을 천천히 하도록 격려하기
- '열 꼬마 인디언' 노래에 맞춰 '걷고 뛰고(step-hop)' 연결해 본 뒤 스키핑하기
- 짝을 지어 다양한 방식으로 스키핑하기

스키핑의 연속 동작

(7) 미끄러지기(Sliding)

미끄러지기는 두 부분으로 되어 있는데, 걷기 스텝과 달리기 스텝을 옆 또는

사이 방향으로 섞어서 하는 비규칙적인 리드미컬한 동작이다. 첫 번째 부분이 걷기 스텝보다 동작이 두 번째 부분인 달리기에 더 많은 시간을 소비한다. 미끄러지기는 항상 같은 발로 움직이게 된다. 미끄러질 때 달리기 부분에서 몸이 공중에 떠 있는 시기는 곧이어 걷기 스텝이 뒤를 따르므로, 미끄러지기에 특징 있는 리듬을 주게 된다. 결국 이 동작은 옆으로 행해지는 말뛰기(Galloping)와 유사하다.

〈활동의 예〉

- 같은 발로 미끄러져 보기
- 짧은 미끄러지기로 시작해 점차 길게 미끄러져 보기
- 조용히, 부드럽게 미끄러져 보기
- 여러 아이들과 원을 만들어 손을 잡고 한쪽 방향으로 먼저 미끄러지기를 하고 다른 쪽 방향으로 바꾸어 동작해 보기

미끄러지기

(8) 말뛰기(Galloping)

이 동작은 불규칙적인 리듬으로 일어나는데, 한 발은 앞으로 걷고 다른 발은 달리기를 하여 바닥을 밟게 된다. 한쪽 다리를 앞으로 내밀고 다른 쪽 다리를 앞으로 내민 다리에 빨리 끌어다 붙이는 것이다. 말이 뛰는 모습으로 움직이며, 유아가 이 말뛰기를 할 때 손뼉이나 북을 쳐 박자를 들려주면 쉽게 동작할 수 있다.

〈활동의 예〉

- 긴 보폭 또는 짧은 보폭으로 빠르게 혹은 느리게 말뛰기하기
- 뒤쪽으로 말뛰기 해 보기
- 고삐를 잡은 채 달리는 말을 탄 것처럼 상상하여 말뛰기하기

말뛰기의 연속 동작

(9) 오르기(Climbing)

오르기는 기기와 비슷한 기본적 동작이다. 오르기는 다리만으로 할 수도 있고 팔로만 할 수도 있으며, 팔과 다리를 함께 사용할 수도 있다. 오르기는 사물(로프, 사다리 등)을 사용하거나 유아 자신이 할 수 있다. 사다리와 같은 사물을 사용하는 경우에 동작은 한 손으로부터 시작해야 한다. 이러한 과정에서 몸의 무게는 먼저 지탱하고 있는 다리로부터 팔로 옮겨가야 한다. 또한 동작에 있어서 손과 다리의 움직임은 리드미컬한 형식으로 반복적이어야 한다.

〈활동의 예〉

- 호프나 사다리를 이용하여 동작하기
- '등산하기', '사다리에 올라갔다가 내려오기' 등 상상하여 동작하기

3) 조작적 동작(Manipulative movement)

조작적 동작은 이동동작과 안정성, 두 가지의 기초 동작에 근거를 두고 있다. 조작동작에서 중요한 점은 이러한 이동이나 안정의 동작 두 가지 이상의 움직임을 결합시키게 된다는 점이다.

물체의 조작을 통해서 유아는 공간 속에서 움직이는 물체의 관계를 탐색할 수 있게 된다. 조작동작을 잘 할 수 있게 되는 시기와 이동과 안정 능력이 발달되는 때와 똑같은 시기를 기대할 수는 없다. 이 조작 능력이 효율적으로 이루어지기 위해서는 이동동작과 비이동동작이 우선 기초되어야 한다.

(1) 던지기(Throwing)

던지기는 팔과 손의 동작을 사용해서 공간 속으로 물체를 밀어내는 것을 말한다. 던지기의 형태는 다양하나 가장 보편적으로 스포츠 게임에서 사용하는 중요한 운동 형태는 한 팔을 사용하여 어깨 너머로 던지는 것이다.

던지기의 형태의 발달을 자극하기 위해서는 첫째, 큰 공을 던질 때는 유아에게 두 손을 사용한다. 둘째, 한 손에 넣을 수 있는 작은 공을 던질 때는 어깨 위로 손을 들어 던지게 한다. 셋째, 던지기에 적합한 공의 크기는 공받기에 사용되는 공의 크기와는 구별하여 지도한다. 공(ball) 등 사물의 크기와 무게에 따라 던지는 유형이 달라지기도 하므로 아주 어린 유아에게 던지기 동작 자세를 정확히 지도하는 것이 우선 목적이 되어서는 안 된다.

〈활동의 예〉

- 털실 뭉치 같은 작은 공을 벽을 향해 던지기
- 동작이 익숙해지면 벽에 훌라후프를 걸어 놓고 그 안에 들어가도록 던져 보거나, 큰 상자에 던져서 넣어 보기
- 능숙해지면 후프나 상자 입구의 크기를 좁힌다.

던지기 동작의 연속 동작

(2) 받기(Catching)

받기의 기본 운동 패턴은 손을 사용해서 움직이는 물체를 조절하는 기능을 말한다. 부드럽고 가볍고 색깔이 있는 물체, 가령 스카프, 풍선, 헝겊공 등이나 크더라도 부드러운 공은 유아들이 날아오는 물건을 두려워하는 것을 경감시킬 수 있다. 또한 날아오는 물체의 색은 밝은 것이어야 보다 더 쉽게 시각적으로 추적할 수 있다

〈활동의 예〉

- 공을 바닥에 튀겼다가 오르는 공을 잡는 동작을 먼저 시작
- 공을 정확히 던져 주어 공 잡는 동작이 즐거운 경험이 되도록 하기
- 날아오는 사물을 잘 잡고 성취를 느끼면, 유아 자신들이 다시 공중으로 올려 치는 동작(toss)을 하기도 한다.

받기의 연속 동작

(3) 차기(Kicking)

차기는 다리를 사용해서 힘을 물체에 전달하는 때리기의 형태를 말한다. 차기에는 두 가지 형태가 있는데, 손에서 떨어진 공이 땅에 닿기 전에 차는 것과 운동장에서 정지된 상태에 있는 공이나 움직이는 공을 차는 것이 있다. 유아가 한 발로 균형있게 설 수 있을 때 차기를 할 준비가 되었다고 할 수 있다. 차기 동작은 거리를 조절함으로써 능숙한 기술을 발달하도록 도와야 한다. 능숙한 동작이 발달되기 전에 차는 동작의 정확한 자세를 취하게 하는 것에 먼저 관심을 두는 지도가 되어서는 안 된다(Gallahue, 1993).

〈활동의 예〉

- 비치볼 차는 동작해 보기
- 두 명의 유아가 긴 줄을 잡고 있는 상태에서 한 유아가 줄의 위 · 아래로 공을 차기
- 차는 동작이 능숙해지면 고무공을 사용하기

차기의 연속 동작

(4) 때리기(Striking)

때리기 동작은 라켓이나 야구 방망이 등의 도구를 사용해서 사물에 힘을 가해 치는 동작이다. 이 동작은 날아가는 사물을 시각적으로 추적하는 기술이 미숙한 유아들이 사물에 눈과 손을 협응시켜 멀리 던져 보는 기술을 발달시킨다.

어린이는 유치원이나 초등학교에서 때리기를 할 기회를 많이 가짐으로써 때리기의 개발된 형태를 볼 수 있다. 좋은 폼으로 치더라도 성공적인 결과를 가져오지 않을 수도 있다. 왜냐하면 유아들은 아직까지는 지각적인 판단을 해야 하기 때문이며, 특히 움직이는 물체일 경우 더욱 어렵다.

〈활동의 예〉

- 공이 움직이지 않게 놓을 수 있는 얕은 구멍 위에 공을 올려놓고 라켓으로 치기
- 유아가 정지해 서서 움직이는 사물(공중으로 올려쳐진 비치볼)을 라켓으로 치기
- 사물의 움직임에 따라 유아 자신도 몸을 움직여 사물을 쳐 보기

때리기의 연속 동작

2. 창의적 동작활동

1) 창의적 동작활동의 필요성

유아들은 자신의 느낌, 감정, 생각을 얼굴 표정이나 몸동작으로 쉽게 표현한다. 유아들은 자신이 자유스러움을 느끼는 어떤 곳에서든, 또한 자신이 신체를 움직이고 싶어하는 어떤 상황에서든 창의적인 동작이 일어날 수 있다. 그러므로 창의적인 표현을 위한 동작활동을 통해 유아가 자연스러운 방법으로 창조적인 자기 자신의

표현을 충분히 경험하도록 해야 한다. 창의적 동작활동은 유아들에게 많은 생각과 상상을 할 기회를 주며, 자신의 생각과 느낌을 표현할 수 있는 기회를 제공하는 교육활동이다.

2) 창의적 동작활동

창의적 동작활동에서는 유아의 자기표현을 허용해 주고, 문제의 해결을 가능하게 하는 발견과 탐색을 강조하여야 한다. 자유롭게 탐색하고 문제를 해결해 보도록 허용하는 기회를 통해 유아의 창의성은 더욱 신장될 수 있다. 이를 위해 성인들은 유아가 만들어 낸 결과보다는 과정에 초점을 두면서 유아들의 탐색과 실험적인 면을 인정하고 긍정적인 격려를 해 주어야 한다. 긍정적인 격려는 유아가 또 다른 새로운 것을 찾아보는 도전을 가능하게 해 주며, 자기 성공감과 자기 확신감을 높여 주게 된다(Weikart, 1987, pp. 6-7).

상상을 통한 동작의 표현은 동작의 다양함이나 기술적 향상보다 창의적인 표현에 중점을 두고 있다. 그러나 동작의 종류나 요소를 염두에 두고서 각 요소마다 서로 대조되는 동작을 위한 상황이나 예를 제시함으로써 창의적인 표현을 하게 하는 방법도 매우 효과적이다. 이러한 표현활동을 통한 동작교육 방법은 유아기에 가장 두드러지게 발달하기 시작하는 독창성을 증진시킬 수 있어 더욱 강조되고 있는 방법이다.

창의적인 표현 활동에는 모방 대상의 상태나 움직임 또는 느낌을 그대로 모방하기와 '~하는 척' 하는 극화하기 등이 있다. 그 외에도 음악이나 기구 및 보조 자료를 이용하여 표현을 자극할 수 있다. 몸으로 사물이나 동물의 동작을 모방하고 표현하는 활동은 표현을 자극할 수 있는 다양한 주제와 상황을 제시해 주고 그 상태를 모방하거나 자신의 느낌을 자유롭게 표현하게 해 준다. 이 때, 보다 재미있고 다양한 표현을 유도하는데 있어서 보조 자료 및 기구를 이용하면 훨씬 더 효과적이다.

결국 창의적 동작이란 완성해야 하거나 올바로 연습해야 하는 일정한 형식이 있는 것이 아니다(Mayesky, 1995, p. 254). 즉 시범과 설명을 통해 모방하도록 하는 동작활동이 아니라, 유아가 상상을 하여 자신의 상상을 동작으로 반응해 내는 자기표현을 돕기 위한 창의적 동작활동은 동작교육의 핵심적인 내용이 된다.

제 4 장

동작교육의 교수 · 학습방법

1. 동작 교수 · 학습방법
2. 동작교육의 교사 역할
3. 유아 동작교육의 접근방법

1. 동작 교수 · 학습방법

최근 교육자들의 관심이 교수방법에서 학습자에게로 전환되어 가고 있다(Gallahue, 1993). 직접적인 교수방법과 간접적인 교수방법이 학습자에게 미치는 영향을 전문가들은 인식하게 되었다. 그 결과 '어떤 것이 최상의 교수방법인가?'하는 문제보다 '어떠한 방법이 그 주제를 가르치기에 가장 적합한 것인가?'가 더 중요함을 인식하게 되었다는 것이다. 즉 직접적 교수방법과 간접적 교수방법 모두가 학습자에게 가치가 있다. 이는 활동을 전개함에 있어서 교사는 지나친 교사주도적 활동이나 지나친 유아주도적 방법에 치우치지 말고 활동의 내용에 적합한 교수방법을 찾는 것이 중요함(Barnes, 1987)을 뜻하는 것이다.

1) 직접적 교수방법

동작활동에서 어떤 주제들은 직접적인 교수방법으로 전달하는 것이 효과적인 경우가 있다. 예를 들면 발레나 구조적 리듬활동 같은 것이 대표적이다. 이러한 유형의 활동은 스텝이나 위치의 정확성이 강조되므로 학습자로 하여금 스스로 보고 탐색하여 발견하도록 하는 것은 부적절하다. 따라서 이와 같은 지시적 학습(commandstyle teaching)은 학습자가 무엇을, 어떻게, 언제 할 것인지에 대해 교사가 대부분의 결정을 하고 그것을 이행하는 것이다(Gallahue, 1993). 즉, 학습자는 교사의 시범을 보고 들은 후 그대로 모방해 보는 것이다. 이 방법의 장점은 다음과 같다.

첫째, 즉각적으로 결과가 나타난다. 즉 교사는 학습자가 지시를 따르고, 요구된 반응을 산출해 내는데 어려움이 있는지를 바로 알 수 있다.

둘째, 시간을 효율적으로 사용할 수 있다. 유아들에게 움직이는 방법을 보여주는 것은 어린이들로 하여금 어떻게 움직일 것인가를 발견하도록 하는 것보다 훨씬 시간이 덜 소요된다. 그러나 이러한 방법의 가장 큰 단점은 창의성과 자기표현(self-expression)을 충분히 발휘하지 못한다는 것이다. 또한 학습자간의 개인차를 고려하지 않고 진행되기 쉬우며 활동 자체가 기술을 익힌다는 것에 초점을 두고 있다는 것이 된다. 그러므로 직접적인 접근방법은 유아기 동작교육에 최소한으로

사용되는 것이 바람직하다.

2) 간접적 교수방법

간접적이면서 유아주도적 교수방법은 유아가 자신의 흥미에 따라 활동을 시작하는데 주안점을 둔다. 이러한 간접적 교수방법에는 두 가지 형태가 있으며 다음과 같이 설명할 수 있다.

(1) 발견적 교수방법(Guided discovery)

교사는 구체적인 과제, 즉 걷기나 앵금질 등을 가지고 수업을 진행하며, 유아들에게 질문을 하며, 그 과제를 발견해 보도록 안내한다. 이 과정에서 교사는 유아들이 동작을 발명하고 설명해 보도록 하면서 '정답'으로 초점이 모아지도록 안내하는 것이다.

발견적 방법은 직접적인 방법보다 더 많은 시간을 필요로 한다. 대부분의 교육자들은 이 방법의 장점이 직접적인 방법보다 훨씬 더 교육적 가치가 높다고 말한다.

이러한 장점을 설명하면 다음과 같다.

가. 일반적인 문제해결

유아들로 하여금 기술을 배우는 것 뿐만 아니라 학습하는 방법을 배우게 한다는 점이다. 선택하고 결정하는 과정에서 유아들의 비판적 사고기술은 증진된다. Klein(1990)은 "대부분의 학습은 유아들이 적극적으로 참여하여, 실험하고, 경험해 보며, 그들 자신의 문제를 제기하고, 해답을 찾는 과정에서 일어난다."고 하였다.

나. 간접적 교수방법

간접적 교수방법은 유아의 책임감을 증진시킨다. 학습자는 학습 과정에 참여되고, 따라서 자발성을 획득하게 된다. 학습자는 스스로 반응을 창출해 낼 수 있게 된다. 이는 궁극적으로 문제를 발견하고 해결하는 유아들의 능력에 대해 자신감을 발달시키게 된다(Gallahue, 1993 ; Pica, 1993 ; Klein, 1990).

다. 문제해결

문제해결은 유아들의 동작 어휘를 확장시킬 수 있도록 도와 준다. 더욱이 문제해결 방법은 실패에 대한 두려움을 감소시킨다. 유아들이 계속해서 실험하고 발견하도록 동기화함으로써 안정감을 갖는다. 특히 발견적인 방법은 유아들로 하여금 주어진 과제를 단계적으로 상호연결하는 방법을 찾을 수 있도록 한다.

〈표 4-1〉 직접적 교수방법과 간접적 교수방법의 장 · 단점

	직접적 교수방법	간접적 교수방법
장점	• 시간 사용이 효율적이다. • 즉각적인 결과를 볼 수 있다. • 함께 똑같은 동작을 만들어 볼 수 있다. • 모방적인 동작의 경험을 제공한다. • 지시에 따르는 경험을 제공한다. • 즉각적인 평가가 이루어진다.	• 인지적 과정을 자극하여 비판적인 사고를 증진시킨다. • 자기 책임감을 발달시킨다. • 동작 관련 어휘를 확장시킨다. • 실패에 대한 두려움을 감소하고 안정감을 증진시킨다. • 개인차를 인정한다. • 자신감을 발달시킨다. • 독립심을 증진시킨다. • 자기 자신과 또래에 대해 참을성을 갖게 한다. • 다른 사람의 생각을 수용하게 한다.
단점	• 창의성과 자기표현력을 허용하지 않는다. • 발달 및 능력에 있어서의 개인차를 허용하지 않는다. • 과정보다는 결과에 초점을 맞춘다.	• 시간이 많이 소요된다. • 교사에게 인내와 경험을 요구한다.

참고 : 김은심(1997). 유아동작교육.

발견적인 방법을 사용할 때, 유아들에게는 '여러 가지 다른 방법'을 발견할 수 있는 충분한 시간이 제공되어야 한다. 또한 교사는 계속해서 보다 구체적인 질문을 함으로써 원하는 반응이 나오도록 유도한다.

이 때 중요한 것은 교사가 결코 답을 제공해서는 안 된다는 것이다. 시작할 때

이미 답을 알려주면 학습자들은 이것을 예상하고 문제해결에 대한 흥미를 잃게 될 것이다. 따라서 문제해결을 촉진하기 위해서는 첫째, 유아들을 선택해서 시범을 보이도록 하여 유아들로 하여금 동작을 경험하고, 동작을 볼 수 있는 기회를 제공해 주는 것이다. 둘째, 유아들에게 수행한 동작을 자세히 설명해 보게 하는 언어화를 통해 자신들이 한 행동을 정신적으로 그려보는 기회를 갖게 해 줄 수 있다.

(2) 탐색적 방법(Exploration)

탐색적 접근방법은 문제를 설정하기, 유아 스스로 실험해 보기, 관찰하고 평가하기, 평가에서 알게 된 내용을 적용하여 다시 해 보기 등의 네 가지 기본적인 절차를 따르게 된다고 한다(Halsey & Porter, 1970). 물론 문제에 대한 해답은 말로서가 아니라 다양한 움직임으로 제시된다. 동작은 개별 유아가 각각에게 타당한 답을 발견해 내는 만큼 다양할 것이다. 교사는 시범을 보이지도 모방을 격려하지도 않는다. 그 뿐만 아니라 어떤 한 가지 최상의 해답을 요구하지도 않는다. 따라서 유아들은 다르다는 것에 대해 두려움을 느끼지 않는다. 또한 교사는 유아들이 자신의 방식으로 자신의 속도에 맞추어 발전해 나가도록 허용함으로써 자유로움을 느끼게 된다. 그 결과 자유롭게 상상할 수 있는 학급 분위기가 형성되며, 유아들은 이 속에서 적극적이고 다양한 활동을 할 수 있다.

이에 따라 유아기의 교사는 탐색의 방법을 통해 모든 유아가 참여할 수 있도록 하며, 유아 자신의 발달수준과 능력에 따라 성공할 수 있도록 도와 주어야 한다. 그렇게 함으로써 유아들은 자신감과 성공의 경험을 통해 독립심을 증진시키며, 인내심을 길러 주고, 다른 사람들의 아이디어를 수용할 수 있게 될 것이다. 유아들에게 가장 중요한 것은 탐색을 통해 자신에게 내재되어 있는 무한한 가능성을 발견하는 것이기 때문이다.

2. 동작교육의 교사 역할

유아를 교육하기 위해서는 교사는 우선 자신의 신체 동작에 대해 이해하고 인식

해야 한다. 교사가 인간의 신체에 대해 얼마나 이해하고 있느냐의 정도는 유아의 신체 동작의 중요성을 인식하고 유아에게 의미 있는 동작경험을 계획해 주는 것과 직접적인 관계를 가진다. 그러므로 신체 동작에 대해 깊이 이해하는 일이 무엇보다도 중요하다.

교사는 먼저 유아들이 충분한 동작활동을 경험할 수 있도록 한다. 이에 우선 환경을 구성하고, 필요한 소품을 제공해야 하며, 구체적인 동작활동을 선정하여 계획하는 역할을 해야 한다.

동작활동이 계획되면, 유아들이 동작활동을 효과적으로 경험할 수 있도록 수업을 실행하는 역할이 이어진다. 계획된 활동과정에 따라 효율적인 동작활동이 진행되도록 해야 한다. 활동이 진행되는 동안 유아의 동작을 면밀히 관찰해야 함은 물론, 유아들과 함께 동작활동을 평가하는 역할을 실천해야 한다.

다음은 동작활동의 실행, 동작활동의 평가와 기록을 하면서 강조되어야 하는 교사의 역할에 대한 설명이다.

1) 동작활동의 실제

(1) 도 입

도입에서는 유아의 학습 동기유발과 흥미를 높이고 자연스럽게 동작활동으로 끌어들이는 단계로 구성된다. 도입 부분은 전시간에 배웠던 간단한 동작, 손유희, 이동동작 등을 반복해 보는 것으로 시작한다. 그 뒤에 이번 시간에 할 동작 활동명을 이야기하고 이어질 활동에 대해 유아가 호기심을 갖도록 한다. 이 단계에서 강조되는 교사의 역할은 다음과 같다.

① 유아의 흥미와 학습 동기유발을 높일 수 있는 자료를 준비하여 자극한다. 이 때 사용되는 자료의 유형은 사물 모형이나 그림 자료, 애벌레, 물고기, 풍선 등과 같은 관찰 자료, 동물의 소리, 음악 등이 녹음된 테이프, 이외에도 훌라후프나 리본막대 등 다양하다.

② 간단한 손동작이나 몸 동작을 통한 주의집중, 게임, 수수께끼를 통해 자연스럽게 동작활동과 연결시킬 수 있다.

③ 활동의 내용은 유아들의 구체적인 경험이 반영된 것으로 이에 대해 이야기를 나누면서 유아가 동작활동에 대한 기대감을 갖도록 이끈다.

④ 도입 과정은 유아가 동작활동에 대한 흥미를 잃지 않도록 3~5분 정도로 짧게 한다.

⑤ 도구가 동작활동에 사용되는 경우에는 이 도구로 무엇을 해야 하는지 알려주어야 한다(Day, 1985, p. 175 ; Mayesky, 1995, p. 259). 유아는 새로 접한 자료에 흥미를 갖게 되지만, 익숙해지면 자료의 사용법과는 관계없이 자료 활용에 방해를 하는 경우도 있다. 올바른 자료 사용이 되도록 유아들과 토의할 수 있다.

(2) 전 개

전개 과정은 활동 내용에 따라 유아가 동작을 경험하는 부분으로서 시간 비중이 크다. 수업의 전개는 교사의 교수 접근 유형에 따라 언어적인 계획이 달라진다. 중요한 것은 유아가 자유로운 신체 탐색을 충분히 경험할 수 있도록 언어 계획을 하여 효과적인 수업 전개가 되도록 계획하는 것이다. 이러한 과정에서 고려해야 할 교사의 역할은 다음과 같다.

① 교사는 발산적인 질문을 통해 유아가 동작 표현을 생각해 낼 수 있도록 해야 한다.

발산적 질문의 예를 들면, "개미 모습을 볼까? 어떤 모습을 하고 있나? 어떻게 움직일까? 더듬이로는 무엇을 할까? 개미는 기어다니며 어떤 일을 할까?" 등이다.

② 교사는 자유로운 분위기를 허용해서 유아가 자신의 생각을 동작으로 표현할 수 있도록 해야 한다.

교사는 가능한 한 유아가 자신의 생각이나 느낌을 나타내기에 편안하고 개방적인 분위기를 형성하도록 한다. 폐쇄적이며 긴장되어 있는 상태에서는 상상적인 표현이 어렵기 때문에 유아가 자유롭게 느끼고 잠재적인 능력을 발휘할 기회를 갖도록 해야 한다.

③ 교사가 활동 내용에 따라서 모델링이 되는 경우도 있겠으나, 동작을 처음부터

시범해 보이는 것은 가능한 지양해야 한다.

모방 율동은 교사가 정해진 시범 동작을 보였다 해도 유아가 부분적으로 동작을 변화시켜 보도록 한다. 유아가 생각해 낸 동작으로 표현하는 활동이 되도록 조장할 수 있다. 더구나 창의적 표현활동을 하는 경우에는 교사의 시범 동작이 필요하지 않다. 오히려 교사의 시범 동작은 유아의 상상을 제한시킨다. 또한 성인의 동작을 모방하는 것이 어렵기 때문에 좌절을 하게 하고 자아확신을 방해하기도 한다(Day, 1985, p. 489).

④ 유아 자신의 생각을 표현하는 동작이 되도록 격려해 준다.

대부분의 유아들은 자신의 생각, 느낌을 자유롭게 표현하는 특징이 있다. 그러면서도 친구들의 동작을 모방하려는 특성을 나타내기도 한다. 교사는 이러한 모방 심리를 수용해 주면서, 그 유아 나름대로의 적은 부분이라도 발견하여 자신의 독특한 동작 가능성을 격려해 주도록 한다.

⑤ 동작활동을 하면서 충돌이 일어나지 않도록 관심을 가져야 한다.

공간이 부족한 경우에는 유아가 아무리 신체 조절을 잘 하여도 부딪힘이 일어날 수 있다. 따라서 공간이 좁거나 대집단으로 동작활동을 해야 하는 경우에는 소집단으로 여러 번 나누어 활동하도록 한다.

⑥ 교사는 세밀한 관찰을 통해 다양한 동작 특성을 유아들 스스로 발견하도록 이끌고 격려와 칭찬을 준다.

유아가 비슷한 동작을 표현했다 하더라도 그 나름대로의 독특함을 발견해야 한다. 이러한 발견을 교사가 일방적으로 알려주기보다는 유아가 찾도록 해야 한다. 예를 들면, "현아와 희진이는 모두 두 팔을 흔들었는데 다른 점이 있는지? 혹시 어떻게 다르게 표현했는지 본 친구 있는지?"라고 질문해 볼 수 있다.

(3) 종 결

계획된 활동 과정에 따라 동작활동을 전개하고 마무리를 하는 종결 과정을 갖는다. 대부분 활동에 대한 느낌을 간단히 회상하는 과정으로 평가의 의미를 두기도 한다. 동작활동에서는 이미 활동을 전개하는 중에 부분적인 평가를 하게 된다.

① 동작활동은 모든 유아가 즐거움을 느끼는 시간이 되어 활동이 끝날 수 있도록

한다.

교사는 유아가 가능한 지루해 하지 않고 흥미를 유지하며 짧은 시간 동안 활동이 이어질 수 있도록 한다. 즉 상황에 맞추어 지도를 하고, 유아가 재미있고 즐거운 경험이 되어 끝나도록 마무리한다.

② 유아가 동작활동을 하고 난 후의 느낌과 생각을 표현하는 기회를 갖도록 한다.

유아가 자신의 생각을 충분히 표현할 수 있도록, 구체적으로 생각을 표현하도록 돕는다. 예를 들면, "~을 하고 나니까 어떤 느낌이 드나?", "무엇이 재미있었지?", "왜 좋은 느낌이 들었는지 말 할 수 있겠나?" 등이다. 그러나 간혹 상황에 따라 표현하는데 어려움을 겪었거나 속상했던 경우도 이야기할 것이다. 이러한 경우에도 유아가 자신의 생각을 충분히 표현하는 기회를 제공해야 한다. 그러나 교사가 잘못된 점을 너무 강조한 나머지 유쾌하지 않은 분위기로 마무리한다면 동작활동의 즐거움은 감소될 것이다.

2) 동작활동의 평가

(1) 동작활동 실행에 대한 평가 기록

동작활동에 대한 평가 기록은 두 가지 측면에서 작성될 수 있다. 하나는 동작활동 계획에 따라 교육활동이 실행되었는지를 평가 기록하는 것이며 유아 개개인에 대한 관찰 평가 기록이다. 이러한 평가 기록은 유아의 전반적인 발달 평정을 위한 자료로 사용되며, 다음 교육 계획에 반영하는 자료로도 사용하게 된다.

다음은 이에 대한 간략한 설명이다.

가. 동작활동 실행에 대한 평가 기록

① 활동 계획에서 설정하였던 목표를 성취하였는가에 대한 평가 기록을 한다.
② 활동 전개 과정에서 계획과 다르게 진행된 점을 평가 기록한다.
③ 동작활동에 사용된 소도구나 자료가 유용하게 활용되었는지를 평가 기록한다.

나. 유아 개인에 대한 평가 기록

① 교사는 동작활동을 전개하면서 유아의 동작 표현을 세밀하게 관찰하고 평가 기록한다.

② 동작활동을 통해 유아의 인지, 사회, 정서, 신체, 언어 발달 영역, 즉 전체적인 발달의 과정을 관찰하고 평가 기록할 수 있다. 동작교육은 유아의 전인적 발달을 돕는 것에 목적을 갖는다. 따라서 교사는 신체적 능력만을 관찰하는 것이 아니라 개념이나 창의적 사고 등 언어 · 인지 발달 외에도 여러 친구들과 함께 활동하며 나타내는 사회성 발달 측면, 자아성취와 자아확신 등을 나타내는 정서 발달 측면을 기록할 수 있다.

Munro(1985)는 동작활동의 질을 높이기 위한 교사의 역할에 대해 다음과 같이 설명하고 있다.

① 각 아동의 동작 기술수준 뿐 아니라 그 유아의 문화적 배경에 대해서도 잘 알고 있어야 한다.

② 유아의 신체적, 정의적, 인지적 발달과 가능성에 대해 관심을 가져야 한다.

③ 유아의 실험과 탐색, 그리고 창의성을 장려한다.

④ 긍정적인 접근에서부터 모든 동작활동을 시작한다.

⑤ 유아의 동작을 항상 관찰 · 분석하고 제안을 해 주며, 유아가 필요로 할 때에 도움을 준다.

⑥ 유아의 적극적인 행동을 격려한다.

⑦ 특정한 동작 기술을 익히기 위한 활동뿐 아니라 탐색적 동작활동들도 다루어 준다.

⑧ 목적하는 바가 무엇인지에 대해 잘 알고 동작활동 계획을 세운다. 이를 위해 주간활동계획표를 작성하는 것이 도움이 된다.

⑨ 유아 관찰 기록지에 각 유아의 동작 관련 기록을 정리해 주고, 다음 활동 선정시에 참고한다.

⑩ 가능한 소집단으로 활동을 계획한다.

⑪ 교사 자신이 유아의 동작활동에 재미있고 즐겁게 참여한다.

이상에서 살펴본 바와 같이 교사는 동작활동을 지도하면서 유아 스스로 사고하고 생각을 표현하고 탐색 · 발견할 수 있는 능력을 갖도록 돕는 역할을 이행하여야 한다.

3. 유아 동작교육의 접근방법

교사가 사용하는 지시적 교수방법이나 발견 · 탐색 과정 중심의 비지시적 교수방법은 다양한 동작활동에 적용된다. 교육 현장에서 활용되는 다양한 동작활동들은 크게 두 가지 접근을 통해 이루어진다고 볼 수 있다. 즉 Laban의 영향 이후, 동작의 기본 요소를 중심으로 기본 동작을 탐색하고 실험해 보는 신체적 접근방법과 체계적인 기본 동작보다는 창의적 동작 표현을 보다 강조하는 극적 접근방법을 들 수 있다(이영, 1993, p. 80). 다음은 신체적 접근방법과 극적 접근법에 대한 설명이다.

1) 신체적 접근방법

Laban은 동작교육이 어떤 운동 게임이나 특정 운동 기술에 초점을 두기보다는 신체의 움직임을 통해 동작 능력을 발휘하도록 하는 것에 초점을 두었다(Copple, 1984, p. 76). 즉 동작의 기본 요소가 되는 공간, 시간, 힘(무게), 흐름을 움직임에 포함시켜 신체 능력을 탐색해 보는 활동이 일어나는 신체적 접근을 의미한다. 이에 대부분의 동작교육 연구가들은 이러한 Laban의 동작 이론에 기초하여, 동작을 통한 유아 자신의 신체 능력 탐색을 강조하였다.

유아의 신체적 접근이란 동작의 질에 관련된 기본 요소, 즉 시간, 공간, 무게 및 흐름의 요소를 주제로 하여, 느리게-빠르게, 앞으로-뒤로, 위로-아래로, 왼쪽으로-오른쪽으로 혹은 무겁게-가볍게 등의 동작 요소를 각각 대조적인 방법으로 탐색해 보도록 하는 방법을 말한다. 이 접근방법에서 유아는 어떻게 움직이는지, 어디로 움직일지, 신체의 어느 부분을 움직일지에 대해 탐색하게 된다. 이 방법은 동작활동을 실시함에 있어 상상력을 배제하고 순수하게 우리 몸의 각 부분을 모두 사용하여 문제해결을 위한 탐색을 하도록 하는 것이다.

이것은 신체적 접근에서 사용되는 주제, 즉 개념주제(concept theme)와 기술주제(skill theme)를 연합하여 신체 능력을 탐색해 보도록 하는 접근방법이다. 예를 들면, "네 몸을 아주 작게 만들고 옆으로 움직여 보자", "달려가다가 북 소리가 나면 다른 방향으로 달려 볼 수 있을까?" 등의 방법을 들 수 있다.

2) 극적인 접근방법

극적인 접근은 유아가 가상적 상황이나 행동을 상상을 통하여 극화함으로써 동작 표현을 하도록 하는 방법이다. 유아는 자신의 느낌이나 생각을 즉각적으로 표현하는 특성이 있다. 특히 상상을 하며 가장행동(pretend behavior), 즉 '~처럼 되어 보는' 행동하기를 즐거워한다. 가장행동을 하면서 유아는 자신의 방식대로 자신이 가진 개성을 표현하는데 자유롭다. 유아가 자신의 신체를 움직이고 싶어하는 자유로움을 느끼게 된다. 이러한 경험을 통해 유아는 어느 곳에서나 창의적 동작이 일어날 수 있다(Mayesky, 1995, p. 254).

이러한 창의적 동작 표현은 상상이 가능한 주제 중심의 극적인 접근과 음악 소리를 듣고 상상하여 동작하는 음악 중심의 극적인 접근으로 지도할 수 있다. 다음에는 이러한 여러 가지 입장에서 개발된 동작교육 프로그램에 대해 살펴보고자 한다.

(1) 주제(theme) 중심의 극적인 접근

유아에게 연상이 가능한 단순한 소재와 주위에서 흔히 접할 수 있는 소재로써(아기, 강아지, 자동차 등) 가장(pretend)하여 움직임으로 표현할 수 있다. 가령 "코끼리처럼 걸어 보자", "바람에 날리는 나뭇잎이 되어 볼까?" 등 아주 단순한 소재를 주제로 들어 극화하는 동작 표현을 하는 것이다. 이렇게 단순한 활동에서 시작하여, 유아들에게 동시를 들려주거나 짧은 동화를 들려주어 그 내용을 극화하여 표현하는 복잡한 동작활동으로 할 수 있다. 이러한 주제를 중심으로 하는 극적인 접근을 하는 경우에 교사는 유아가 동작을 나타낼 수 있는 언어적 자극을 주는 것이 중요하다. 무조건 "~이 되어 보자."라고 제시한다고 해서 모든 유아가 교사가 유도하는 대로 독특하고 기발한 발상을 하는 것은 아니다. 확산적 질문을 통해 동작 표현을 자극하는 과제를 제시하고 소재를 제공해 주어야 한다.

(2) 음악 중심의 극적인 접근

유아가 극화하여 창의적 표현을 할 때에 음악을 들려주는 것은 자연스러운 방법이다. 때로는 음악을 사용하지 않고 동작을 해 보는 경험도 중요하다. 그러나 음악을 사용함으로써 동작 탐색을 확장하기도 하고, 음악을 듣고 느낀 것을 창의적으로 표현하는 동작활동으로도 이끌 수 있다.

Brown(1986)은 많은 동작교육 프로그램들이 Laban의 기본 원리를 중심으로 하는 신체적 접근법에 의한 동작교육에 치중되어 있음을 지적한다. 동작교육 프로그램을 위하여 인간 동작에 있어서 중요한 요소인 리듬과 무용의 경험을 포함시킬 것을 강조하였다.

신체를 이용해서 음악에 대한 느낌이나 사고를 유아 자신이 각자 해석해서 움직이고, 이 때 교사는 유아에게 제목이나 어떠한 지시도 주지 않는다. 다만 동기 유발적 말을 사용한다. 즉 "음악에 맞추어 움직이고, 음악이 만들어 내는 느낌이 어떤지 네 몸으로 보여 줄 수 있을까?"라는 말을 통해 유아 주도의 움직임을 격려해 준다. 이와 함께 그 동작에 맞는 반주를 즉흥적으로 해 주는 것도 동작 경험이 부족하거나 익숙치 못한 유아들에게 유용하다.

창의적 동작을 이끌어 내는 방법은 다음과 같다.

① 유아가 움직이기 전에 조용히 음악을 들을 수 있도록 한다. 절대로 단 한번만 듣고 즉시 동작하게 하지 않는다.

② 유아가 음악을 들으며 앉은 채로 신체의 한 부분 또는 몸 전체를 움직여 보게 하여 음악의 흐름을 느끼도록 한다.

③ 동기를 부여하고 자극은 주지만, 명확한 지시는 하지 않도록 한다. 예를 들어, "이 음악은 어떤 동물을 보고 만들었을까?" 정도만 이야기하지, "처음부터 코끼리 음악에 맞추어 코끼리가 되어 보자."라고 해서는 안 된다.

④ 유아가 몸을 어떻게 움직이는지, 음악에 대한 느낌을 어떻게 표현하는지에 대해 칭찬을 해 준다.

⑤ 음악이 길면 한 음절씩 사용하거나, 재미있는 부분만 뽑아서 사용한다.

⑥ 창의적인 반응을 격려해 주기 위해 질문을 던진다. 어디서 음악이 빨라지거나 느려지는 것을 들을 수 있는지, 어디서 크고 작아지는지, 어디서 높아지고 낮아지는지, 어디서 반복되고 멈추는지를 물어 본다.

⑦ 종이 테이프, 스카프, 공 등을 사용해서 창의적 반응에 자극을 주며 수줍어하는 유아에게는 종이봉투 가면을 씌우게 하여 도와줄 수도 있다.

⑧ 눈을 감게 하여 음악을 듣게 하고, 음악이 말하고자 하는 것이 무엇인지 상상하게 한다.

⑨ 상상력을 자극하기 위해 말이나 그림을 사용한다.

⑩ 전체를 두 그룹으로 나누어서 한 그룹은 다른 그룹의 창의적인 동작을 관찰하게 한다.

⑪ 창의적인 움직임의 경험에서도 역시 음악에 맞추어 걷기, 달리기, 앵금질 등의 신체 부분을 사용하는 움직임을 개발한다. 이에 따라 높낮이, 방향, 초점, 질감, 범위 사용의 다양한 움직임의 기교도 개발하게 한다.

위의 두 가지 방법에서 모두 강조하고 있는 점은 동작교육에 있어서 교사는 유아들에게 스스로 탐색하고 실험할 수 있는 기회를 제공하라는 것이다. 교사가 시범을 보이고 따라 움직이도록 유도하는 것은 유아들을 꼭두각시로 만드는 일이다. 교사는 융통성과 인내심을 가지고 유아에게 충분한 기회와 시간적 여유를 주어 스스로 생각하고 느끼도록 해 주어야 한다. 이렇게 함으로써 유아가 실제 행동을 추상화시키는데 도움을 줄 수 있기 때문이다.

〈표 4-2〉 신체적 접근방법과 극적인 접근방법의 차이점과 공통점

	신체적 접근방법	극적인 접근방법
차이점	• 기본동작을 탐색하고 실험 • 여러 가지 동작 요소를 각각 대조적인 방법으로 탐색 • 상상력 배제	• 창의적 동작 표현 강조 • 자신의 느낌이나 생각을 즉각적으로 표현 • 상상을 통한 극화
공통점	〈교사의 역할〉 • 교사는 유아들에게 스스로 탐색하고 실험할 수 있도록 기회를 제공한다. • 교사는 융통성과 인내심을 가지고 유아가 실제 행동을 추상화시키는데 도움을 준다.	

제 2 부

동작활동의 실제

제 5 장

기본 Step 동작활동

1. 걷기(Walking) I

◎ **활동목표** : 다양한 방법으로 걸어 봄으로써 바르게 걷는 자세와 방향과 속도 개념을 익힌다.

◎ **활동자료** : 캐스터네츠, 음악(걷기 · 앞으로 앞으로), 병정모자, 긴 봉, 영상자료

◎ **탐　색**

1. 걷기 리듬의 음악 테이프를 들려준다.
2. 음악을 듣고 난 후 유아들의 느낌을 말해 본다.
   교사 : "지금 들은 음악의 느낌이 어땠어요?"
   유아 : "신나고 힘차요."
   "들썩들썩 거려져요."
   "군대 같아요."
3. 음악을 다시 들으며 느낌을 신체로 표현해 본다.
4. 앉아서 음악에 맞추어 손바닥으로 무릎을 쳐 본다.
5. 일어나서 음악에 맞추어 자유롭게 걸어 본다.
6. 캐스터네츠를 치며 원을 그리며 걸어 본다.
7. 자유로운 걷기 동작을 해 본다. 이 때 교사는 바닥에 마스킹 테이프로 원을 만들어 붙여 놓는다.
8. 활동 시 주의 사항을 알려 준다.
   - 너무 빨리 걸어서 앞 친구를 밀지 않도록 한다.
   - '씩씩하게 걷기'에서 너무 소란스럽게 쿵쿵거리지 않도록 한다.
9. 교사는 유아들의 활동을 비디오로 찍는다.

◎ **창의적 신체표현 활동**

1. '앞으로 앞으로' 음악을 들려준다.
2. 둘씩 짝을 짓는다.

3. 표현활동으로 병정놀이를 해 본다.

동작

노랫말	그림	설명
① 앞으로 앞으로 앞으로 앞으로		제자리 걸음을 걷다가 4소절이 끝난 후 3박자 쉬는 동안 앞으로 3걸음 나간다.
② 지구는 둥구니까		왼쪽 유아가 오른쪽 유아를 반 바퀴 돈다.
③ 자꾸 걸어 나가면		앞으로 행진한다.
④ 온 세상 어린이를		오른쪽 유아가 왼쪽 유아를 반 바퀴 돈다.
⑤ 다 만나고 오겠네		뒤로 걷는다.

감　상

1. 걷기 리듬의 음악을 듣고 표현해 본다.
2. 유아들의 활동을 녹화한 비디오 테이프를 감상한다.

3. 유아들과 함께 활동의 잘된 점과 보완, 수정해야 할 점을 이야기해 본다.

교사 : "병정놀이 어땠어요?"

유아 : "병정모자랑, 봉이 있어서 더 재미있었어요."

"움직이는게 너무 어려웠어요."

"좀더 씩씩하게 했으면 좋겠어요."

"음악을 바꿨으면 좋겠어요."

4. 수정, 보완할 점을 찾았으면 다시 한 번 병정놀이를 해 본다(이 때 유아들의 의견대로 '앞으로 앞으로' 대신 '코끼리 행진곡' 등의 다른 음악을 사용해도 좋다).

5. 걷기를 이용한 활동에는 또 무엇이 있는지 찾아본다.

6. 유아들이 말한 놀이 중 한 가지를 해 본다.

7. 활동이 다 끝난 후 칭찬해 주고 느낌을 이야기한다.

교사 : "음악에 맞춰 병정놀이를 해 보니까 재미있었어요?"

유아 : "네. 그런데 너무 힘들었어요."

"뒤에서 너무 빨리 걸어와서 싫었어요. 앞에서는 천천히 걸었는데……"

교사 : "그랬군요. 그래도 선생님은 오늘 우리 친구들이 '병정놀이'를 씩씩하게 잘했다고 생각해요."

동작

노랫말	그림	설명
① 보통 걸음으로		명랑하게 평상시 걸음으로 걷는다(조금 가볍게 발끝으로 걸어 본다.) ① 빨리 ② 보통으로 ③ 느리게 ④ 작은 동작 ⑤ 보통 동작 ⑥ 큰 동작 ⑦ 여러 가지 방법
② 세게 발바닥을 딛고 크게 걷는다. 여리게 발뒤꿈치를 들고 가볍게 조용히 걷는다.		

악보

걷기(Walking)

2. 걷기(Walking) II

◎ **활동목표** : 걸음을 신체로 표현해 보고 리듬에 맞추어 다양한 움직임을 창의적으로 표현한다.

◎ **활동자료** : 실내화, 간편한 옷차림, 피아노, 걷기 사진, 악기(탬버린, 캐스터네츠, 트라이앵글), 종이, 사인펜이나 색연필

◎ **탐 색**

1. 걷기 사진을 보여 준다.
2. 유아들과 걷기 활동을 계획한다.
3. 여러 가지 걸음을 만든다(채플린 걸음, 지그재그 걸음, 발모아 걷기).
4. 걷기 활동을 할 때 주의해야 할 점을 이야기한다.
   - 상대편을 방해하지 않는다.
   - 소리 지르지 않는다.
   - 부딪히지 않도록 주의한다.
   - 다리를 적당히 뻗는다.
   - 간격을 유지한다.
5. 여러 가지 걷기 활동을 한다(손뼉을 치며, 고개를 흔들며, 손을 흔들며 다양하게 걸어 본다).

◎ **창의적 신체표현 활동**

1. 악기로 걸음을 표현해 본다.
2. 마룻바닥 위에서 악기와 함께 걷기동작을 표현한다.
   - 탬버린을 치며 줄서서 걸어 본다.
   - 캐스터네츠를 치며 종종걸음을 한다.
   - 트라이앵글을 치며 미끄러지듯이 걸어 본다.
3. 걸음의 모양을 다양하게 바꾸어 표현해 본다.

- 지그재그로 걷는다.
- 발을 모아 걷는다.

4. 걷는 모습, 달리는 모습, 헤엄치는 모습을 표현한다.
5. 걷기 활동을 한 후 표현활동으로 연결한다.
6. 동물처럼 걸어 본다.
   - 사자, 곰, 원숭이, 오리, 펭귄, 코끼리, 게, 지렁이 등의 동물의 걸음을 신체로 독특하게 표현해 본다.

감 상

1. 그림을 보면서 이야기한다.
2. 특징 있는 걸음을 찾아보고 어떻게 표현했는지 이야기한다.
3. 신체표현하는 모습을 감상한다.
4. 유아들의 걸음을 보고 어떤 종류의 걷기 동작인지 알아맞추도록 한다.
5. 친구들의 표현을 보고 어떻게 했는지 서로 이야기해 본다.

사진

〈채플린 걸음〉

〈원숭이 걸음〉

〈발 모아서 걷기〉

〈오리걸음〉

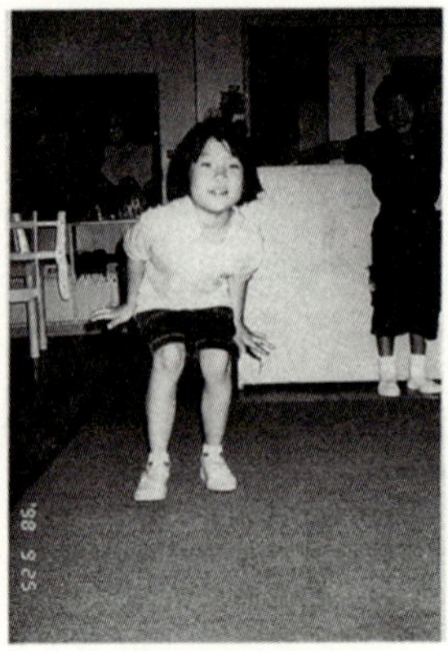

〈펭귄걸음〉

〈곰걸음〉

◎ 악보

걷기(Walking)

3. 마치(March)

◎ **활동목표** : 걸으면서 몸을 다양하게 움직여 본다.

◎ **활동자료** : 피아노, 음악(슈베르트의 세레나데), 영상자료, 사진, 큰북, 작은북, 탬버린, 캐스터네츠, 트라이앵글, 심벌즈, 마라카스 등

◎ **탐　색**

1. 교사는 유아들에게 군인들의 행진 사진이나 영상을 보여주며 행진이 무엇인지 이야기한다.

   교사 : "이 사진 속에 누가 있나요?"

   유아 : "군인아저씨요."

   교사 : "맞았어요. 군인아저씨예요. 그런데 이 아저씨들이 무엇을 하고 있죠?"

   유아 : "걸어가고 있어요."

   교사 : "그래요. 군인아저씨가 걷고 있죠? 이렇게 군인아저씨들처럼 줄을 지어 씩씩하고 힘차게 걸어가는 것을 바로 행진이라고 해요."

2. 교사는 유아들에게 다른 행진하는 모습을 말해 보게 한다.

   교사 : "그러면 군인아저씨들이 행진하는 것 말고 다른 사람들이 행진하는 것을 본 친구 있어요? 누가 말해 볼까요?"

   유아 : "언니들이 악기 연주하면서 행진하는 것 봤어요."
   "놀이동산에서 인형들이 걷는 것도 봤어요."
   "올림픽 때 선수들이 손을 흔들면서 걸어가는 것을 보았어요."

3. 교사는 유아들에게 행진은 어떤 모습으로 하는 것인지 이야기하게 한다.

   교사 : "그러면 행진은 어떻게 하는 것인지 알아요? 먼저 군인은 어떻게 행진할까요?"

   유아 : "줄을 서서 걸어요."
   "팔을 힘차게 흔들어요."

"발을 세게 쿵쿵거려요."

4. 유아들에게 '세레나데' 음악과 피아노로 '마치' 음악을 들려준 다음, 음악에 맞추어 행진해 보게 한다.

교사 : "행진하는 데 어떤 음악이 더 좋았나요?"

유아 : "걸을 때 두 번째 음악이 더 신나고 씩씩해서 좋았어요."

교사 : "그래요. 행진을 하려면 두 번째 '마치' 음악처럼 신나고, 힘차고, 씩씩하고, 소리도 크고 빠르면 좋겠어요. 자, 그러면 다시 마치 음악에 맞추어 자유롭게 행진해 보기로 해요."

5. 다시 한 번 마치 음악에 맞추어 행진해 본다.

◎ 사진

◎ 창의적 신체표현 활동

1. 교사는 유아들에게 행진의 다양한 방법을 생각해 보게 한 후 이야기 나눈다.

교사 : "우리 모두 여러 모습의 행진을 해 보았는데 우리가 해 본 것 말고 또 다른 방법으로 더욱 재미있게 행진하는 방법은 없을까요?"

유아 : "발꿈치로 행진해 봐요."

"발을 바깥쪽으로 내밀고 행진해 봐요."

"박수를 치면서 행진해 봐요."

2. 유아들이 재미있는 행진을 할 때마다 다 같이 그 방법으로 행진하여 보고 어떤 느낌이 들었는지 이야기를 나눈다.
3. 모두 연결해서 음악에 맞추어 행진해 본다.
4. 유아들은 여러 동물이 되어 음악에 맞추어 행진해 본다.
5. 동물 고적대가 되어 여러 악기를 가지고 연주를 하면서 행진해 본다.

그림

①

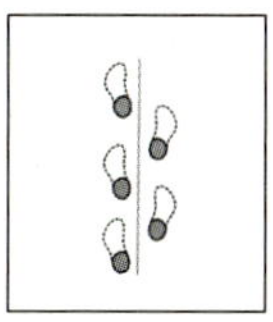

〈발끝을 들고서 발꿈치로 행진하기〉

②

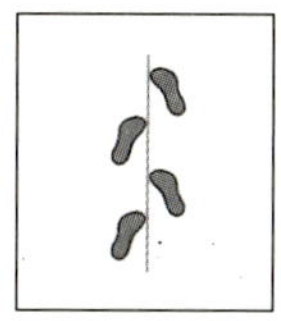

〈발을 안쪽으로 넣어서 행진하기〉

③

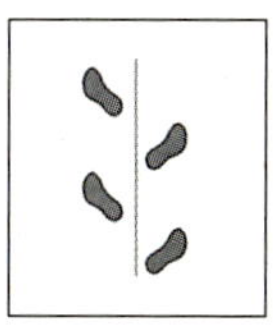

〈발을 밖으로 향하게 해서 행진하기〉

④

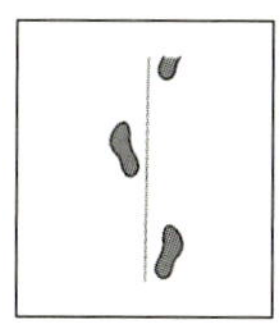

〈발을 많이 벌려서 행진하기〉

⑤

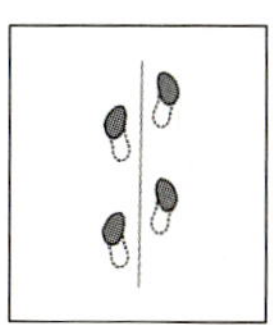

〈발꿈치를 들고서 발끝으로 행진하기〉

⑥

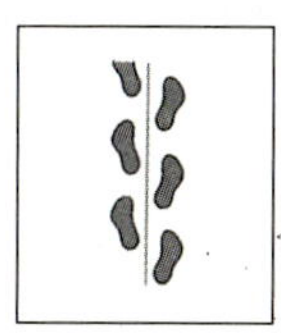

〈발을 조금씩 벌려서 행진하기〉

감 상

1. 교사는 유아들을 한 명씩 차례대로 나오게 하여 자기가 하고 싶은 행진을 표현해 보게 한다.
2. 한 유아가 나와서 행진해 보이면 다른 유아들은 친구의 행진하는 모습이 무엇인지 알아맞추어 본다(친구들의 모습을 감상하고 평가해 보는 시간을 갖는다).

4. 올림피아 마치(Olimpia March)

◎ **활동목표** : 몸의 균형을 잡고서 부드럽고 크게 걸어 본다.

◎ **활동자료** : 피아노, 녹음기, 음악(올림피아 마치), 왕관, 화관, 보자기, 지휘봉, 영상자료

◎ **탐 색**

1. '올림피아 마치' 음악을 들려준다.
2. 음악을 듣고 유아에게 느낀 것을 말로 표현해 보도록 한다.
   교사 : "이 음악을 듣고나니 어떤 느낌이 들어요?"
   유아 : "경쾌해요." "걷고 싶어요." "신나요."
   교사 : "그래요, 다른 행진곡과는 느낌이 다르지요?"
3. 다같이 일어나서 음악에 맞추어 유아의 느낌대로 움직여 본다.
4. 교사가 행진 동작을 해 보이면 탐색 후 다함께 행진해 본다.

◎ **창의적 신체표현 활동**

▶ 왕과 왕비처럼 걸어 보아요.

1. 음악을 들으며 행진 동작을 익힌다.
2. 왕과 왕비 역할을 정한다.
3. 왕과 왕비는 왕관과 화관을 쓰고 보자기를 두른다.
4. 개선행진곡에 맞추어 왕과 왕비의 행진이 시작된다.
5. 각기 반대편 방향에서 왕과 왕비가 행진하여 중간에서 만나 팔장을 끼고 손을 흔든다.
6. 앞, 뒤로 손을 흔들며 걸은 후 양 손을 서로 모아서 2바퀴 돈다.
7. 손을 잡고 왼쪽으로 행진하다가 나머지 유아들에게 손으로 입맞춤을 한다.

8. 뒤돌아 행진한 후 유아들에게 왕과 왕비처럼 고개 숙여 인사하고 들어 간다.

◎ 감 상

1. 유아가 '퍼레이드' 장면을 몸으로 표현하고 서로 감상한다.
2. 영화 '벤허' 중에서 말이 끄는 전차경기 장면을 비디오로 보여 준다.
3. 유아들과 비디오를 감상한 후에 영화에 대한 이야기를 나눈다.

   교사 : "전차를 끈 동물이 뭐였죠?"

   유아 : "말이요."

   교사 : "말이 어떻게 달리죠?"

   유아 : "따그닥, 따그닥, 시끄럽게요."
   "쿵쿵 달려요."
   "먼지를 일으키며 달려요."

   교사 : "말이 달리는 모습을 표현해 보도록 해요."
4. 어떤 동작 표현이 잘 되었는지 이야기 나누고 재미있게 표현한 유아는 앞에서 다시 해 본다.

   교사 : "우리 친구들 정말 재미있게 표현했어요."
5. 모든 활동이 끝난 후 활동에 대한 평가를 한다.

   교사 : "우리 친구들이 왕과 왕비가 되어 보았는데 어땠어요?"

   유아 : "재미있었어요."
   "너무 많이 걸어서 다리가 아팠어요."
   "나비가 되었을 때 친구 손에 맞아서 아팠어요."

   교사 : "그래, 그런 점이 좋았었고 또 속상했었군요."
   "오늘 활동한 행진 동작을 다시 한 번 해 보고 마치도록 해요."

악보

올림피아 마치(Olimpia March)

5. 타로 마치(Taro March)

◎ **활동목표** : 군인처럼 힘차고 씩씩하게 걸어 본다.

◎ **활동자료** : 피아노, 음악(타로 마치, 터키 행진곡), 동물가면, 악보(군인놀이), 영상 자료

◎ **탐　색**

1. 유치원에 올 때 어떻게 왔는지 이야기한다.
   교사 : "여러분 오늘 유치원에 올 때 어떻게 왔어요?"
   유아 : "걸어 왔어요.", "유치원 버스 타고 왔어요."
   교사 : "걸어온 친구도 있고, 버스 타고 온 친구도 있는데 오늘은 걸으면서 재미있는 놀이를 해 봐요. 선생님이 피아노로 음악을 들려줄께요."
2. '타로 마치' 음악을 들려준다.
3. 음악을 듣고 유아에게 느낀 것을 언어나 신체로 표현해 보도록 한다.
   교사 : "여러분 방금 들은 음악의 느낌이 어때요?"
   유아 : "신이나서 움직이고 싶어요."
4. 다같이 일어나서 음악에 맞추어 움직인다.
5. 타로 마치 동작시 유의점을 이야기한다.
   - 앞 친구와 부딪히지 않도록 간격을 유지한다.
   - 너무 소란스럽거나 시끄럽게 하지 않는다.
6. 다시 한 번 음악에 맞추어 동작을 해 본다.

동작

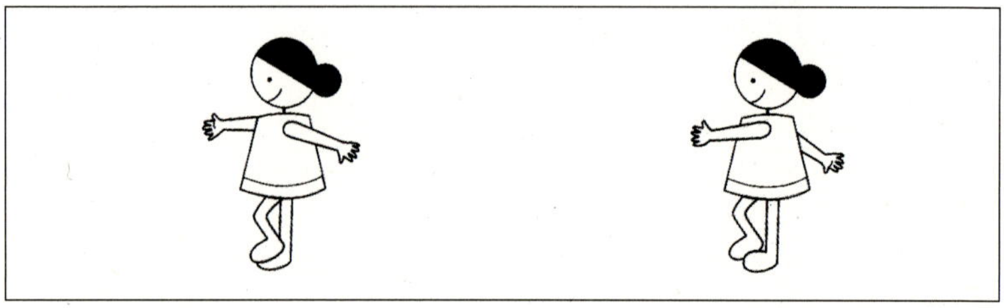

창의적 신체표현 활동

1. 배운 동작을 이용하여 표현 활동으로 연결한다.
2. 자신이 표현하고 싶은 동물을 정한다.
3. 준비한 동물 가면을 유아에게 나누어 준다.
4. '타로 마치' 음악에 맞추어 동물행진을 해 본다.
5. 곡의 속도를 변화시켜 행진해 본다.

동작

〈빠른곡〉 〈느린곡〉

6. '군인놀이' 음악을 들어 본다.
7. 교사가 가사를 읽어 주고 유아들이 따라 읽는다.
8. 피아노에 맞추어 함께 불러 본다.
9. 음악에 맞추어 동작을 해 본다.

동작

노랫말	동작	설명
① 나는 육군 될테야		오른손 · 왼손을 차례로 가슴에 올린다.
② 따당 따당 따당		양 손을 앞으로 모으고 콩콩 뛰며 말타는 흉내를 낸다.
③ 나는 공군 될테야		오른손 · 왼손을 차례로 가슴에 올린다.
④ 윙~		양 팔을 양쪽으로 길게 벌리고 비행기처럼 흉내낸다.
⑤ 나는 배를 타는		오른손 · 왼손을 차례로 가슴에 올린다.
⑥ 해군		양 손을 앞으로 길게 빼서 모아 배모양을 만든다.
⑦ 나는 예쁜 간호원		양 손을 차례로 가슴에 올린다. 무릎을 약간 굽히고 양 손을 턱에 갖다 댄다.

⑧ 앞으로 하나, 둘, 씩씩하게 앞으로		양 팔과 다리의 동작을 크게 하며 씩씩하게 걷는다.

감 상

1. '군인놀이' 음악에 맞추어 여러 가지 동물을 표현한다.
2. 유아들이 걸을 때 행진하듯이 씩씩하게 걷도록 한다.
3. '타로 마치'와 비슷한 '터키 행진곡'을 들으며 행진해 보기도 한다.
4. 오늘 활동 중 어느 동작표현이 잘 되었는지를 이야기해 본다.

   교사 : "오늘 행진하면서 어떤 느낌이 들었어요?"

   유아 : "신났지만 다리도 아팠어요."

   "동물 흉내내는게 좋았어요."

악보

타로 마치(Taro March)

6. 예쁜 걸음(Balance) Ⅰ

◎ **활동목표** : 다양하게 신체의 균형을 잡는다.

◎ **활동자료** : 피아노, 음악(밸런스), 녹음기, 영상자료(균형에 관련된 자료)

◎ **탐 색**

1. 균형에 대해 물어 본다.
2. 유아들이 균형에 대해 대답하고 동작으로 표현해 본다.
3. 교사가 '밸런스' 음악을 들려준다.
4. 음악을 듣고 유아가 느낀 것을 표현해 보도록 한다.
5. 유아의 표현에서 교사가 원하는 동작이 나오면 교사가 구체적으로 밸런스가 무엇인지 알려 준다.
6. 교사가 먼저 동작을 소개하면 유아들도 함께 따라 한다.
7. 활동시 주의점을 이야기한다.
   - 옆 친구와 장난치지 않는다.
   - 적당한 보폭으로 활동하도록 한다.
   - 흥겹게 활동하도록 한다.
8. 음악에 맞추어 동작을 해 본다.
   - 한 발로 서서 균형을 잡아본다.
   - 한 발로 선 상태에서 학, 허수아비, 신호등의 모양을 만들어 본다.

◎ **동작**

창의적 신체표현 활동

▶ 닭싸움 놀이

1. 균형잡기 활동을 바깥놀이로 확장하여 '닭싸움 놀이'를 한다.
2. 여자친구끼리, 남자친구끼리 게임을 진행한 다음 최후 우승자에게는 손가마를 태워 주며 놀이를 정리한다.
3. 교사가 준비한 '밸런스' 음악을 들려준다.
4. 교사가 음악에 어울리는 동작을 소개하고 유아들이 다함께 표현해 본다.

동작

감　　상

1. 균형과 관련된 영상을 보여 준다.
2. 유아가 그린 그림에서 자연스럽게 표현활동으로 넘어간다.
3. 모든 활동이 끝난 후 표현했던 활동에 대해 이야기를 나눈다.

교사 : "지금까지 여러분이 밸런스에 대해 배우면서 춤도 추고 게임도 해 보고 닭싸움도 해 보았어요. 그러면 여러 활동 중에서 재미있었던 활동은 무엇이고, 힘들었던 활동은 무엇이었어요?"

유아 : "재미있었던 것은 포크 댄스와 닭싸움이였어요."
"힘들었던 것은 학이 되는 것이였어요."

교사 : "왜 학처럼 하는게 힘들었을까요?"

유아 : "한 발로 서 있으려니까 자꾸 넘어졌어요."

교사 : "네. 그랬군요. 우리 주변에는 양쪽이 같아 균형을 이루고 있는 것들이 참 많이 있어요. 다음 시간에는 우리 생활에서 볼 수 있는 것 중 균형을 이루고 있는 것들을 생각해 보고 와서 친구들 앞에서 이야기해 봐요."

7. 예쁜 걸음(Balance) II

◎ **활동목표** : ① 길을 따라 균형 있게 걷는다.
② 기구를 올바른 방법으로 안전하게 사용한다.

◎ **활동자료** : 평균대, 피아노, 간편한 복장, 여러 색의 리본, 전지, 사인펜

◎ **탐　색**

1. 교사는 음악을 여러 번 들려준다.

◎ **악보**

2. 유아는 각자 음악을 들으면서 걸어 본다.

교사 : "음악을 들었지요? 이번에는 음악에 맞추어 모두 일어나 걸어 보기로 해요."

3. 교사가 준비한 평균대 위에서 유아가 균형을 잡으며 걸어 본다.

교사 : "선생님이 준비한 평균대가 여기 있어요. 이 위에서 떨어지지 않고 걸으려면 어떻게 해야 할까요?"

유아 : "조심해서 걸어요."
"살금살금 조금씩 걸어요."
"몸을 흔들지 않고 걸어요."
"양 팔을 벌려서 걸어요."

교사 : "모두 다 좋은 생각들이예요. 이 중에서 어떤 방법으로 해 볼까요?"

유아 : "양 팔 벌리기요."

교사 : "왜 그렇게 하는게 좋다고 생각했나요?"

유아 : "TV에서 봤어요. 체조 선수가 양 팔을 벌리고 평균대에서 걷는 거요."

교사 : "그렇군요. 그럼 우리 모두 양 팔을 벌려 평균대 위에서 걸어 보기로 해요."

그림

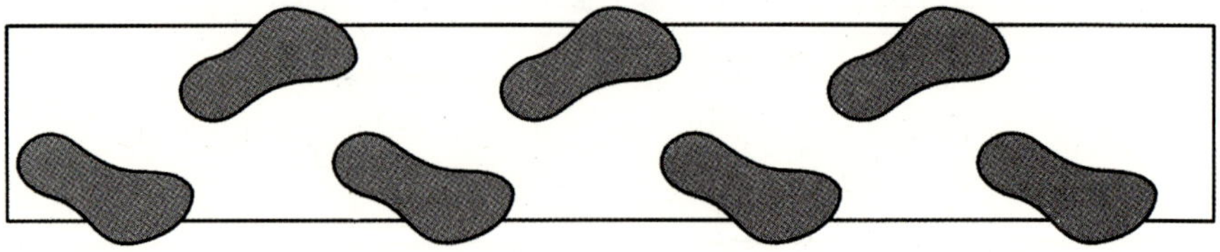

창의적 신체표현 활동

1. 음악에 맞추어 예쁜 걸음을 걸어 본다.
2. 교사가 예쁜 걸음을 걸어 보여 준다. 모두 함께 따라 걸어 본다.

3. 유아 각자가 리본을 길게 배열한다.

교사 : "우리가 함께 예쁜 걸음을 걸어 보았죠? 이번에는 리본으로 원하는 길을 만들어 봐요"(유아들은 각자 리본으로 원하는 길을 만든다).

4. 리본이 떨어지지 않도록 붙이는 방법을 제시하여야 한다.

그림

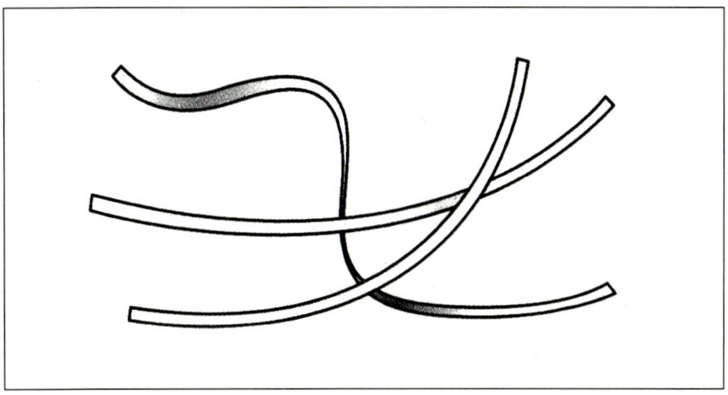

5. 피아노 음악에 맞추어 리본길 위에서 자유롭게 예쁜 걸음을 걸어 본다.
   - 음악을 듣고 음악의 처음부터 끝까지 동작을 모아서 만들어 본다.
   - 유아가 만든 동작을 종합하여 연결해 본다. 이 때 교사가 약간의 도움을 주어도 좋다.
   - 음악에 맞추어 완성된 동작을 다같이 해 본다.

동작

그림	설명
 하나 둘	박수를 치며 오른발을 한 발자국 앞으로 내딛고 둘에 왼발을 오른발 옆에 갖다 놓는다.

 셋 넷	박수를 치며 왼발을 한 발자국 뒤로 내딛고 오른발을 옆에 갖다 놓는다.
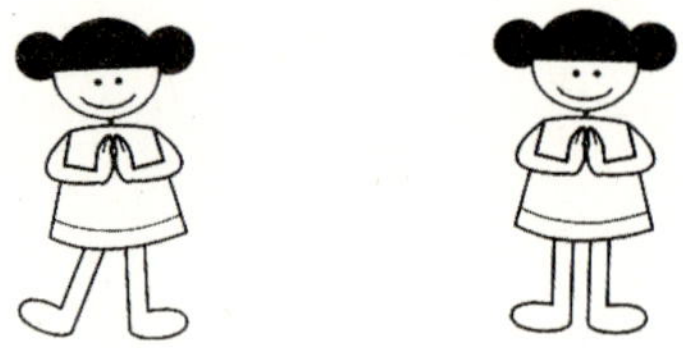 하나 둘	오른발을 오른 방향으로 한 발자국 찍었다가 제자리로 가져온다.
 셋 넷	왼발을 왼쪽 방향으로 한 발자국 찍었다가 제자리로 가져온다.
 하나 둘	오른발을 들어 오른쪽으로 1보 가고 왼발을 오른발 옆으로 가져오면서 무릎을 굽힌다.
 셋 넷	왼발을 들어 왼쪽으로 1보 가고 오른발을 왼발 옆으로 가져오면서 무릎을 굽힌다.

 하나 둘	오른발을 들어 오른쪽으로 1보 가서 왼발 끝으로 오른쪽 발 뒤꿈치에 찍으면서 오른손을 앞으로 쫙편다.
 셋 넷	왼발을 왼쪽으로 1보 가서 오른발 끝을 왼발 뒤꿈치에 찍으면서 왼손을 앞으로 편다.
 하나 둘	오른발을 오른쪽 방향 앞으로 한 발자국 찍었다가 왼발 뒤에서 왼쪽 방향으로 더 가서 찍는다.
 셋 넷	오른발을 오른쪽 방향 앞으로 한 발자국 찍었다가 왼발 옆으로 가져온다.
 하나 둘	왼발을 왼쪽 방향 앞으로 한 발자국 찍었다가 오른발 뒤에서 오른쪽 방향으로 더 가서 찍는다.

 셋 넷	왼발을 왼쪽 방향 앞으로 한 발자국 찍었다가 오른발 옆으로 가져온다.

◎ 감　　상

1. 둥글게 원을 만들어 '그대로 멈춰라' 노래를 부르며 오른쪽으로 돌다가 교사가 'ㅇ명'을 외치면 유아끼리 서로 명수대로 모여서 여러 그룹을 자연스럽게 만든다.
2. 한 명의 유아가 전지 위에서 걸으면 다른 유아들은 그 발자국을 따라 그려 준다.
3. 그룹별로 발자국을 그린 전지를 벽에 붙이고 서로 감상하고 평가해 본다.

◎ 그림

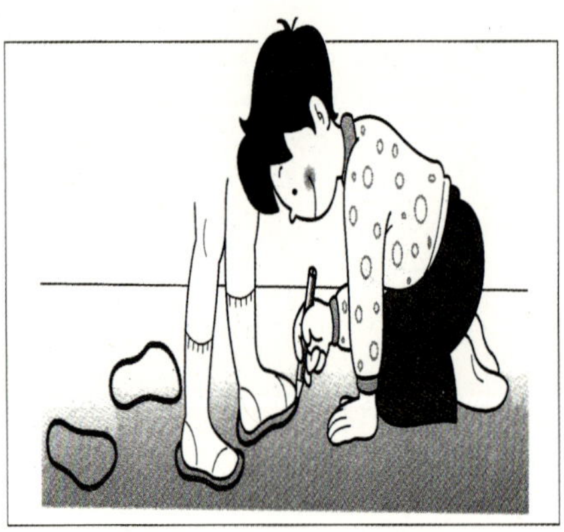

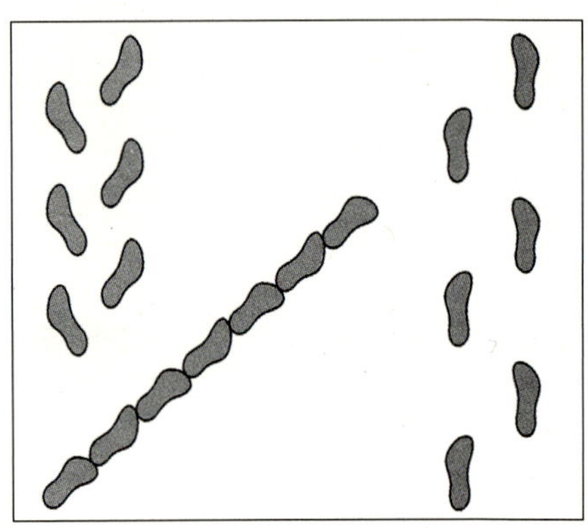

악보

예쁜 걸음(Balance)

8. 점프(Jump)

◎ **활동목표** : ① 몸을 이용해 상체를 높이 뛰어 본다.
② 두 발로 뛰어 본다.
③ 여러 방향으로 뛰어 본다.

◎ **활동자료** : 피아노, 음악(점프), 탬버린, 비디오 카메라, 줄넘기, 동물 그림카드

◎ **탐 색**

1. 두 다리를 모아서 뛴 후 동시에 내려오는 것이 점프라는 것을 알려 준 후 두 발로 뛰어 본다.
2. 동물이나 물건 중에서 점프로 흉내낼 수 있는 것에 대해 이야기를 나눈다.

◎ **동작**

3. 직접 흉내내 본다.
4. '높이뛰기' 음악을 들려준다.
5. 음악에 맞추어 자유롭게 표현해 본다.
6. 점프 활동시 주의해야 할 것을 이야기한다.
   - 앞, 뒤, 옆 친구와의 간격을 유지해서 서야 한다.
   - 뛰고 내려올 때 몸이 흔들리지 않도록 한다.
   - 다른 친구가 점프할 때 밀거나 방해하지 않는다.
7. 점프 활동시 주의점을 생각하며 표현해 본다.

창의적 신체표현 활동

1. 박자에 맞추어 탬버린을 여러 방법으로 연주해 본다.
2. 음악에 맞추어 다양하게 점프 동작을 표현해 본다.
3. 악기를 한 손에 들고 악기소리에 맞춰 점프를 해 본다.

동작

〈점프하는 모습〉

4. 두 발을 모아 높이뛰는 점프로 무엇을 할 수 있을지 이야기한다.
   교사 : "점프로 어떤 놀이를 할 수 있을까요?"
   유아 : "줄넘기, 높이뛰기, 슈퍼맨놀이, 뜀틀 넘기요."
5. 바깥놀이로 오늘은 줄넘기를 하자고 제안한다.
6. 줄넘기를 한 후, 더 재미있게 할 수 있는 방법에 대해 이야기해 본다.
   교사 : "어떻게 하면 더 재미있게 할 수 있을까요?"
   유아 : "친구와 손잡고 하기도 하고, 친구와 마주 보며 줄넘기해요."
   "길게 이어서 다같이 넘어 보기를 해 봐요."
7. 유아와 함께 줄넘기를 직접해 본다.
8. 전통놀이 '꼬마야 꼬마야'를 여러 방법으로 해 본다. 교사는 유아들의 활동을 비디오로 찍는다.

동작

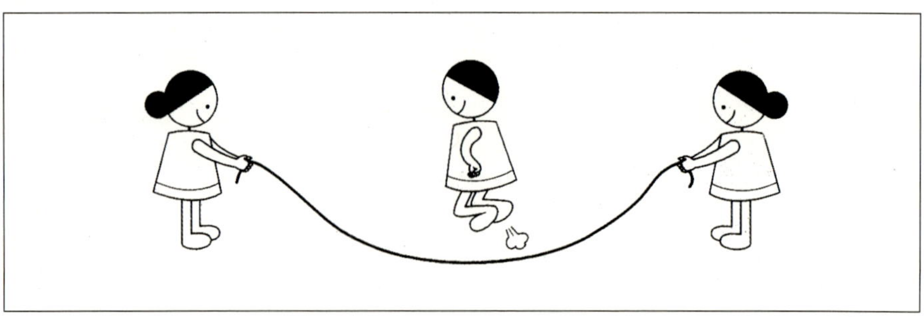

감 상

1. 다양하게 점프활동을 한 것을 찍은 비디오를 감상한다.
   - 재미있게 표현하는 친구를 찾아본다.
2. 동물 중에서 잘 뛰는 동물에 대해 이야기를 나눈다.

   교사 : "동물 중 잘 뛰는 동물에는 무엇이 있을까요?"

   유아 : "토끼, 캥거루, 개구리, 표범이요."
3. 동물그림을 보여주고 어떻게 뛰는지 이야기를 나눈다.
4. 유아가 직접 동물이 되어서 흉내내기를 한다.
5. 유아들에게 왜 그렇게 표현했는지를 서로 이야기해 보게 한다.

   교사 : "왜 그렇게 표현했나요?"

   유아 : "토끼는 귀가 길어서 손으로 귀를 만들었어요."
"캥거루는 앞발이 짧아서 손을 구부렸어요."
6. 재미있게 표현했던 부분을 칭찬해 주며 활동을 마친다.

9. 투스텝(Two Step) Ⅰ

◎ **활동목표** : ① 방향 감각을 익힌다.
② 방향의 지시에 따라 신체를 자연스럽게 움직일 수 있다.

◎ **활동자료** : 간편한 복장, 피아노, 음악(투스텝, 기차소리), 녹음기, 리듬악기, 비디오, 기차 그림(사진), 스케치북, 크레파스, 달팽이 그림

◎ **탐　색**

1. '투스텝' 음악을 들려준다.
2. 음악을 듣고 유아들에게 느낀 것을 말이나 행동으로 표현하도록 한다.
   교사 : "우리가 방금 음악을 들었는데 느낌이 어때요?"
   유아 : "음악이 신나고 재미있어요."
   "빨라서 뛰고 싶어요."
   "걸어 보고 싶어요."
3. 리듬악기로 박자를 쳐 본다.
4. 먼저 앉아서 박자를 익히고 음악에 맞추어 움직이도록 한다.
5. 다같이 일어나서 음악에 맞추어 자유롭게 걸어 본다.
6. 유아들의 걸음이 투스텝 동작이 나올 것 같으면 교사는 유아들의 움직임을 보고 투스텝 동작을 알려 준다.
7. 음악에 맞추어 원을 그리며 투스텝으로 돌아본다. 이 때 잘 못하는 유아는 친구의 동작을 보고 함께 할 수 있도록 하거나 교사의 도움을 받도록 한다.
8. 투스텝 활동시 주의점을 이야기한다.
   - 앞 친구를 밀지 않도록 한다.
   - 보폭을 너무 크지 않게 발길이 정도로 한다.
   - 발뒤꿈치를 들고 가볍게 뛸 수 있도록 한다.
9. 음악에 맞춰 동작을 해 본다.

- 동작을 천천히, 빨리 해 본다.
- 앞으로, 뒤로, 옆으로 이동해 본다.
- 박수를 치며 동작해 본다.
- 두 명씩 짝을 지어 손을 엇갈리어 잡은 후 동작을 크게 또는 작게 해 본다.

동작

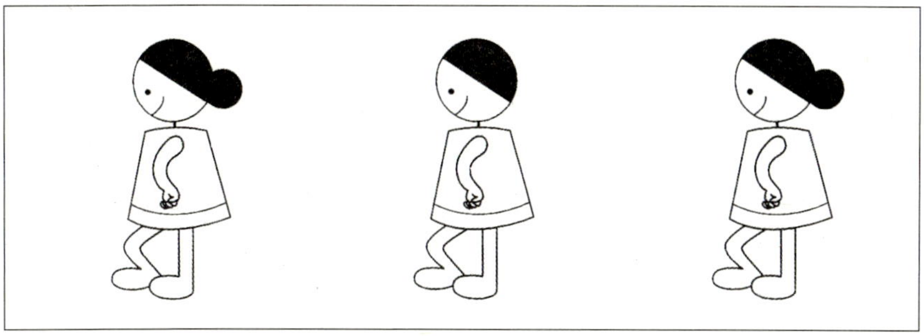

창의적 신체표현 활동

▶ 기차길이 되어 보아요.

1. 동작을 배운 후 기차소리를 들려주고 표현활동으로 연결한다.
2. 기장, 기차 등의 역할을 정한다.
3. 노래를 시작하기 전에 기장은 팔을 들고 기적소리를 두세 번 낸다.
4. 유아들은 노래를 부르며 기차가 되어 보는 활동을 한다.

노랫말	그림	설명
① 기차길 옆 오막살이		앞 친구의 어깨 위에 한 팔씩 올려 기차를 만든 후 걷는다.

② 아기아기 잘도 잔다	①과 같은 동작의 그림	고개를 갸우뚱 좌우로 흔든다. (오른쪽 먼저)
③ 칙-폭 칙칙폭폭		투스텝하며 앞으로 이동한다.
④ 기차소리 요란해도		옆으로 이동하여 서로 손을 잡는다. (앞에 있는 친구와 부딪히지 않도록 뒤로 이동하다가 옆으로 이동)
⑤ 아기아기 잘도 잔다		손을 잡은 상태에서 2번 투스텝하고 인사를 하며 마친다.

감 상

1. 기차소리가 녹음된 소리를 듣고 이야기를 나눈다.

   교사 : "지금 우리가 들은 기차소리 어땠어요?"
   "어떤 소리가 났어요?"

   유아 : "시끄러웠어요."
   "뿌우요. 칙칙폭폭이요."

   교사 : "그래요. 그럼 우리가 방금 소리를 들은 기차는 어떻게 움직일까요?"
   "우리 친구들 중에 아는 친구도 있지만 모르는 친구들도 있네요. 그러면 선생님과 함께 기차가 어떻게 움직이는지 비디오를 보도록 해요."

2. 기차가 출발하여 움직이는 화면이 담긴 비디오를 본다.

교사 : "우리 친구들이 조금 전에 본 기차의 모습을 설명해 줄 수 있겠어요?"

유아 : "바퀴가 많아요."

"천천히 움직이다가 빨라져요."

"바퀴가 왼쪽, 오른쪽 움직여요."

교사 : "그래요. 우리 친구들 참 잘 보았어요. 그럼 우리가 지금 본 기차의 모습을 표현해 보도록 해요."

3. 기차가 달리는 것을 신체로 표현한다.

교사 : "기적 울리는 모습, 바퀴 움직이는 모습, 빨리 가는 모습, 서는 모습 등 다른 동작으로 표현해 볼 친구 있어요? 참 멋진 동작이네요."

4. 달팽이 그림이나 사진을 보여 준다.

교사 : "기차 바퀴처럼 생긴 동물은 무엇일까요?"

유아 : "달팽이집을 보면 기차 바퀴가 굴러가는 것 같아요."

5. 유아들에게 달팽이 그림을 그려보게 한다.

6. 교사는 유아들이 달팽이의 모습을 신체로 잘 표현할 수 있도록 점점 작아지는 것과 커지는 것을 손가락으로 그려 보여 준다.

7. 달팽이의 모습을 신체로 표현해 본다.

교사 : "우리가 그린 달팽이 모습을 표현해 볼까요?"

"이번에는 달팽이 몸처럼 둥근 안경을 쓴 친구 나와 볼까요?"

"우리 친구들 참 멋진 표현이었어요. 그럼 이번에는 손을 잡고 안으로 투스텝을 하며 들어왔다가 나가 볼까요?"

유아 : "달팽이 몸처럼요?"

교사 : "그래요. 선생님의 피아노 음악에 맞추어 해 봐요."

동작

▶ 달팽이집을 집시다.

1. 리듬악기를 치면서 달팽이 모양처럼 원을 그리며 돌다가 서서히 앉는다.
2. '달팽이집을 집시다' 할 때 일어나서 점점 작게 원 안으로 들어오면서 투스텝을 한다.
3. 점점 크게 원 밖으로 나가면서 뒤로 투스텝을 한다.
4. 앉아서 팔로 원을 그리며 리듬악기를 치면서 일어났다가 다시 악기를 치며 앉는다.
5. 어떤 동작 표현이 잘 되었는지 이야기를 나눈다.
6. 모든 활동이 끝난 후 평가의 시간을 갖는다.

   교사 : "오늘 우리 친구들이 기차도 되어 보고 달팽이도 되어 봤는데 어떤 점이 좋았고, 어떤 점이 힘들었어요?"

   유아 : "친구들과 함께 해서 좋았어요."
   "재미있고 신나서 또 했으면 좋겠어요."
   "힘들고 더웠어요."
   "친구가 밀었어요."
   "너무 빨랐어요."
7. 유아들이 느낌을 이야기할 때 교사는 수용하는 자세로 인정해 주며, 피드백을 해 준다.

10. 투스텝(Two Step) II

◎ **활동목표** : ① 구체적인 동작을 알려 준다.

② 2박자의 잔걸음과 음악에 맞추어 창의적인 걸음을 표현해 본다.

◎ **활동자료** : 간편한 복장, 피아노, 2박자의 경쾌한 동요곡, 탬버린, 트라이앵글, 캐스터네츠, 음악(투스텝, 구름여행, 우리 집에 왜 왔니)

◎ **탐 색**

1. 교사는 음악을 여러 번 들려준다.
2. 유아는 음악을 들으면서 자유롭게 걸어 본다.
3. 친구들과 함께 걸음을 비교하면서 걸어 본다.

◎ **악보**

투스텝 마치(Two Step March)

4. 친구들의 걸음 중 리듬에 가장 적절한 걸음을 이야기해 본다.

동작

노랫말	그림	설명
〈투스텝〉 하나		발길이 만큼 발의 방향 앞으로 1보 몸도 같이 한다. 눈을 발의 진행방향으로 좇게 한다.
둘		왼발을 오른발 뒤꿈치에 댄다. 몸은 발의 방향으로 움직인다.
하	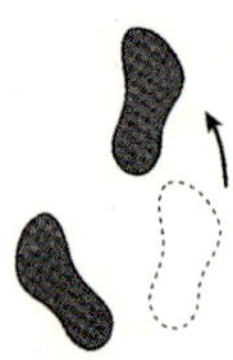	발길이 만큼 오른발 앞으로 1보 전진한다.
나	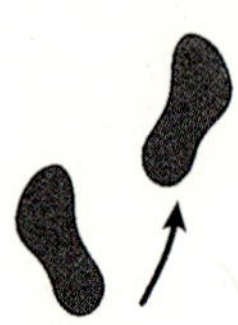	왼발을 오른발 뒤꿈치에 댄다.
둘	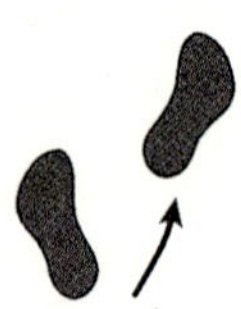	다시 오른발을 앞으로 1보 전진하며 위의 방법을 반복한다.

창의적 신체표현 활동

1. '우리 집에 왜 왔니?' 노래를 들려주고, 유아들과 함께 기본 투스텝을 해 본다.

2. 유아들은 기본 투스텝으로 소그룹별로 걸음걸이를 만들어 본다.
3. 교사는 유아들이 창작을 하는 동안 여러 가지 노래를 들려주고 창의적인 표현을 할 수 있도록 격려해 준다.
   - 창작을 할 때 여러 악기를 사용할 수 있도록 격려 또는 유도한다.
4. 그룹별로 창작한 걸음걸이를 발표해 본다. 이 때 유아들이 자신이 표현한 것을 말로 설명하도록 한다.
5. 투스텝 걸음걸이를 가지고 여러 가지 나비, 비행기, 꽃게 등을 표현하도록 제안한다.
6. 투스텝 걸음에 맞추어 왈츠를 가르쳐 주고, 같이 짝을 지어서 춤을 추도록 한다.
7. 투스텝을 해 보고 느낌을 이야기한다.

동작

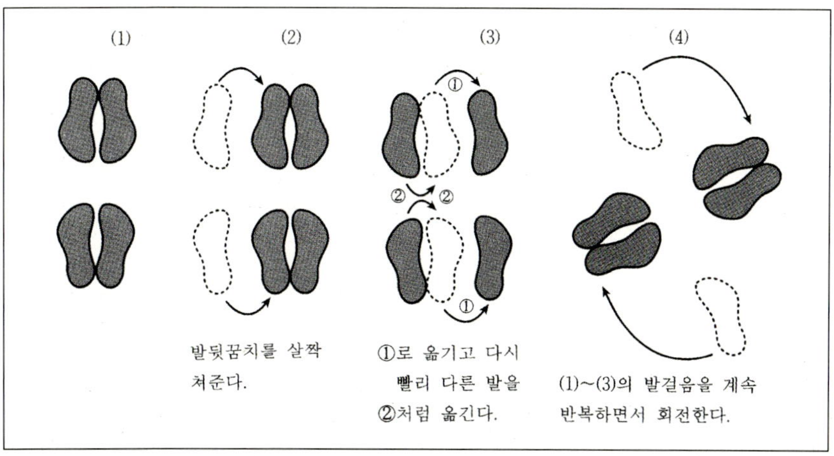

감 상

1. 유아들이 그룹별로 발표한 것을 보고 서로 느낀 점에 대해서 이야기해 보도록 한다.
2. 교사와 유아가 투스텝을 걸으면서 느낀 점을 이야기한다.
3. 그룹별로 한 것 중 잘된 것을 발표한다.
4. 음악에 맞추어 다같이 투스텝 동작을 해 본다.

11. 홉핑(Hopping) I

◎ **활동목표** : ① 몸에 중심을 잡는다.
② 한 발씩 교대로 뛰어 본다.

◎ **활동자료** : 전통음악, 음악(홉핑), 동물 모양 머리띠(토끼 · 다람쥐 등), 홉핑과 관련된 사진, 줄넘기, 꽃팔찌

◎ **탐　색**

1. 교사는 유아들에게 우리 나라 전통 음악과 홉핑 음악을 들려준다.
2. 교사는 유아들에게 두 종류의 음악을 들은 후의 느낌을 물어 본다.
   유아 : "전통음악은 조용하고 우아해요. 춤추고 싶어요."
   "홉핑은 경쾌해요. 신나요. 뛰고 싶어요."
3. 두 종류의 음악에 맞추어 자유롭게 신체를 움직여 본다.
4. 교사는 유아들에게 홉핑 음악을 들려주고, 음악과 어울리는 동물이 어떤 것이 있는지 물어 본다(토끼, 다람쥐 등).
5. 교사는 유아들과 동물 모양 머리띠(토끼, 다람쥐, 캥거루 등)를 만든다.

◎ **사진**

창의적 신체표현 활동

▶ 동물들의 움직임을 음악에 맞추어 표현해 보아요.

1. 교사는 홉핑 음악을 들려준다.
2. 유아는 자신이 만든 동물 모양 머리띠를 쓰고 음악에 맞추어 동물들의 움직임을 표현해 본다.

▶ 홉핑이 무엇인지 알아보아요.

1. 교사는 유아들에게 홉핑에 대해서 알려 준다.
2. 교사는 유아들에게 홉핑의 사진을 보여 준다.

▶ 홉핑 줄넘기를 해 봐요.

1. 교사는 유아들을 5명씩 그룹을 짓게 한다.
2. 두 명의 교사가 줄넘기 양끝을 잡고 돌린다.
3. 교사는 홉핑 음악을 들려주고, 유아들은 한 그룹씩 나와서 홉핑 동작으로 줄을 넘는다.

▶ 캉캉 춤을 춰 봐요.

1. 교사는 홉핑 음악을 들려준다.
2. 한 그룹씩 나와서 서로 팔짱을 끼고 음악에 맞추어 캉캉춤을 춘다.

▶ 홉핑 춤을 춰 봐요.

1. 교사는 홉핑 음악을 들려준다.
2. 교사는 준비한 홉핑 동작을 유아들에게 보여 준다.
3. 교사와 유아는 동물 모양 머리띠, 꽃팔찌 등을 하고 음악에 맞추어 홉핑 동작으로 춤을 춰 본다.

감　　상

▶ 홉핑 릴레이를 해 봐요.

1. 교사는 유아들을 두 팀으로 나누고 규칙에 대해 이야기한다.

2. 교사는 릴레이 출발선을 정해 주고, 반환점을 돌아오도록 한다.
3. 규칙에 따라 2명이 출발선 앞에 선다.
4. 교사는 유아들에게 방향, 뛰뛰는 높이, 예쁜 동작, 손동작, 동작의 크기 등을 다르게 해 보게 유도한다.
5. 유아들은 교사의 지시에 따라 홉핑 동작으로 멀리 떨어져 있는 반환점을 돌아온다.

▶ 홉핑 음악단

1. 유아 5~6명이 한 그룹이 되도록 나눈다.
2. 그룹별로 각각 한 가지의 악기를 선택하도록 한다.
3. 교사는 홉핑 음악에 맞추어 유아들이 연주할 수 있도록 각 그룹별로 악기 연주법을 알려 준다.
4. 홉핑 음악에 맞추어 그룹별로 맡은 악기를 연주한다.
5. 그룹별로 서로 악기를 바꾸어서 연주해 본다.

▶ 느낌 말해 보기

- 교사와 유아는 오늘 활동한 홉핑 활동에 대해서 서로 이야기를 나눈다.

동작

① 오른발 짚는다. 손을 허리에 댄다.	② 왼발을 돌리면서 오른발로 뛴다. 발을 비스듬히 옆으로 하며 뛴다.	왼발을 짚고 오른발을 뛰면서 계속 반복한다.

12. 홉핑(Hopping) II

◎ **활동목표** : ① 한 발씩 교차하여 뛰어 본다.
② 방향의 변화에 따라 뛰어 본다.

◎ **활동자료** : 피아노, 음악(캉캉), 화보(아이들이 뛰노는 모습, 캉캉 춤추는 사진) 혹은 영상자료

◎ **탐 색**

1. 오늘 할 활동에 대해 간단히 이야기한다.

교사 : "피아노 음악을 잘 들어 보고 어떤 생각이 떠오르는지 여러분들의 생각주머니 안을 들여다 보세요."

2. 홉핑 반주를 쳐 주고 유아가 들은 후에 느낌과 생각을 이야기하게 한다.

교사 : "음악을 들으니까 어떤 느낌이 들었어요?" "여러분들의 생각주머니에서 무얼 보았나요?" "음악을 듣는 동안 무엇을 하고 싶었어요?"

유아 : "웃음이 나고 흥이 나요."
"재밌고 마구 뛰어다니고 싶어요."

3. 다시 반주를 듣고 유아가 일어나 몸으로 자유롭게 표현하게 한다.

교사 : "그래요. 그럼 이렇게 흥겹고 재미있는 음악을 앉아서만 들을 수 없겠죠? 모두 일어나서 생각나는 동작들을 마음대로 표현해 보아요."

4. 반주가 끝나면 유아에게 자기가 표현한 동작을 설명하게 하고 독특한 표현을 격려해 준다.

교사 : "어떤 느낌이 들어서 이런 동작을 했나요?"

유아 : "친구들 하고 놀이터에서 뛰어 놀던 생각을 했어요."
"TV에서 외국 사람들이 이렇게 춤추는 걸 보았어요."

교사 : "아! 캉캉 춤추는 것을 봤군요. 캉캉춤 추기에 잘 어울리는 곡이

네요."

5. 아이들이 노는 모습의 사진과 캉캉 춤추는 화보를 보여주고 '캉캉' 음악도 들려준다.

   교사 : "여러분이 표현한 것들 중에 몇 가지 관련되는 사진을 준비했어요."

   "이 캉캉춤은 외국춤인데 이것을 본 친구 있어요?" "어디에서 볼 수 있었죠?"

   유아 : "TV 영화에서요. 뮤지컬이요."

   "롯데 어드벤처 공연에서요."

창의적 신체표현 활동

1. 홉핑에 대한 설명과 동작을 보여 준다.

   교사 : "친구들이 지금까지 들은 음악이 '홉핑'이라는 거예요. 이제 선생님이 홉핑 동작을 보여줄텐데 선생님이 하는 동작과 조금 전 우리친구들이 했던 동작이 어떤 것이 같고, 어떤 것이 다른지 잘 보고 찾아보아요."

2. 음악을 들려주면서 유아들이 직접 표현하게 한다. 다양한 표현 동작이 나오도록 유도한다.

   교사 : "선생님이 한 동작이 어땠어요?"

   유아 : "재미있고 잘 뛰어요."

   "캉캉춤하고 비슷해요."

   교사 : "우리 다같이 캉캉춤을 춰 볼까요? 모두 일어서요. 앞으로도 가보고, 옆으로도 가 보고, 친구들하고 함께 뛰어 보기도 하고, 돌면서 표현해 보기도 해요."

3. 4명씩 짝을 지어 홉핑음악에 어울리는 동작을 만들어 본다.

   교사 : "여러분 모두 예쁘게 잘 했어요. 한 가지 율동을 여러 가지 방법으로 표현하니까 어때요?"

   유아 : "재미있지만 조금 어려워요."

   "쉬워요. 더 하고 싶어요."

교사 : "그래요. 그럼, 며칠 후에 우리 유치원에서 어버이날 엄마, 아빠를 초대할 거예요. 그때 우리 다 함께 율동을 만들어서 엄마, 아빠께 멋진 선물로 예쁜 춤을 보여 드리기로 하면 어떨까요?"

"그럼, 그룹별로 음악을 들으며 어떤 동작을 만들어야 할지 생각하고 친구들과 이야기해 보아요."

4. 선생님은 유아들이 발표할 때 자연스럽게 연결되도록 도와 준다.
5. 교사는 그룹별로 발표한 것을 수용적으로 평가한다.

동작

감　　상

1. 유아들이 발표한 동작을 잘 보았는지 묻는다.
2. 발표한 것 중에 어떤 동작이 가장 재미있고 마음에 드는지 이야기한다.
   - 유아와 함께 잘 표현된 동작 하나를 정한다.
3. 교사는 유아들의 창의적인 표현을 높이 평가해 주고 표현이 잘 안된 유아들은 다음에 잘 할 수 있도록 격려해 준다.
4. 모두 다같이 일어나서 유아들이 발표한 것 중 정해진 동작을 해 본다.

악보

홉핑(Hopping)

13. 앵금질

◎ **활동목표** : 다양한 방법의 앵금질로 다리 근육의 발달 및 힘의 조절능력을 기른다.

◎ **활동자료** : 피아노, 음악(앵금질), 녹음기, 간편한 복장, 응원술, 비디오, 영상자료(탈춤), 가면

◎ **탐 색**

1. 앵금질 음악을 들려준다.
2. 음악을 듣고 느낀 것을 말로 표현한다.

   교사 : "이 음악을 듣고 어떤 생각이 드나요?"

   유아 : "춤을 추고 싶어요. 토끼처럼 깡총깡총 뛰고 싶어요."
   "줄넘기하는 것 같아요."
3. 유아들이 말로 표현했던 것들을 신체로 표현해 보도록 한다.
4. 교사는 유아들과 함께 앵금질의 손동작을 익힌다.
5. 손동작이 끝나면 발동작을 같이 익힌다.
6. 유아들이 일어나서 음악에 맞추어 앵금질 동작을 해 본다. 동작을 할 때 어려워하는 유아는 친구의 동작을 탐색해 보거나 교사의 도움을 받도록 한다.
7. 앵금질 동작시 주의해야 할 점들에 대해 이야기를 나눈다.
   - 한 발로 균형을 잘 잡도록 한다.
   - 가슴을 펴고 어깨가 평형이 되도록 한다.
   - 처음에는 상체를 반듯이 펴지 않고 숙였다가 점점 일으킨다.

동작

창의적 신체표현 활동

1. 교사는 앵금질 동작을 이용해 응원놀이를 할 것이라고 이야기한다.
2. 교사는 유아들과 함께 앵금질 동작을 해 본다.
3. 음악에 맞추어 응원술을 이용해 표현활동으로 들어간다.
   ① 왼발을 들고 상체를 숙인 채 손뼉을 치며 점점 팔 벌리기를 하며 일어난다.
   ② 발의 위치를 바꾼 후 4번을 반복하여 뛴다.
   ③ 오른손, 왼발을 들고 오른쪽으로 한 번 돈다.
   ④ 돈 다음에 뛰면서 팔을 두 번 턴다.
   ⑤ 왼손, 오른발을 들고 왼쪽으로 한 번 돈다.
   ⑥ 돈 다음에 뛰면서 팔을 두 번 턴다.
   ⑦ 두 다리를 조금 벌리고 팔을 양쪽으로 비스듬히 편다.

동작

감 상

1. 유아들에게 앵금질 동작과 비슷한 동작이 우리 나라에도 있음을 알려 준다.

교사 : "우리가 배운 앵금질 동작과 비슷한 동작이 우리 나라에도 있어요. '탈춤'이라고 하는데 들어 본 적 있어요?"

유아 : "네. TV에서 봤어요."

"가면같이 생긴 탈을 쓰고 춤을 추는 것을 보았어요."

교사 : "그럼, TV에서 본 탈춤 동작을 해 볼까요?"

"선생님은 탈춤 동작이 앵금질과 비슷한 것 같아요. 선생님이 한 번 해 볼께요."

유아 : "아! 맞다! 나 저 춤 TV에서 봤어요."

교사 : "그러면 탈춤 동작에 대해서 알았으니 비디오로 탈춤 추는 것을 보도록 해요."

2. 교사는 유아들과 탈춤을 출 때 쓸 가면을 만든다.
3. 완성된 가면을 쓰고 유아와 함께 탈춤을 춘다.
4. 교사는 유아들에게 오늘 활동한 동작에 대한 느낌을 물어 본다.

교사 : "오늘 배운 동작들이 어땠어요?"

유아 : "힘들고 다리가 아팠어요. 그런데 재미있었어요."

교사 : "그래요. 친구들이 오늘 힘들었는데도 재미있게 잘 했어요."

14. 스키핑(Skipping) Ⅰ

◎ **활동목표** : 음악에 따라 여러 가지 방법으로 뛰어 본다.

◎ **활동자료** : 뛰는 모습이 들어 있는 사진(스키핑 사진), 음악(스키핑)

◎ **탐　색**

1. 여러 가지 뛰는 모습이 들어 있는 사진을 보여 준다.
2. 유아들에게 뛰는 동작 중에서 하고 싶은 동작을 마음껏 해 보게 한다. 이 때 유아와 유아 사이의 간격을 넓게 하여 옆 친구와 부딪히지 않도록 주의해서 활동한다.
3. 유아들이 동작표현을 한 것 중에서 독창적이거나 재미있는 표현을 한 유아의 동작을 탐색해 보며 다같이 따라 해 본다.
4. 교사가 피아노로 스키핑 반주를 하면 유아들은 음악에 맞추어 동작을 표현한다.

◎ **사진**

창의적 신체표현 활동

1. 교사가 스키핑 동작을 먼저 표현해 보인다.
   - 처음부터 스키핑이라고 말하지 않고 여러 동작 중에서 한 가지로 소개함으로써 유아들이 자연스럽게 받아들일 수 있도록 한다.
2. 유아들과 같이 '스키핑' 음악에 맞추어 뛰어 본다.
3. 스키핑의 변형동작을 만들어 본다. 처음에는 자신의 팔로 여러 가지 동작을 표현해 보고 그 다음 새로 만든 변형동작을 넣어가며 해 본다.
4. 유아들은 그룹별로 앉아서, 자신이 표현했던 동작과 친구들의 동작을 잘 살펴본 후 가장 마음에 드는 표현을 선택해서 동작을 만들어 본다.
5. 교사는 유아들이 발표한 것을 기록한다.

그림

감　상

1. 친구들이 발표한 동작을 감상한 후 느낌을 이야기해 본다.
2. 유아들에게 어떤 동작이 가장 인상 깊었는지, 어떤 동작이 가장 마음에 들었는지를 물어 본다.
3. 교사는 유아들이 잘 표현한 동작을 이야기하고 더욱 창의적인 표현이 나올 수 있도록 격려해 준다.
4. 유아들이 좋아하는 동작과 흥미있어 하는 동작을 다시 한 번 해 본다.

15. 스키핑(Skipping) II

◎ **활동목표** : ① 몸을 옆으로 걸어 본다.
② 신체의 움직임을 통하여 방향 감각을 기른다.
③ 리듬막대의 박자에 맞추어 걸어 본다.

◎ **활동자료** : 악보(스키핑), 피아노, 음악(옆에 옆에, 둘이 살짝), 녹음기, 리듬막대, 지시카드, 탬버린

◎ **탐 색**

1. 수수께끼로 도입한다.

교사 : "나는 바닷가에 살아요. 걸음을 옆으로 걷지요. 손에 집게가 달려 있어요. 나는 누구일까요?"

유아 : "꽃게요."

2. 음악에 맞추어 몸을 옆으로 걸어 본다.

교사 : "그럼, '옆에 옆에' 노래를 부르면서 꽃게가 되어 보아요. 꽃게가 어떻게 가는지 다같이 걸어 볼까요?"

3. 음악을 듣고 느낌을 이야기한 후 신체로 표현해 본다.

교사 : "방금 우리가 들은 음악의 느낌이 어떻죠?"

유아 : "경쾌해요."
"재미있고 뛰고 싶어요."
"너무 빨라요."

4. 다시 음악에 맞추어 자유스럽게 맘껏 움직여 본다.

교사 : "꽃게처럼 걷는 걸음을 다시 한 번 해 볼까요?"

5. 교사는 유아들의 움직임을 보고 사이드 스키핑을 알려 준다.

교사 : "꽃게처럼 걷는 방법 말고 옆으로 가는 방법을 선생님과 함께 해 봐요."

6. 음악을 들으면서 유아들과 사이드 스키핑을 해 본다.

창의적 신체표현 활동

▶ 옆에 옆에

1. 유아들에게 리듬막대를 두 개씩 나눠 준다.
2. 리듬막대를 이용해서 어떻게 표현활동을 할 수 있을지 탐색한다.
3. 리듬막대로 다른 유아를 방해하지 않도록 주의 사항을 이야기한다.
4. 노랫말 지시카드를 보면서 동작을 만든다.

   교사 : "여러분이 동작을 각각 만들어 봐요."
5. 리듬막대를 자유롭게 쳐 보게 한다.
6. 리듬막대를 이용해서 동작을 만들어 본다.

   교사 : "모두 리듬막대를 사용하여 몸을 움직여 보았죠?"
7. 피아노만 들려주고 음악에 맞추어 리듬막대를 움직여 본다.
   - 리듬막대 동작을 유아들의 동작과 병행해서 만들어 본다.
8. 노래를 부르면서 동작을 한다.

동작

〈사이드 스키핑〉

1. '둘이 살짝' 음악테이프를 들려주면 유아들은 음악에 맞추어 뛰어 본다.
2. 유아들과 함께 동작을 만들어 본다.

◎ 동작

3. 창작한 동작을 음악에 맞추어 표현하다가 전주 부분에서는 큰 원을 만들어 돌게 한다.
4. 교사가 인원을 '○명'이라고 이야기하면 서로 인원수대로 짝을 짓는다.

◎ 감 상

1. 꽃게 걸음에 대해 다시 표현해 본다.
2. 신체표현 활동에서 했던 '옆에 옆에'와 '둘이 살짝'을 다시 한 번 해 보고 오른쪽, 왼쪽으로 이동하며 사이드 스키핑을 해 본다.
3. 다른 유아의 동작을 살펴본다.
   - 표현활동 과정에서 했던 유아의 다른 점, 비슷한 점을 이야기해 본다.
4. 리듬막대로 여러 가지 박자를 쳐 보게 한다.
5. 리듬막대의 사용 후 유아들과 이야기를 해 본다.
   - 리듬막대로 드럼치기, 톡톡치기 등의 동작을 할 수 있는가?
   - 음악에 맞추어 몸을 잘 움직일 수 있었는가?
   - 리듬막대를 사용할 때에 주의점을 잘 지켰는가?
6. 모든 활동 후에 유아들과 경험에 대한 평가를 해 본다.

   교사 : "오늘 우리 친구들이 꽃게도 되어 보고 여러 동작을 해 보았는데 어땠어요?"

   유아 : "좋았어요, 재미있었어요."

   교사 : "왜 좋았는지 말할 수 있겠어요?"

악보

스키핑(Skipping) (1)

스키핑(Skipping) (2)

동작

노랫말	그림	설명
① 하		발을 약간 벌리고 선다. 방향은 오른쪽으로 한다.
② 나		오른쪽 옆으로 뛸 때 왼발이 오른발을 치면서 뛴다.

③ 하		①과 같은 동작
④ 나		왼쪽 옆으로 뛸 때 오른발이 왼쪽발을 치면서 뛴다.

동작

노랫말	그림	설명
① 하나		발뒤꿈치를 들고 가볍게 오른발을 뛰는 동시에 왼발을 올리고 무릎을 굽힌다.
② 둘		왼발을 뛰면서 오른발을 올린다.

 ①	 ②	 ③

④
⑤
⑥
⑦
⑧
⑨
⑩

16. 스케이팅(Skating) Ⅰ

◎ **활동목표** : ① 미끄러지기 동작으로 스케이트 타는 모습을 표현해 본다.
② 스케이트의 종류를 알고 동작을 익혀 본다.

◎ **활동자료** : 피아노, 음악(스케이팅 왈츠), 각종 스케이트 화보, 메달, 전지, 사인펜

◎ **탐 색**

1. 교사는 음악을 들려준다.
2. 유아들과 음악에 대한 느낌을 말한다.
3. 교사는 피아노 음악에 대해 이야기해 준다.
   - 제목, 음악이 쓰이는 곳 등
4. 겨울철에 할 수 있는 운동에 대해 이야기 나누기를 한다.

교사 : "겨울철에 할 수 있는 운동에는 뭐가 있을까요? 지난 겨울에 무슨 놀이를 했는지 생각해 봐요."

유아 : "스키요. 가족들하고 스키장에 갔었는데 눈이 많이 와서 신났어요."
"스케이트도 탔구요, 눈썰매도 탔어요."

교사 : "그래요. 겨울에 할 수 있는 운동이 참 많아요. 그러면 눈 위를 지치고 다니는 스키와 얼음을 지치고 다니는 스케이팅은 어떤 것이 있는지 알아보아요."

예) 스키 종류(알파인, 스키점프 , 크로스컨트리 등 화보 제시)와 스케이트의 종류(일반 스케이트, 피겨 스케이트, 쇼트트랙, 스피드 스케이트, 롤러 스케이트 등 화보 제시)를 나타내는 그림을 보면서 다양한 동작을 표현할 수 있음을 안다.

교사 : "와 ! 스키와 스케이트 종류는 정말 다양하죠? 그럼 얼음판에

서 미끄러지듯이 얼음을 지치는 스케이팅을 다같이 표현해 볼까요?"

◎ 창의적 신체표현 활동

1. 스케이팅과 관련된 화보를 다시 보면서 표현동작을 생각해 본다.

◎ 사진

〈스키〉

〈수상스키〉

2. 유아들이 음악에 맞추어 자유롭게 스케이트 타는 동작을 표현해 보게 한다.
3. 교사의 안내에 따라 스케이트 타는 모습을 다 함께 표현활동으로 해 본다.

   교사 : "얼음판에서 미끄러지듯이 스케이트를 타 보아요"
   "우리 다같이 피겨 스케이트를 타 보아요."
   "이번엔 롤러 스케이트를 타 볼까요?"
4. 릴레이로 스케이팅 게임을 해 본다.
   - 어떤 동작으로 반환점을 돌 것인지를 유아들이 정하게 한다.
   - 게임하는 방법과 규칙을 정한다.
   - 유아들을 두 팀으로 나눈다.

- 정해진 동작(스키타는 모습 등)을 하면서 반환점을 돈다.
- 한 유아가 반환점을 돌아와서 다음 유아의 손을 쳐 주면 다음 유아가 출발한다.
- 마지막 유아가 먼저 들어오는 팀이 승리한다.
- 승리한 팀의 유아들에게 작업한 메달을 걸어 준다.
- 동작을 다양하게 바꿔 가며 게임을 할 수 있다.

감 상

1. 몇 명의 유아들이 나와서 여러 종류의 겨울철 운동에 관련된 동작을 해 보인다.
2. 나머지 유아들은 친구가 무슨 동작을 하는지 알아맞추는 놀이를 한다.
3. 유아들을 몇 명씩 그룹을 이루게 한다.
4. 한 유아가 전지 위에서 다양한 동작을 하면 다른 유아들은 사인펜으로 친구의 발자국을 따라 그린다. 이 때 교사가 동작을 불러 준다.

   교사 : "우리 스키를 타 봐요."

   "지금 우리는 쇼트트랙 선수들이예요."
5. 그룹별로 다 그린 발자국을 서로 감상, 평가하고 발자국을 따라 가면서 동작을 해 본다.

그림

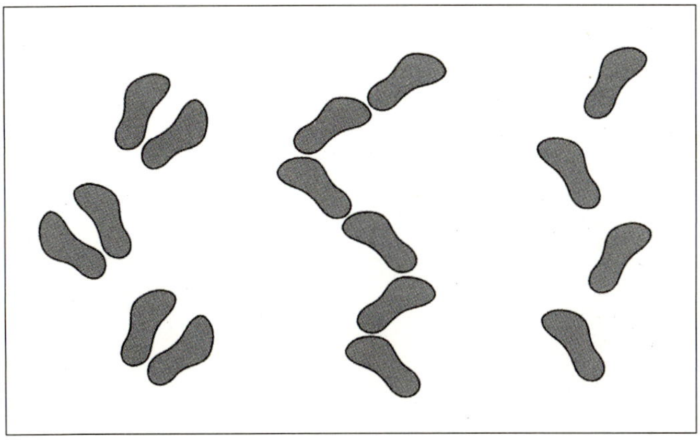

17. 스케이팅(Skating) II

활동목표 : ① 스케이트타는 모습을 신체로 표현해 본다.
② 음악을 듣고 리듬에 반응한다.

활동자료 : 여러 장의 스케이트타는 사진이나 화보, 국기, 메달, 장갑, 음악 (스케이팅)

탐　색

1. 유아들에게 먼저 여러 장의 스케이트타는 모습이 들어 있는 사진을 보여 준다.
2. 유아들이 좋아하는 스케이트 선수가 있는지 혹은 경기를 본 적이 있는지 물어 본다.
   - 지난 동계 올림픽에 대한 이야기
   - 메달을 딸 수 있었던 이유 등에 대해 이야기한다.

   예) 골인점에서 다른 선수보다 발을 먼저 내밀어 승리한 선수 이야기 등
3. 사진을 본 후 느낌이나 스케이트를 타 본 경험에 대한 이야기를 한다.
4. 이야기를 나눈 후 음악을 듣고 연관을 지어보게 한다.
5. 음악을 들으면서 생각했던 동작을 표현해 본다.
6. 여러 동작들을 다같이 이름을 붙여 표현해 보도록 한다.
   - 스케이트타는 모습
   - 롤러 스케이트타는 모습
   - 피겨 스케이트, 쇼트트랙, 썰매 등……
7. 여러 형태의 몸짓을 상황에 맞게 변형시키도록 한다.
   - 할아버지께서 스케이트타시는 모습
   - 예쁜 언니가 스케이트타는 모습
   - 씩씩한 군인이 스케이트타는 모습
   - 어린이가 스케이트타는 모습

8. 마지막으로 음악에 맞추어 각자 자유스럽게 표현하고 친구들의 동작을 탐색해 보게 한다.

사진

〈스키〉

〈아이스하키〉

창의적 신체표현 활동

1. 탐색활동에서 보았던 친구들 중에 스케이트를 잘 타는 친구들을 추천하거나, 하고 싶어하는 유아는 스케이트 대회에 출전한다.
2. 여러 명의 선수가 결정되었으면 '미니 스케이트 대회'를 연다.
3. 다른 유아들은 선수들을 응원한다.
4. 스케이트 대회를 열고 유아들이 뽑은 3명의 친구에게 금, 은, 동메달을 걸어 준다.
5. 메달을 받은 유아들은 국기를 들고 행진을 한다.
6. 스케이트 대회에서 보여준 친구들의 모습을 보고 재미있었던 부분을 몸으로 표현해 본다(스케이트 종류별로 다양하게 표현).

사진

〈스피드 스케이팅〉

사진

〈피겨 스케이팅〉

감　　상

1. 지금까지 보았던 스케이트 모습을 다같이 표현해 본다.
2. 유아들이 서로의 모습을 평가해 보도록 한다.
3. 평가가 끝나면 몇 명씩 모아 그룹을 만들게 한다.
4. 그룹별로 새로운 표현이나 좀더 창의적인 표현을 의논하여 발표하도록

한다.

5. 그룹별로 발표 후에는 서로 다른 그룹을 평가해 준다.
6. 아이스 하키에 대하여 알아본다.
7. 무용과 스키에 대하여 알아본다.
8. 스키보드에 대하여 다같이 표현해 본다.
9. 스키를 잘 타려면 어떻게 해야 할까?
10. 마지막으로 가장 잘한 팀의 동작을 모두 같이 표현해 본다.

악보

미끄러지기

18. 왈츠(Waltz) Ⅰ

◎ **활동목표** : ① 리듬의 아름다움을 느낀다.
② 역할놀이를 통해서 창의적인 신체표현을 한다.

◎ **활동자료** : 탬버린, 캐스터네츠, 피아노, 음악(고양이 왈츠), 동화책(신데렐라), 무도회복(부직포 이용), 왕관, 허리띠, 칼, 비디오

◎ **탐 색**

1. 먼저 피아노로 연주된 왈츠 음악을 들려준다.
   - 음악을 들려줄 때 교사는 탬버린이나 캐스터네츠를 이용하여 박자를 쳐 준다.
2. 다른 왈츠 음악도 들려준다.
3. 음악을 들은 후 음악에 대해 유아들과 이야기를 나눈다.

   교사 : "지금 이 음악을 듣고 어떻게 느꼈어요 ?"

   유아 : "춤추고 싶었어요. 기분이 좋았어요. 악기로 연주하고 싶어요." "어제 본 뮤지컬을 생각했어요. 신데렐라가 왕자님과 춤추는 것 같아요. 음악이 아름다워요."
4. 교사는 유아의 답변에 반응을 해 주고, 그 중에서 생각한 것을 나와서 몸으로 표현하게 한다.
5. 왈츠는 박자의 경쾌한 춤 음악임을 이야기한다.

   교사 : "왈츠는 박자로 된 춤추기 위한 음악이예요." "박자는 선생님이 처음에 한 것처럼, 쿵짝짝 쿵짝짝 이렇게 하면 돼요." "우리 다같이 해 볼까요 ?"
6. 유아들과 교사가 함께 동작을 표현해 본다.

동작

창의적 신체표현 활동

1. 교사는 유아들에게 '신데렐라' 동화를 들려준다.
2. 공주가 무도회에서 어떻게 했는지 살펴보도록 한다.
3. 유아들이 직접 옷을 꾸며 본다. 왕관과 허리띠도 만든다.
4. 자발적으로 하고 싶어하는 유아들은 역할놀이에 자연스럽게 참여시킨다.
5. 역할을 정한다. 역할을 정할 때는 한 역할로 할 수도 있고, 역할을 바꾸어서 다른 역할을 해 볼 수 있다.

동작

감 상

1. 교사는 왈츠에 다른 느낌의 곡들이 있다는 것을 제시해 주고 유아들의 느낌은 어떻게 다른가 살펴본다.
2. 교사는 유아가 발레를 비디오 또는 직접 관람할 수 있도록 한다.
   - 발레가 안 될 경우에는 뮤지컬을 봐도 좋다.
   - 직접 관람을 갈 경우에는 관람을 가서 유의할 점을 사전에 이야기한다.
3. 발레 비디오나 뮤지컬 관람 후 유아들의 느낌을 이야기할 수 있도록 많은 기회를 준다.
4. 음악이나 노래에 맞추어 유아가 직접 새가 되어 표현해 본다.
   - 스텝은 왈츠의 박자로 한다.
5. 교사가 백조나 파랑새의 모습을 제시해 주면 유아가 그것을 표현해 본다.
6. 유아가 표현할 때 어색하지 않도록 교사도 같이 어울려서 표현한다.

19. 왈츠(Waltz) II

활동목표 : ① 박자의 리듬과 움직임을 익힌다.
② 두 사람의 상호작용을 통해서 음악에 대한 즐거움을 느낀다.

활동자료 : 피아노, 음악 테이프(왈츠, 꽃구경), 탬버린, 캐스터네츠, 왈츠 영상 자료

탐 색

1. 교사는 유아에게 왈츠 음악을 들려준다.
2. 음악을 다시 들을 때에는 제자리에서 신체를 움직이며, 음악의 느낌을 표현해 본다.
3. 유아는 일어나서 음악에 맞추어 걸어 보며 느낌을 자연스럽게 신체로 표현해 본다.
4. 다른 박자의 곡(꽃구경)을 들어 보며 유아의 느낌을 신체로 표현한다.

그림

창의적 신체표현 활동

1. 노래를 불러 본다.
2. 손으로 박자를 익힌다.
3. 리듬악기로 박자를 맞춘다.
4. 두 손은 허리에 발만 기본 동작을 해 본다.

5. 유아가 둘씩 짝을 지어 손을 맞잡고 동작을 해 본다.

◎ 악보

어린이 왈츠

동작

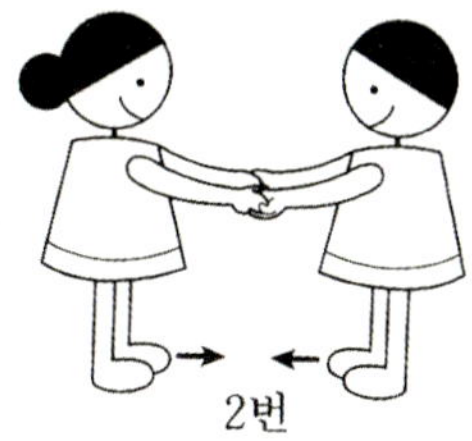

① 앞으로 두 번 간다.

② 뒤로 두 번 간다.

③ 오른쪽으로 두 번 간다.

④ 왼쪽으로 두 번 간다.

⑤ 오른쪽으로 한 바퀴 돈다.

⑥ 왼쪽으로 한 바퀴 돈다.

* 방향은 여자 친구쪽을 기준으로 하여 움직인다.

감 상

1. 교사는 유아에게 왈츠 음악을 듣고 자유스럽게 표현해 보게 한다.
2. 유아들의 활동을 녹화하여 감상한다.
3. 유아들과 함께 어떤 느낌이 들었는지 이야기해 본다.

20. 폴카(Polka)

◎ **활동목표** : ① 경쾌한 음악을 즐긴다.
② 다른 나라의 민속음악에 대해 관심을 갖는다.

◎ **활동자료** : 피아노, 음악 테이프(폴카, 호키포키), 녹음기, 번호표, 사탕으로 만든 메달, 영상자료(폴카춤, 우리 나라 민속 무용)

◎ **탐　색**

1. 폴카 음악을 들려준다.
2. 음악을 들은 후, 유아의 느낌에 대해 이야기를 나눈다.
   교사 : "방금 음악을 들었는데 어떤 느낌이 들었어요?"
   유아 : "신나고 재미있어요."
   "춤추고 싶고 걷고 싶어요."
3. 다같이 일어나서 음악에 맞추어 표현해 본다.
4. 표현을 하고 나면 교사는 폴카에 대해 이야기해 준다.
   교사 : "폴카는 여러 나라에서 추고 있는 민속 무용을 말해요."
   유아 : "민속 무용이 뭐예요."
   교사 : "각 나라마다 가지고 있는 고유의 춤을 민속 무용이라고 해요(각 지방의 생활을 내용으로 전해오는 민속 무용에 대해서 간단히 이야기한다)."
   "그럼, 우리 나라에는 어떤 민속 무용이 있을까요?"
   유아 : "탈춤과 부채춤이요."
   교사 : "그래요. 그것 말고도 강강술래도 민속 무용이라고 할 수 있어요."
5. 폴카 스텝을 유아에게 알려 주고 동작을 해 본다.
   교사 : "우리 폴카 스텝을 한 번 해 볼까요?"
   "먼저 동그랗게 서서 옆으로, 뒤로, 앞으로, 빨리, 느리게, 손잡고 해 봐요."
6. 활동 후 유아와 이야기를 나누어 본다.

교사 : "폴카 스텝을 할 때 어떤 점을 주의해야 할까요?
유아 : "앞 친구를 밀지 않아야 해요."
"너무 빨리 하면 안 돼요." "발을 밟으면 안 돼요."

동작

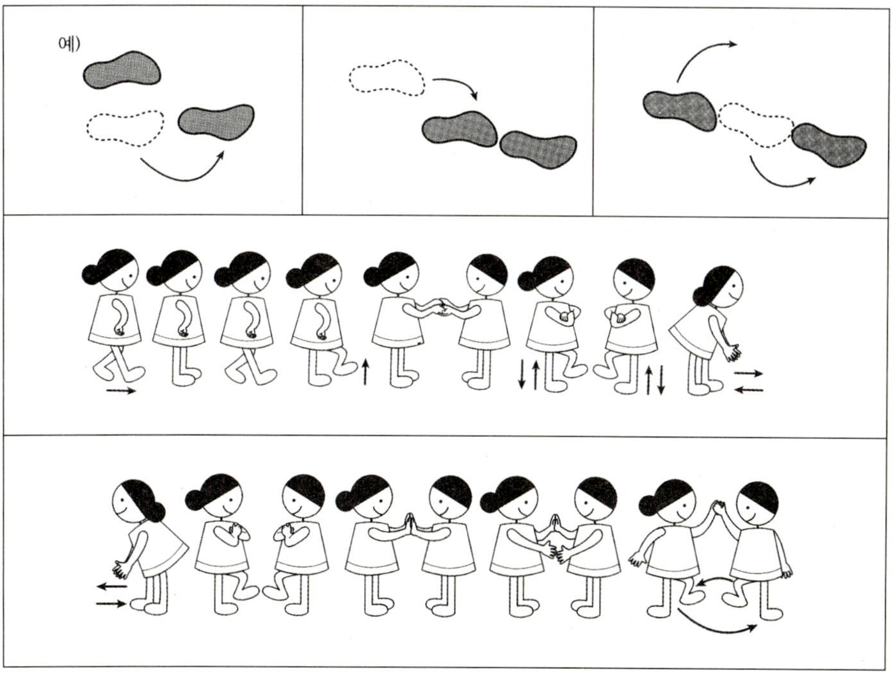

창의적 신체표현 활동

1. 폴카 스텝을 더 재미있게 할 수 있는 놀이에 대해 이야기한다.
   교사 : "우리 폴카 음악을 틀어 놓고 할 수 있는 것이 뭐가 있을까요?"
   유아 : "여러 가지 동작으로 ○○랑 춤추고 싶어요."
   교사 : "우리 그럼 폴카 춤추기 대회를 하는 것이 어떨까요?"
   유아 : "네. 좋아요."
2. 교사는 번호표와 사탕 메달 만들기 준비를 한다.
   - 유아들은 번호표와 사탕 메달을 꾸민다.
3. 짝을 정하고 유아가 사회자와 심사위원을 정한다.

4. 심사위원은 유아와 교사가 함께 참여하여 폴카 왕과 여왕을 뽑는다.
5. 순서를 정해서 번호표를 가슴에 단다.
6. 사회자가 폴카 경연 대회의 시작을 알리고 번호대로 소개한다.
7. 소개된 유아는 앞으로 나와 '폴카' 음악에 맞춰 자유롭게 춤을 춘다.
8. 대회 순서를 끝낸다.

교사 : "우리 친구들 모두 열심히 잘 했어요. 선생님은 우리 친구들 모두를 폴카 왕과 여왕으로 뽑겠어요. 우리 모두 축하의 박수를 쳐요."

동작

▶ 다른 음악에 맞추어 폴카 스텝을 해 보도록 한다.

1. 호키 포키 음악을 들려준다.
2. 유아 스스로 음악에 맞추어 몸을 움직여 본다.
3. 노랫말에 어떤 동작을 넣어 표현하는 것이 좋을지 결정한다.
4. 도는 부분은 폴카 스텝으로 한다.
5. 모두 함께 음악에 맞추어 동작을 한다.

동작

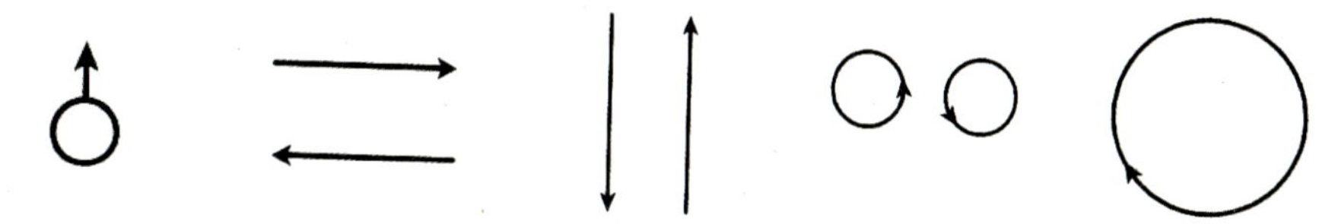

감 상

1. 교사는 다른 폴카도 있음을 이야기해 준다.

   교사 : "미국에서도 남자와 여자가 함께 폴카 춤을 추는데 우리 비디오로 한 번 보도록 해요."

2. 비디오를 감상한다.
3. 감상 후에 본 것에 대해 이야기를 나눈다.

   교사 : "비디오에서 어떤 동작들이 있었어요?"

   "누구 나와서 해 보겠어요?"

4. 우리 나라 민속 무용 비디오를 본다.
5. 감상 후에 본 것에 대해 이야기를 나눈다.

   교사 : "우리 나라 민속 무용이 어땠어요?"

   유아 : "한복이 예뻤어요."

   "특히 부채를 들고 빙빙돌 때 아름다웠어요. 그런데 도니까 어지러울 것 같아요."

   "뛰니까 신나요."

   "나도 강강술래하고 싶어요."

6. 전체의 유아와 교사는 큰 원을 만든다.
7. 폴카 스텝으로 큰 원에서 돌다가 대형을 바꾼다.
8. 유아가 힘들어하지 않도록 속도를 빠르게 느리게 조절하며 활동한다.
9. 폴카 스텝을 하면서 무엇이 재미있었는지 이야기한 후 활동을 정리한다.

제 6 장

신체표현과 동작활동

1. 민들레 꽃씨의 여행

◎ **활동목표** : 민들레의 성장 과정과 꽃씨의 움직임을 창의적으로 표현한다.

◎ **활동자료** : 화보(민들레 꽃씨, 민들레꽃의 여러 가지 모습), 얇은 도화지, 색연필, 동화자료(민들레 꽃씨의 여행), 그림 자료, 민들레 꽃씨가면, 피아노, 영상자료

◎ **탐 색**

1. 봄철에 피는 꽃의 종류를 이야기한다.
2. 민들레꽃의 특성에 대해 이야기한다.
    - 민들레꽃의 꽃대를 피리로 불면 소리가 난다.
    - 민들레꽃은 시들면서 하얀 솜털모양의 씨앗으로 변하여 이리저리 날아다닌다.
    - 민들레 꽃씨를 불어서 날려 본다.
3. 미술영역에서 민들레꽃을 그려 본다.

◎ **사진**

■ 민들레의 성장

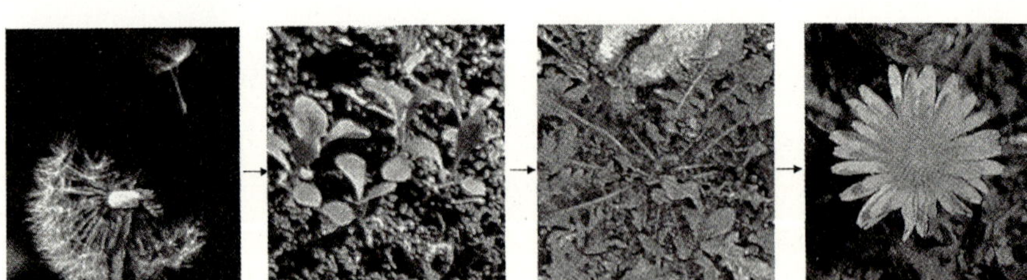

창의적 신체표현 활동

1. 유아들에게 '민들레 꽃씨의 여행' 동화를 들려준다.
2. 자신의 신체를 이용해 민들레 꽃씨가 되어 보기로 하고 다시 그림만 보여준다. 그림을 보며 유아들에게 자신의 몸을 어떻게 움직일 것인지 생각해 보게 한다.
3. 민들레 꽃씨가 된 마음으로 음악을 듣는다.
4. 전지의 배경 그림에 맞추어 민들레 꽃씨의 가면을 쓰고 민들레의 성장을 표현해 본다.

   교사 : "민들레 꽃씨가 어떻게 여행을 할까요?"
   "땅 속에 꽃씨는 어떻게 밖으로 나올까요?"

   유아 : "땅을 나와서 햇빛을 보고 민들레꽃이 되었어요."

   교사 : "꽃이 지면서 어떻게 되었죠?"

   유아 : "솜털이 있는 꽃씨가 생기고 여기저기 날아다니다가 땅에 묻혔어요."

   교사 : "우리 이 동화 내용을 민들레의 가면을 쓰고 표현해 봐요."
5. 음악에 맞추어 유아들의 생각을 신체로 마음껏 표현해 본다.

   교사 : "민들레 꽃씨는 어떤 모양일까요?"

   유아 : "민들레 꽃씨는 솜털이 달려 있어요."

   교사 : "바람이 불면 솜털은 어떻게 될까요?"

   유아 : "날아가요." "날아가서 땅에 떨어져요."

   교사 : "우리 함께 민들레 꽃씨의 여러 가지 모습을 자유롭게 몸으로 표현해 보기로 해요."

감 상

1. 민들레 꽃씨의 여행에서 해 · 바람 · 비 · 나무의 역할이 무엇인지 이야기한다.
2. 유아 자신이 표현하고 싶은 역할을 서로 의논하여 정한다.
3. 맡은 역할을 표현해 본다.
4. 역할을 바꾸어서 다시 표현해 보고 활동에 대한 느낌을 이야기한다.

5. 솜털이 날아다니며 구경하는 것들에 대해서 이야기한다.
6. 내가 민들레 꽃씨라면 물음에 대해 이야기하고 표현해 본다.

동작

번호	그림	설명
1.		땅 속에 있던 민들레 꽃씨가 움트기 시작했어요. → 몸을 최대한 동그랗게 만들어서 조금씩 움직인다.
2.		싹이 돋아났어요. → 고개를 들어 싹이 나듯 표현한다.
3.		꽃이 활짝 폈어요. → 점점 일어나며 팔짝 뛰어오른다.
4.		하얀 솜털을 가진 꽃씨가 되었어요. → 기지개를 펴며 좌우로 몸을 흔든다.
5.		바람에 꽃씨가 날려요. → 자유롭게 날아다니는 모습을 표현한다. 뛰어다니기도 하고 구르기도 한다.

6.		빗방울이 뚝뚝 떨어지네요. → 축 쳐져 있는 모습 빗방울에 맞을 까봐 마구 뛰어다니는 모습
7.		오랜 여행을 마치고 꽃씨가 잠이 듭니다. → 눈을 가리고 돌면서 앉는다.

악보

8
cresc.
f
8
dim.
rit.
p

2. 나비의 산책

◎ **활동목표** : ① 나비의 특징을 안다.
② 나비의 성장 과정을 신체로 표현해 본다.

◎ **활동자료** : 날개, 꽃, 머리띠, 모루, 나비 성장 과정의 그림이나 영상, 대롱, 음악 테이프(나비야)

◎ **탐 색**

1. 교사는 유아에게 나비를 설명하는 수수께끼를 낸다.

교사 : "나는 곤충이고, 나의 몸은 머리, 가슴, 배로 나뉘어집니다."
"나의 머리에는 한 쌍의 더듬이와 겹눈이 있고, 입이 있는데, 더듬이는 곤봉 모양으로 길게 생겼고, 입은 용수철 모양으로 길게 말려 있으면서 길어서 꿀이나 액체 성분을 빨아먹기에 알맞습니다."
"나의 가슴에는 3쌍의 다리와 2쌍의 날개가 있는데, 날개는 크고 화려하며 색은 노랗거나 희고 무늬가 있는 것도 있고 없는 것도 있어요."
"나는 주로 낮에 활동합니다."
"알-유충(애벌레)-번데기-성충(나비)이 나의 성장 과정입니다."
"나는 사마귀, 거미, 새를 무서워합니다."
"나는 꽃을 좋아합니다."
"나는 누구일까요 ?"

유아 : "나비요, 개미요, 벌레요……"

2. 교사는 나비의 성장 과정 그림을 보여주고 이야기를 나눈다.

3. 교사는 '나비야' 음악을 들려준 후 유아에게 자유롭게 움직여 보도록 한다.

교사 : "나비는 어떤 모습들이 있을까요 ?"

유아 : "날개를 펴는 모습이요", "날아다니는 모습이요", "꽃에 앉는 모습

이요", "꿀을 빨아먹는 모습도 있어요."

교사 : "우리 친구들이 이야기한 나비의 모습을 다같이 표현해 보기로 해요."

창의적 신체표현 활동

1. 유아는 나비의 성장 과정을 교사의 지시(알-애벌레-번데기-나비) 대로 그 과정을 신체로 표현해 본다.
   - 알을 표현해 본다.
   - 알이 바람에 흔들리는 모습을 표현한다.
   - 알에서 깨어나 애벌레가 되는 모습을 표현한다.
   - 애벌레가 천천히 움직이다가 점점 빠르게 움직이는 모습을 표현한다.
   - 번데기를 표현한다.
   - 번데기에서 나비가 된 모습, 나비가 나는 모습을 표현해 본다.
2. 교사는 유아에게 날개, 더듬이, 대롱을 나누어 준다.
3. 음악(나비춤)을 들으며 유아들이 나비가 되어, 교사의 상황 제시에 따라 신체를 표현한다.
   - 세상에 처음 나온 나비는 여기저기 신기한 것이 너무 많아서 이리저리 두리번거리며 구경을 합니다.
   - 시간이 흘러 피곤함이 느껴진 나비는 천천히 날다가 꽃을 발견하고는 너무 좋아 빨리 꽃으로 날아갑니다.
   - 꽃에 앉아서 꿀을 먹은 나비는 다시 산책을 합니다.
   - 나비를 잡으려고 유아들이 쫓기 시작합니다.
   - 나비는 잡히지 않으려고 열심히 날개짓을 합니다.
   - 힘들게 산책을 한 나비는 너무 힘들어서 깊은 잠에 빠집니다.
4. 유아들이 음악에 맞춰 창의적으로 표현하도록 한다.

감 상

1. 나비의 성장 과정 그림을 다시 한 번 보여 준다.
2. 나비의 성장 과정을 신체로 표현한다.

- 꽃, 나비잡는 유아 역할을 정해서 각자의 역할에 맞는 음악이 나오면 표현해 본다.

동작

❖ 나비의 성장 과정 ❖

	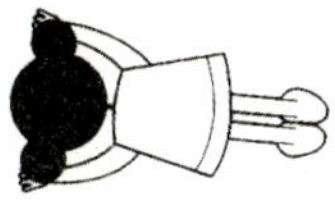		
① 알	② 애벌레	③ 번데기	④ 나비

❖ 나비의 여행 ❖

① 나비 천천히 날아다님 → 꽃 발견	② 꿀을 빨아먹음	③ 천천히 그리고 빠르게 날아다님

④ 나비를 잡으려고 하는 아이 발견 → 빠른 날개짓 도망감	⑤ 안도(꽃에서 잠듬)	

악보

나비춤

나 비

멘델스존 곡

p
cresc.
pp

dim.
p
cresc.
p dolce
p
dim.

3. 풍 선

◎ **활동목표** : ① 자신의 몸을 이용하여 여러 가지 모양을 표현한다.
② 음악소리에 따라 몸을 자유롭게 움직여 본다.

◎ **활동자료** : 다양한 모양의 풍선, 큰북, 녹음기, 음악(바다소리, 느린 음악, 빠른 음악 등)

◎ **탐 색**

1. 교사는 유아와 어린이날 받은 풍선에 대해 이야기를 나눈다.
   교사 : "어린이날 받은 풍선이 어떻게 되었어요?"
   유아 : "줄어 들어서 쭈글쭈글해졌어요.", "터졌어요." "날아갔어요."
2. 교사는 다양한 모양의 풍선을 보여주고 유아가 직접 불어 보게 한다.

◎ **창의적 신체표현 활동**

1. 교사는 유아와 함께 풍선을 표현해 본다.
   • 풍선을 불기 전 모습, 점점 바람이 들어가는 모습 등을 표현한다.
   교사 : "풍선은 불기 전에는 어떤 모양을 하고 있지요?"
2. 교사는 유아가 다양한 모양의 풍선을 표현할 수 있도록 북소리의 크기를 다르게 해 준다.
   교사 : "선생님이 북소리를 점점 크게, 빠르게, 느리게 쳐 줄께요. 소리에 맞추어 풍선에 점점 바람이 들어가는 모습을 한 번 표현해 봐요."
3. 음악을 듣고, 교사의 지시에 따라 자유롭게 풍선을 표현한다.
   교사 : "이제 가볍고 커다란 풍선이 되었어요."
   "바람을 만난 풍선, 바다에 떨어진 풍선, 나뭇가지에 걸린 풍선, 높이 나는 풍선, 낮게 나는 풍선이예요,"
4. 마지막으로 풍선이 터지는 모습을 표현해 본다.

교사 : "풍선이 여행을 하다가 너무 힘들어서 그만 터져 버렸어요.

감 상

1. 교사는 유아에게 '만약 풍선을 타고 간다면……' 어디를 여행하고 싶은지 물어 본다.

   교사 : "이렇게 풍선이 되어 여러 가지 표현도 해 보고 여행도 했는데, 만약 친구들이 풍선을 타고 여행을 간다면 어디를 가고 싶어요 ?"

   유아 : "달나라요", "놀이동산", "바닷가도 가고 싶어요."

   "도깨비 나라랑 외국에도 가고 싶어요."

2. 실외에서 풍선을 가지고 다양한 놀이를 한다.
   - 풍선 터뜨리기, 풍선 배구, 물풍선놀이 등

동작

① 불기전 풍선 ② 점점 커지는 풍선 ③ 바람을 만난 풍선

④ 바다에 떨어진 풍선 ⑤ 높이, 낮게 날아가는 풍선

⑥ 굴러가는 풍선 ⑦ 터지는 풍선

4. 바 람

◎ **활동목표** : 바람의 움직임과 세기를 창의적으로 신체를 이용하여 표현해 본다.

◎ **활동자료** : 음악(바람소리), 풍선, 바람개비, 영상자료

◎ **탐 색**

1. 교사는 유아에게 바람소리를 들려준다.
2. 바람이 하는 역할에 대하여 이야기를 나눈다.

   교사 : "바람은 우리 주위에서 어떤 일을 하지요?"

   유아 : "빨래를 마르게 해요." "바람이 불어야 배가 나가요."

   교사 : "그래요. 그럼, 바람이 나오는 기계에는 무엇이 있을까요?"
3. 이야기나누기를 마친 후, 교사가 준비해 온 풍선을 유아에게 나누어 준다. 풍선을 입으로 불고 난 후 바람 빠지는 풍선의 모습을 관찰한다.
4. 바람이 불 때의 느낌에 대하여 이야기를 나눈다.

   교사 : "봄(여름 · 가을과 겨울)에 바람이 불 때 느낌이 어땠나요?"
5. 유아가 바람의 여러 가지 모습을 신체를 이용하여 표현해 본다.

◎ **창의적 신체표현 활동**

1. 유아가 바람에 흔들리는 나뭇잎이 되어서 바람의 강 · 약을 계절별로 표현해 보도록 한다.

   교사 : "나뭇잎이 되어서 바람에 흔들리는 모습을 몸으로 표현해 보아요."
2. 봄바람, 여름 바람, 가을 바람, 겨울 바람, 나뭇잎 역할을 정한다.
3. 음악을 들려주고 유아들은 음악에 맞춰 바람을 표현하고, 바람에 따라 나뭇잎의 움직임을 표현해 본다.

   교사 : "봄(여름, 가을, 겨울)이예요. 봄(여름, 가을, 겨울) 바람이 불고 있어요."

동작

〈봄〉 산들바람	
〈여름〉 폭풍	
〈가을〉 떨어지는 낙엽	
〈겨울〉 땅에서 구르는 낙엽	

계절	음악	표현
봄	비발디의 '사계'	봄바람을 맞으며 경쾌하게 살랑거리는 나뭇잎
여름	베르디의 '분노의 날'	폭풍우가 많아지는 가운데 나뭇잎들이 거세게 저항을 하는 모습
가을	탱고 '포로 우나 카베사'	스산한 바람이 불어 오고 낙엽이 떨어져 길가에 구르는 모습
겨울	파기니니의 '바이올린과 기타를 위한 작품'	앙상한 나뭇가지만 남고 찬바람이 쌩쌩 불어옴

감 상

1. 바람을 이용하여 하는 놀이에 관하여 알아본다.

   교사 : "바람을 이용하여 하는 놀이에는 무엇이 있을까요 ? "

   유아 : "연날리기요." "바람개비 돌리기요."

2. 유아가 직접 바람개비를 만들어 보고, 바람개비를 돌리며 달려 본다.
3. 바람의 힘을 이용하여 움직이는 시설에 관하여 이야기를 나눈다.

   교사 : "여러분, 지금까지 바람의 움직임을 계절별로 표현해 보았는데, 바람을 이용하는 기구에는 무엇이 있을까요 ? "

   유아 : "풍차요. 커다란 바람개비가 하늘 높이 돌아가고 있어요."

   교사 : "그래요. 풍차는 바람의 힘을 이용한 기구예요. 풍차는 네덜란드에서 많이 볼 수 있어요. 바람을 이용한 풍차는 벼의 껍질을 벗겨 낼 수 있고, 곡식을 가루로 만들 수 있어요."

4. 교사와 유아가 협동하여 풍차를 몸으로 표현해 본다.

〈풍 차〉

5. 지금까지 해 본 여러 가지 신체표현들을 전체 유아들과 함께 표현해 보고 마친다.

5. 개구리

◎ **활동목표** : ① 개구리가 되기까지의 성장 과정을 신체를 이용해 표현해 본다.
② 두 발을 모아 멀리 뛰어 본다.

◎ **활동자료** : 개구리 성장 과정이 그려진 그림 화보, 개구리 알이나 올챙이, 어항, 확대경, 음악(개구리가 되기까지), 녹음기

◎ **탐 색**

1. 자유선택활동 시간에 유아들이 올챙이의 성장 과정을 볼 수 있도록 과학 활동 영역에 비치해 두고 개구리의 성장 과정을 관찰한다.
2. 개구리가 되기까지의 그림과 개구리에 관한 책을 준비해 준다. 또한 올챙이가 개구리로 변화되는 것을 잘 관찰할 수 있도록 확대경을 준비해 두면 좋다.
3. 교사는 유아들과 함께 개구리에 대해 이야기 나누기를 한다.

   교사 : "봄에 겨울잠을 깨고 나오는 동물에는 어떤 것들이 있을까요?"
   유아 : "곰, 뱀, 개구리가 있어요."
   교사 : "개구리가 어떻게 생겼어요?"
   유아 : "다리가 네 개예요." "엎드려 있어요."

4. 개구리의 성장 과정에 대해 그림을 보여 주고, 그림을 보면서 이야기한다.

   유아 : "개구리 다리가 두 개 였다가 네 개로 되요."
   "처음에는 올챙이였어요."
   교사 : "그래요. 개구리는 알에서 깨어나 올챙이가 되지요."
   "올챙이는 어떻게 생겼을까요?"

유아 : "머리가 동그랗고 커요. 꼬리로 헤엄쳐요."
"올챙이가 자라면서 뒷다리가 나오고 다음엔 앞다리가 나와 다리가 네 개가 되요."
"아빠 개구리가 되었어요."

교사 : "개구리는 어디서 살까요?"
"개구리에는 어떤 것들이 있어요?"
"황소개구리에 대해 들어 본 적 있어요?"

❁ 그림

❖ 개구리의 성장변화 ❖

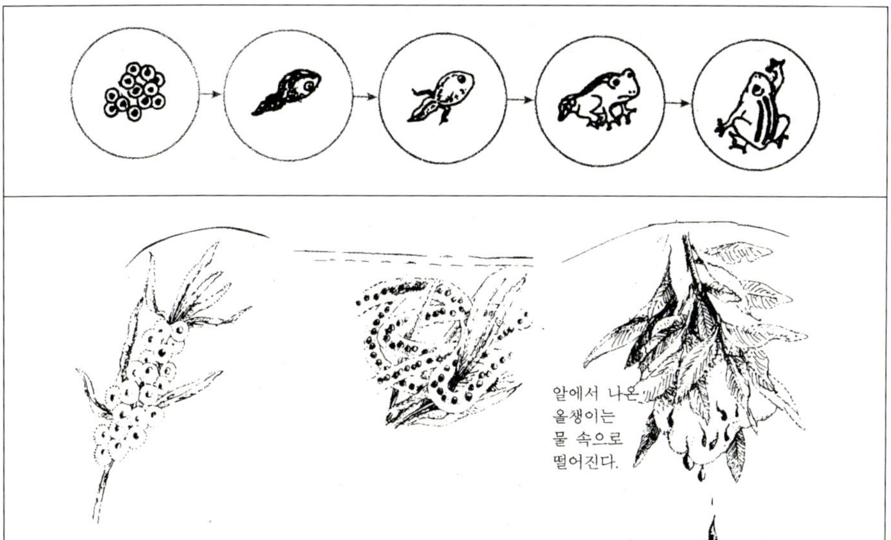

〈산청개구리의 알주머니〉 〈두꺼비의 알주머니〉 〈참개구리의 알주머니〉

❁ 창의적 신체표현 활동

1. 개구리 성장 과정에 대한 그림자료를 보면서 유아들과 함께 개구리의 변화 과정을 신체로 표현해 본다.

   교사 : "동그란 알 속에 올챙이가 자라고 있는 모습을 표현해 보자."
   "알을 깨고 올챙이가 되어 헤엄을 쳐요."
   "뒷다리가 나왔어요. 다리가 둘인데 어떻게 움직일까요?"
   "개구리처럼 뛰어 봐요."

2. 개구리가 표현된 음악을 들려준다.

   교사 : "자, 선생님이 여러분들이 표현하는 것을 보니까 생각난 음악이

있는데 한 번 들어 볼까요? (음악을 들으면서 개구리 표현을 해 본다)"

"이번에는 옆 친구들과 짝을 지어서 개구리를 표현해 보아요. 어떻게 하면 좋을까요?"

3. 2~3명의 유아가 짝을 지어 음악을 들으면서 개구리의 성장 과정을 몸으로 표현해 본다.

4. 유아들을 5명씩 그룹을 지어 협동하여 개구리를 표현하게 한다.

   교사 : "여러 친구들이 생각을 모아 개구리가 되어 보니 크고 재미있는 표현들을 많이 할 수 있군요."

   - 그룹별로 협동하여 창의적인 표현을 할 수 있도록 격려한다.

5. '올챙이' 음악을 들으면서 자유롭게 표현한다.

감 상

1. 지금까지 활동을 하고 난 후의 느낌을 이야기해 보게 한다.

   교사 : "지금까지 개구리의 성장 과정을 여러 방법으로 신체표현해 봤는데 활동을 하고 난 느낌이 어때요?"

   "혼자서 표현할 때와 옆 친구랑 같이 표현할 때가 어떻게 달랐어요?"

   "그럼, 여러 명과 짝을 지어 표현할 때는 어땠어요?"

2. 특별히 독창적이고 재미있게 표현한 유아나, 그룹을 뽑아 발표하게 하고, 다른 친구들도 함께 따라해 보도록 한다.

   교사 : "멀리 뛸 수 있어요."

   "높이 뛸 수 있어요."

3. 발표한 유아들에 대하여 표현한 행동에 대해 구체적으로 칭찬해 준다.

   교사 : "뒷다리가 힘이 있어 멀리 뛸 수 있었어요."

   "몸을 모았다가 힘껏 뛰니 키가 자라는 것 같아요."

악보

개구리가 되기까지

황혜현 작곡

ad libitum (마음대로)
tr
(뒷다리가 나온다)
tr
(앞다리가 나온다)
(꼬리가 점점 짧아진다)
(개구리가 되어 뛰어다닌다)

동작

<table>
<tr><th></th><th>알 올챙이</th></tr>
<tr><td rowspan="2">3명</td><td></td></tr>
<tr><td>동그랗게 어깨동무를 하고, 고개를 숙이고 돌다가→가운데로 모여 점프하고→꼬리치며 흩어진다.</td></tr>
<tr><td rowspan="2">5명</td><td>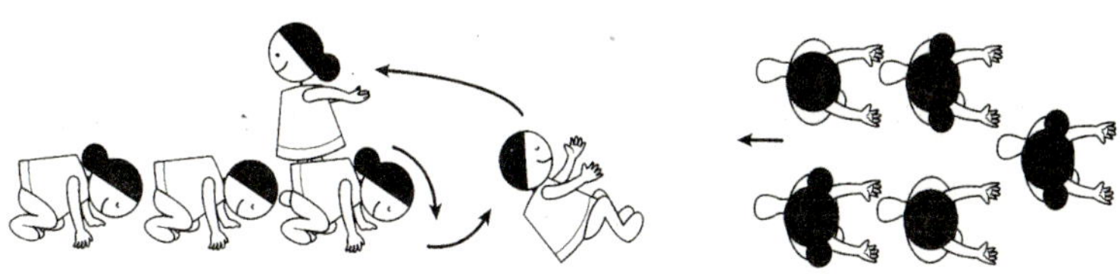</td></tr>
<tr><td>줄을 서 웅크리고 있다가 두세 번 앞으로 구르고 일어서 꼬리치며 헤엄친다. 모여서 꼬리치며 다닌다.</td></tr>
<tr><td rowspan="2">3명</td><td>뒷다리 나온 개구리 / 앞다리 나온 개구리 / 다 자란 개구리
</td></tr>
<tr><td>다시 모여 어깨동무를 하고 → 앞과 같이 하면서 손은 헤엄치듯 한다.→엎드려서 개구리처럼 뛴다.</td></tr>
<tr><td rowspan="2">5명</td><td>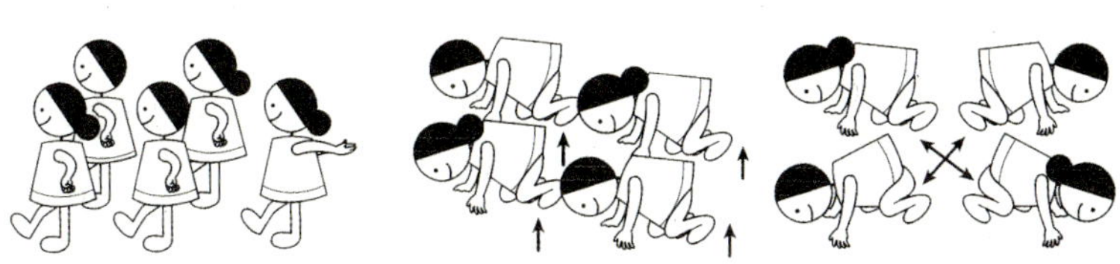</td></tr>
<tr><td>그림과 같이 서서 왼쪽 두 명은 왼발을 오른쪽 두 명은 오른발을 들면서 걷는다.(뛴다) → 엎드려 뛴다. → 뒤로 돌아 뛰면서 흩어진다.</td></tr>
</table>

6. 개 미

◎ **활동목표** : ① 개미의 성장 과정을 신체로 표현해 본다.

② 동극을 통해 개미가 되어 보는 경험을 갖게 한다.

◎ **활동자료** : 음악(개미), 줄, 화보(개미집, 성장 과정)

◎ **탐　색**

1. 수수께끼를 이용해서 개미를 알아맞춘다.
2. 유치원 마당이나 놀이터에서 개미를 관찰한다.
   - 개미의 생김새, 개미가 기어다니는 모습, 먹이를 나르는 모습 등
3. 개미 그림을 보면서 개미의 생김새를 살펴본다(눈, 머리, 가슴, 배, 다리 등).
4. 개미의 더듬이를 관찰하고 더듬이가 하는 일은 무엇인가 생각해 본다.
   - 감각을 안다, 길을 안내한다. 등
5. 개미를 다치지 않게 잘 잡을 수 있는 방법과 잡은 후 어떻게 하면 잘 관찰할 수 있는지에 대해 이야기를 나눈다.
6. 과학영역에 개미집을 놓고 자유놀이 선택 시간에 관찰한다.

◎ **창의적 신체표현 활동**

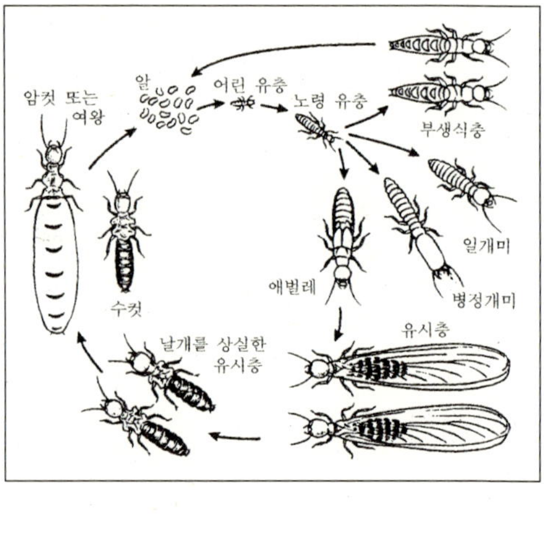

1. 개미의 성장 과정(그림 I)을 교사의 화보와 함께 몸으로 표현해 본다(알, 유충, 일개미, 병정개미, 수컷개미, 암컷, 여왕개미 등).
2. 개미집 그림(그림 II)을 살펴보고 이야기를 나눈다.
   - 개미의 집은 땅 속에 있다. 개미들은 서로 모여

산다. 개미의 집에는 방이 여러 개 있다. 방마다 그 기능이 모두 다르다.

그림(I)

 몸을 알처럼 웅크린다.	 손으로 왕관과 날개를 표현한다.
〈알〉	〈유충〉

- 무거운 것을 혼자 들 때와 같이 들 때 어떻게 다른지 이야기한다.
- 유아들이 개미가 되어서 무거운 책이나 케이크를 옮기는 것을 표현해 본다.

그림(II)

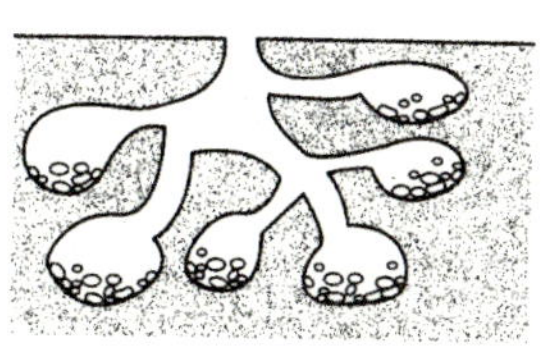

그림(III)

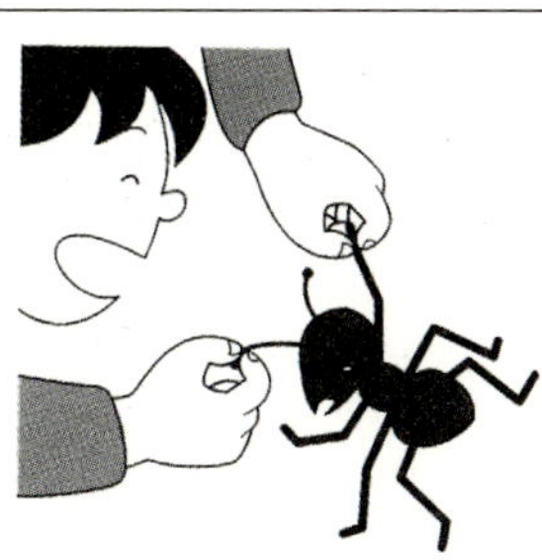

3. 그림(III)을 제시하면서 어떤 일이 일어났는지 이야기를 나눈다.

교사 : "어떤 일이 일어났어요? 이 그림을 보고나니 여러분 기분이 어때요?"

4. 개미의 입장에서 생각해 보도록 한다.

교사 : "개미는 지금 어떨까요? ○○가 개미가 된다면 어떤 표정을 지을까요?"

5. 그림에 나오는 유아와 개미를 그림처럼 표현해 본다.

6. 신체를 이용하여 개미의 모습이 되어 보고 더듬이 놀이를 해 본다.

- 눈을 감고 손을 머리의 더듬이로 붙이고 친구를 찾아다니다가 친구를 잡으면 눈을 뜨고 누군지 확인한다.

그림

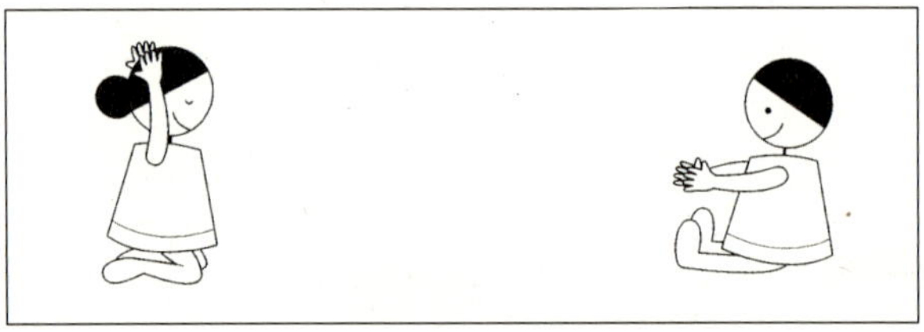

〈더듬이 놀이〉

7. 개미처럼 몸을 움직여 본다.

- 알 모으기, 먹이 모으기, 비오는 날이나 맑은 날, 눈 오는 날 먹이 나르기, 개미끼리 싸우기 등

그림

〈먹이 모으기 신체표현〉

8. 줄을 이용해서 개미처럼 걸어 본다.

그림

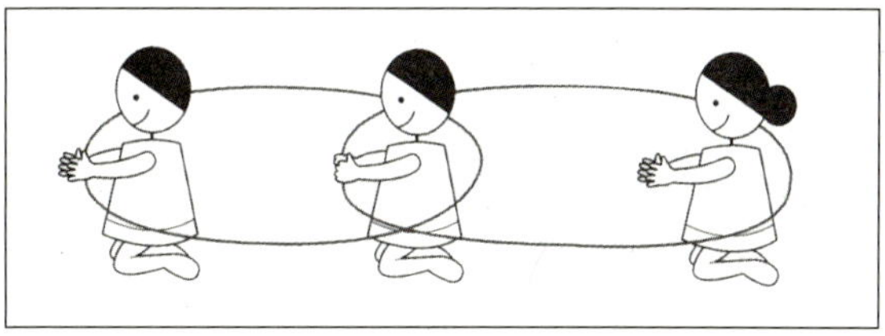

9. 신문지를 사용해서 개미집 만들기와 찾아가기를 해 본다.

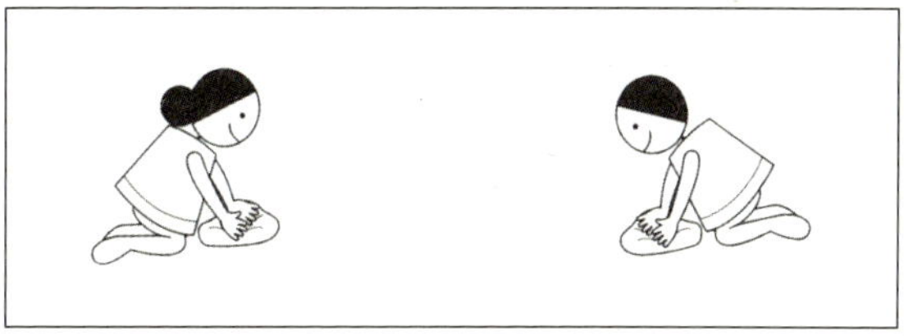

사진

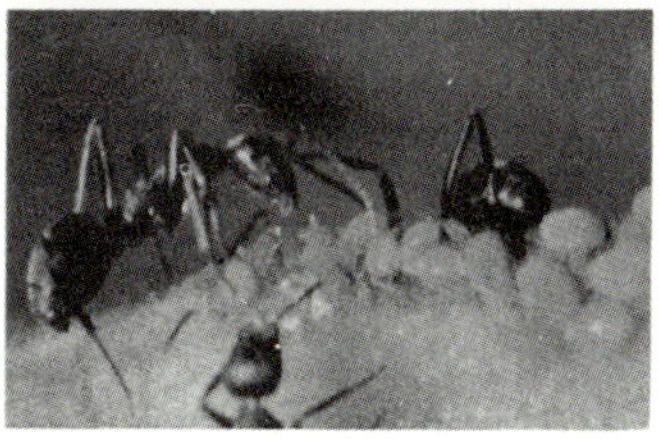

감 상

1. 그룹을 나누어 유아들과 개미가족 동극을 해 본다.
    - 아빠개미, 엄마개미, 오빠개미, 언니개미, 아기개미 등
2. 재미있게 표현한 팀은 친구들 앞에서 다시 동극을 해 본다.

7. 달팽이

◎ **활동목표** : 달팽이에 관해 알아보고 몸으로 움직여 본다.

◎ **활동자료** : 영상자료(자연과 곤충-달팽이), 마스킹 테이프, 주의집중을 위한 그림판, 달팽이 그림자료, 악보(달팽이집)

◎ **탐　색**

1. 교사는 달팽이에 대한 수수께끼를 낸다.

교사 : "나는 누구일까요?"
"나는 비를 아주 좋아합니다."
"나는 먹이로 부드러운 잎을 제일 좋아합니다."
"나는 걸음걸이가 굉장히 느립니다."
"나는 껍데기 속에 몸을 숨길 수도 있어요."
"나는 겨울잠을 자다가 따뜻한 봄비를 맞으면 깨어나요."
"나는 깜깜한 것을 좋아합니다."
"나는 누구일까요?"(달팽이 그림판을 보여 준다.)

유아 : "달팽이요, 지렁이, 거북이 등"

2. 그림판을 보여주면서 달팽이에 관하여 이야기를 나눈다.

교사 : "달팽이를 본 친구 있어요?"
"어떻게 생겼어요?"
"달팽이를 보았던 날 날씨는 어땠어요?"
"어디서 봤어요?"

3. 달팽이에 대해 그림판을 보여주며 설명해 준다.

교사 : "달팽이는 전복이나 소라처럼 원래 바다에 살았어요. 그러다가 육지로 올라와 살게 되었는데 육지 생활에 잘 적응을 했어요. 더운 날씨에는 가만히 있고 비가 오는 날 등 습기가 많은 날에 활동하는 이유는 옛날의 달팽이 할아버지가 바다에 살았기 때

문이지요. 달팽이는 축축한 곳을 좋아하고, 주로 밤에 활동하고 있어요."

"그럼, 달팽이는 어떻게 태어났을까? (그림자료를 보여주면서 이야기 한다.)"

"달팽이는 대개 장마철에 40~50개의 둥근 알을 낳아요. 한 달쯤 지나면 알에서 새끼가 나와요. 달팽이는 알에서 깨면서부터 집을 짊어지고 나와요. 엄마를 꼭 닮은 달팽이는 태어나면서 곧 걷기 시작해요."

"겨울이 되면 달팽이는 겨울잠을 잡니다."

4. 달팽이에 관한 비디오를 보여 준다.
5. 달팽이의 생김새, 계절에 따라 변하는 모습, 장소에 따라 변하는 모습, 달팽이의 움직임 등을 이야기한다.

창의적 신체표현 활동

1. 교사는 유아들에게 달팽이 음악을 들려준다.
2. 커튼을 치고 조명을 어둡게 한 후 유아들과 달팽이를 표현하도록 한다.

   교사 : "달팽이는 어두운 곳을 좋아한다고 해요. 우리 모두 조명을 어둡게 한 후 달팽이를 표현해 봐요."
3. 달팽이를 온몸을 이용해서 자유롭게 표현하도록 한다.
4. 달팽이가 알에서부터 깨어나서 어른 달팽이가 될 때까지를 표현해 본다.
5. 장소에 따라 다른 달팽이를 표현해 보도록 한다.
   - 달팽이가 나무에 있을 때,
   - 물에 있을 때
   - 나무 위에 올라가서 있을 때,
   - 무서운 동물을 만났을 때
   - 기어갈 때
   - 집 속에 있을 때
   - 몸을 넣었다 뺄 때
   - 더듬이 움직일 때

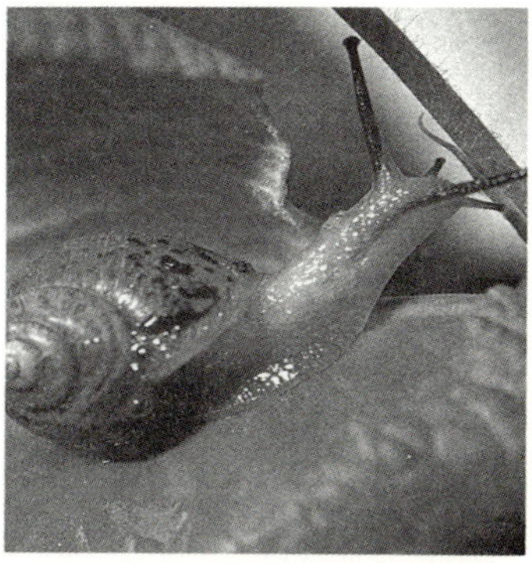

〈달팽이〉

- 기분이 좋을 때

6. 교사는 달팽이집 노래를 들려준다.
7. 유아들은 동그랗게 서서 노랫말에 맞추어 자유롭게 노래를 부른다.
8. 교사는 유아들과 함께 동작을 정한다.
9. 노래에 맞추어 달팽이집 게임을 한다.
   - 교실 바닥에 달팽이집 모양을 마스킹 테이프로 붙여 표시해 주고 5~6명이 한 그룹이 되어 긴 줄을 만든다. 제일 앞에 서 있는 유아를 따라 표시된 선 위를 뱅글뱅글 돌아 보고 다 돌았을 때 다시 풀면서 나와 한 줄이 되도록 한다.

사진

 〈알에서 깨어 나오는 달팽이 새끼〉	 〈알을 낳는 달팽이〉
(달팽이는 알을 깨면서 집을 짊어지고 나온다)	(달팽이는 한꺼번에 40~50개 가량의 둥근 알을 낳아요)

악보

달팽이집

동작

달	팽이	집	을	집시	다

① 왼쪽으로 두 손을 모아 돌린다.	② 박수를 친다.	③ 오른쪽으로 두 손을 모아 돌린다.	④ 박수를 친다.	⑤ 산 모양을 만든다.	⑥ 허리에 댄다.

어여쁘게	집시	다	점점 좁게 점점 좁게	점점 넓게 점점 넓게

⑦ 손을 흔들며 위로 올린다.	⑧ 산 모양을 만든다.	⑨ 허리에 댄다.	⑩ 양 손을 좁힌다.	⑪ 양 손을 벌린다.

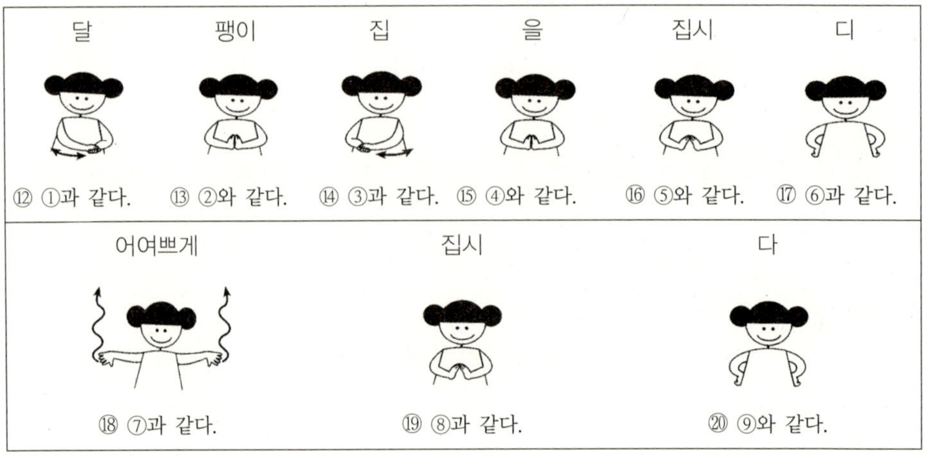

감 상

1. 달팽이에 관한 자료를 보여주고, 유아들과 함께 달팽이에 대해 자세히 알아본다.
2. 교실에서 달팽이를 직접 기르도록 한다. 이 때 유의할 점을 이야기한다.
   - 달팽이를 기를 때는 관찰 상자 바닥에 흙을 조금 넣은 후 낙엽을 깔고, 달팽이가 잘 다닐 수 있게 나뭇가지나 작은 돌 등을 넣어 준다.
   - 먹이는 한꺼번에 많이 주지 말고 채소나 과일, 달걀껍질 등을 준다.
   - 상자 안이 축축하도록 때때로 물을 뿌려 준다.
3. 달팽이를 자세히 관찰한 후 그림을 그린다.

8. 토 끼

◎ **활동목표** : ① 토끼의 특징에 대해 알고 음악에 맞추어 토끼의 모습을 표현해 본다.
② 게임을 통해 토끼처럼 두 발로 뛰어 본다.

◎ **활동자료** : 토끼장갑, 음악(토끼춤), 피아노

◎ **탐 색**

1. 교사가 손에 토끼 장갑을 낀 후 등 뒤에 감추고 아이들에게 토끼를 소개한다.

   교사 : "이 동물은 귀가 아주 길어요. 무슨 동물일까요?"

2. 토끼의 생김새에 대해 이야기를 나눈다.

   교사 : "눈이 빨갛다. 귀가 길다. 앞니가 길다. 앞다리가 짧다. 깡충깡충 뛴다……."

   • 이 때 유아들이 모르는 토끼의 특징을 더 자세히 알아본다.

3. 토끼가 사는 곳에 대해 이야기해 본다.

   교사 : "토끼는 산 속이나, 풀이 많은 곳에 살아요."

4. 토끼의 먹이에 대해 이야기해 본다.

   교사 : "토끼는 당근, 여러 가지 풀, 나무껍질을 먹어요."

5. 토끼가 어디에 쓰이는지 이야기해 본다.

   교사 : "토끼는 털장갑, 털옷을 만들고, 실험동물로 쓰기도 해요. 옛날에는 토끼를 고기로 먹기도 했어요."

◎ **사진**

〈토끼 장갑〉

창의적 신체표현 활동

1. 유아들에게 토끼처럼 표현해 보도록 한다.
2. 토끼의 특징을 다시 이야기해 보고 흉내를 내 본다.
   - 귀가 길다. 두 손을 머리에 대본다.
3. 유아들에게 여러 가지 상황을 주고 표현해 보게 한다.
   - 처음에는 혼자 토끼가 되어 본다.
   - 친구와 이야기도 하고 재미있게 논다.
   - 풀을 뜯기도 하고 서로 나누어 먹기도 한다.
   - 무서운 동물이 나타났을 때 빨리 뛰어서 숨는다.
4. 독창적인 표현을 하는 유아가 있으면 나와서 표현해 보게 한다.
5. '토끼춤' 음악을 들려준 후 느낌을 이야기해 본다.

사진

〈집토끼〉

〈달리는 갈색멧 토끼〉

〈흰토끼〉

악보

토끼춤

6. 음악에 맞추어 아빠토끼, 엄마토끼, 할머니 토끼, 아기토끼 등을 흉내내 본다.
7. 여러 가지 상황을 주고 각각의 토끼의 특징에 맞게 흉내내 본다.
   - 뛰는 모습, 먹이 먹는 모습, 무서운 동물을 만난 모습 등
8. 음악에 맞추어 토끼의 하루 생활을 표현해 본다.

악보

토 끼

동작

노랫말/박자	그림	설명
1박		큰 귀 표현 점프
2박		작은 귀 표현 점프
3박		옆으로 점프
4박		앞으로 점프

5박		어깨 높이로 점프
		앉아서 토끼가 풀을 먹는 모습
		앉아서 토끼가 풀을 뜯는 모습

9. 말

◎ **활동목표** : ① 말의 움직임을 창의적으로 표현한다.
② 속도의 변화에 따라 몸을 움직여 본다.

◎ **활동자료** : 장애물, 사자 가면, 번호판, 캐스터네츠, 탬버린

◎ **탐 색**

1. 교사가 유아에게 '말'에 대한 수수께끼를 낸다.

교사 : "나는 동물입니다." "다리가 4개입니다." "꼬리가 깁니다."
"빨리 달립니다."
"사람이 타기도 합니다." "경주도 합니다."
"얼굴이 깁니다." "당근을 좋아합니다."
"발바닥에 굽이 있어 소리가 납니다."
"나는 누구일까요?"

2. 말의 종류와 기능에 대한 이야기를 나눈다.
   - 타는 말, 일하는 말, 스포츠 경기하는 말 등

3. 말을 흉내내 본다.

교사 : "다같이 말의 울음소리를 흉내내 볼까요?"
유아 : "이힝~"
교사 : "그럼 말이 걷거나 달릴 때 나는 소리를 내어 봐요."
유아 : "다그닥 다그닥" "덜그럭 덜그럭" "더덕더덕"
교사 : "다같이 손을 이용해 말이 걷거나 뛰는 모습을 표현해 보도록 해요."

   - 캐스터네츠를 치면서 입으로 소리를 내며 빠르게, 또는 느리게 표현한다.

4. 말타기 음악을 이용하여 말의 움직임을 표현한다.
   - 교사는 음악을 천천히, 빠르게 들려주며 말이 걷는 것과 뛰는 모습을

표현하도록 유도한다.

◌ 창의적 신체표현 활동

1. 직접 말이 되어 주어진 상황에 따른 말의 움직임을 표현한다.

   교사 : "말이 초원에서 가족과 함께 풀을 뜯으면서 산책하는 모습을 표현해 봐요."

   "갑자기 사자가 나타났어요. 배고픈 사자가 먹이를 찾으러 나왔는데 말을 보고 막 쫓아오고 있어요. 어떻게 해야 할까요?"

   유아 : "도망가야 해요"(빨리 달리는 말을 표현한다).

2. 회전목마의 말이 되어 본다. 빙글빙글 돌며 앉았다 일어났다 하면서 위 · 아래로 움직이는 회전목마의 모습을 표현한다.

   교사 : "진짜 말처럼 우리가 탈 수 있고, 놀이 공원에 가면 볼 수 있는 말은 어떤 것이 있을까요?"

   유아 : "회전목마요."

   교사 : "맞아요. 그럼 이번에는 회전목마의 움직임을 표현해 볼까요?

3. 경주하는 말을 표현한다.

   교사 : "말이 서로 달리기 시합하는 것을 본 적 있어요?"

   유아 : "네. 사람이 타고 달려요."

   "사람이 말을 막 때리면서 달려요."

   교사 : "우리 이번엔 경주하는 말이 되어 봐요."

   - 교사는 유아에게 번호판을 나눠 붙이고 출발점에 엎드리게 한 뒤, 출발 신호와 함께 말처럼 달려 경기를 해 본다.

◌ 감 상

1. 표현활동에서 했던 여러 상황들을 악기를 이용해 표현한다.
   교사는 유아에게 한 가지씩 악기를 나눠 주고 캐스터네츠는 말이 달릴 때의 말발굽 소리, 탬버린은 말의 울음소리를 표현한다.

   교사 : "말이 천천히 초원을 걷고 있어요."

   캐스터네츠를 천천히 친다.

교사 : "배고픈 사자가 나타났어요. 도망가야 해요."

캐스터네츠를 빠르게 친다.

교사 : "무사히 집 앞에 도착했어요."

탬버린을 흔들어 말이 달리다 섰을 때 울음소리 나는 것을 표현한다.

교사 : "다음 시간에는 다른 동물(오리, 개구리 등)들을 표현해 보기로 해요."

악보

말 달리기

미 국 동요
홍용희 역

조랑말

외 국 곡

10. 닭

◎ **활동목표** : 닭이 되기까지의 성장 과정을 신체로 다양하게 표현한다.

◎ **활동자료** : 달걀(여러 크기의 알), 병아리 · 닭의 그림, 튀밥, 대야, 물, 줄넘기, 훌라후프, 색지, 공, 음악(꼬꼬 나라)

◎ **탐　색**

1. 교사는 여러 가지 크기의 알을 보여 준다.
2. 유아들이 알의 모양을 탐색하고, 알에서 나오는 동물에는 또 어떤 것들이 있는지 이야기한다.
   교사 : "알에서 나오는 동물에는 어떤 것들이 있을까요?"
   유아 : "새요, 병아리요, 오리요, 뱀이요, 공룡이요……"
   교사 : "날개가 있지만 오랫동안 날지 못하는 '닭'에 대해서 알아보기로 해요."
3. 병아리 그림을 보여주고 생김새와 행동을 탐색한다.
   교사 : "병아리의 모습은 어때요?"
   유아 : "노란 털이 있어요." "발가락이 4개예요." "부리가 있어요."
4. 닭의 그림을 다양하게 준비해 보여주며 닭의 행동들을 탐색한다.
   - 알을 품은 모습, 알에서 나오는 병아리 모습, 병아리들과 노는 모습, 물에 빠지는 모습, 모이를 먹는 모습 등

◎ **창의적 신체표현 활동**

1. 유아들에게 알의 모양을 신체로 표현해 보도록 한다.
2. 유아 둘씩 짝을 지어 알을 만들어 본다.
3. 병아리가 알 속에 있는 모습을 유아들이 표현해 보도록 한다.
4. 세 명씩 짝이 되어 한 친구는 알에서 나오는 병아리가 되어 보고 둘은 병아리를 감싸고 있는 알의 모습을 표현한다.

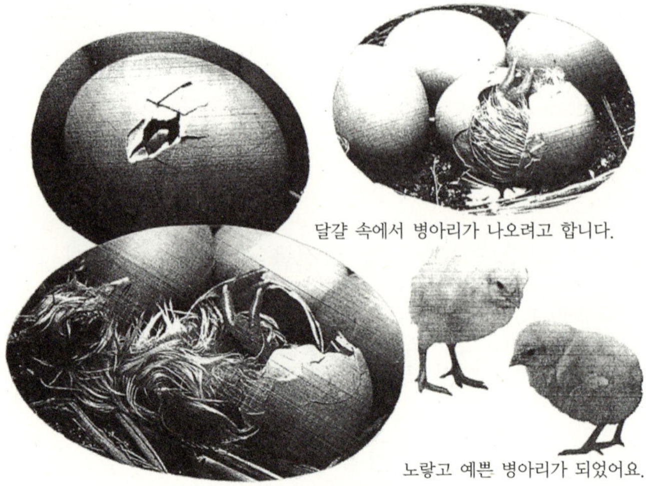

달걀 속에서 병아리가 나오려고 합니다.

노랗고 예쁜 병아리가 되었어요.

〈병아리가 되는 과정〉

그림

〈모이 먹는 모습 표현〉	〈비를 맞아 날개짓하는 모습〉	〈알과 알 속 병아리〉

교사 : "병아리가 알 속에 있어요. 어떻게 하고 있을까요 ?"
"병아리가 알 속에서 20일이 지나 나오려고 해요. 알을 깨고 밖으로 나왔어요."

5. 알에서 나온 병아리의 행동을 표현해 본다.

교사 : "알에서 나온 병아리가 무엇을 할까요 ? 다함께 표현해 봐요."
유아 : "하품을 하고 눈을 비벼요." "기지개를 켜요."
교사 : "세상이 너무 밝아서 눈이 잘 안 떠지네요."

6. 병아리가 엄마닭과 아빠닭을 만나서 인사하는 모습을 표현해 본다.

엄마닭 · 아빠닭 · 병아리의 각각 역할을 나누어 준다.

교사 : "병아리가 엄마닭에게 아침 인사해요. 엄마닭은 병아리를 안아 주네요. 병아리가 아빠닭에게 뽀뽀하네요. 아빠닭도 병아리에게 뽀뽀해 줘요."

7. 닭가족이 모이와 물을 먹는 것을 표현한다.

교사 : "병아리가 배가 고파 아침을 달라고 졸랐어요."
"닭가족은 아침식사를 해요. 닭과 병아리는 모이를 어떻게 먹을까요?"

유아 : "물 한 모금 먹고, 하늘 한 번 보고, 모이를 먹고 하늘을 바라봐요."

교사 : "맞아요. 닭은 부리로 먹기 때문에 모이를 잡아서 하늘 보며 삼켜요."

8. 유아 모두 닭가족이 되어 나들이 나가는 모습을 표현한다.

교사 : "서로 인사하고, 함께 나들이해요." "시냇물을 건너 봐요."

9. 닭들이 비를 맞는 장면을 표현한다.

교사 : "갑자기 비가 내려요." "뛰기도 하고, 날개를 푸덕이네요."
"병아리는 어떻게 할까요?"

유아 : "병아리는 다리가 짧아서 잘못 뛰어요." "엄마닭이 도와 줘요."

10. 비가 그치고 해가 나와 닭들이 즐겁게 노는 모습을 자유롭게 표현한다.

교사 : "비가 그쳤어요. 무얼 하고 놀까요?"

유아 : "꼬마야 꼬마야" "훌라후프랑 공던지기"

11. 놀이를 마치고 집으로 돌아와 닭장으로 각자 흩어진다. 자는 모습을 표현한다.

교사 : "집으로 돌아온 닭들은 너무 피곤했어요. 무얼 할까요?"

유아 : "씻고 일찍 자요."

교사 : "엄마닭, 아빠닭, 병아리는 어떻게 잘까요?"

유아 : "나무에 올라서서 자요." "병아리는 엄마 품에서 자요."
"아빠가 지켜 줘요."

12. 교사는 '꼬꼬 나라'를 들려주며, 여러 가지 상황을 제시해 준다. 처음에는 천천히 표현하다가 점점 빨리 신체표현을 할 수 있도록 언어적 표현을

해 준다.

13. 유아들이 모두 둥글게 서서 '꼬꼬 나라' 피아노 반주에 맞추어 닭의 여러 가지 상황들을 재연하면서 자유롭게 표현해 본다.
14. 다양한 방향으로 회전하며 표현한다.

감 상

1. 유아가 만든 것을 달고 닭의 부리가 되어 보기도 하고, 벼슬이나 발이 하는 일 등을 표현해 본다.
2. '꼬꼬꼬꼬'로 호키포키 노래를 부르며 훌라후프 속에 네 명의 유아가 한 마리의 닭이 되어 춤을 춘다.

꼬꼬꼬꼬

호키포키 개사곡

'날개'를 안에 넣고 날개를 밖에 빼고 날개를 안에 넣고
힘껏 흔들어서 꼬꼬꼬꼬하며 빙빙돌면서 신나게 춤추자.
꼬꼬꼬꼬 꼬꼬꼬꼬 꼬꼬꼬꼬 신나게 같이 춤추자.

* 머리, 부리, 발 등을 넣어 부른다.

11. 물오리

◎ **활동목표** : 물오리의 걸음걸이를 다양하게 표현해 본다.

◎ **활동자료** : 오리사진, 피아노, 음악(오리걸음), 녹음기, 악보(물오리 I · II), 오리모양 머리띠, 물갈퀴, 도화지, 물감, 사인펜

◎ **탐 색**

1. 교사는 '오리'에 관한 수수께끼를 내서 동기를 유발한다.

교사 : "나는 새에 속하는 동물이예요."
"노란 부리가 있어요."
"땅 위에서 걷기도 하고 물 위에서 헤엄치기도 해요."
"하얀 깃털을 가지고 있어요."
"나는 '꽥꽥꽥' 하고 울어요."
"나는 누구일까요?"

유아 : "오리요, 물오리요……"

2. 교사는 유아들과 오리의 특성에 대해 이야기를 나눈다.

교사 : "오리가 사는 곳은 어디일까요?"

유아 : "육지에서 살아요."
"집에서도 살아요."
"물에서도 살아요."

교사 : "오리는 어떻게 태어날까요?"

유아 : "알에서 나와요."

교사 : "그래요. 알에서 나온 새끼오리가 자라서 어미오리가

〈물오리〉

되는 거예요. 그러면, 오리는 어떻게 움직일까요?"

유아 : "뒤뚱뒤뚱 걸어요." "물 속에서 헤엄도 쳐요."
"날개를 퍼덕거리면서 조금씩 날기도 해요."

3. 교사가 준비한 음악을 들려준다.

4. 교사가 준비한 연못가 그림 위에서 유아가 오리모양 머리띠를 쓰고, 음악에 맞추어 오리 걸음을 표현해 본다.

교사 : "선생님이 연못가를 만들어 봤는데, 연못가 주위에는 무엇이 있지요?"

유아 : "숲길이 있고 돌다리도 있어요."

교사 : "숲길에서 오리는 어떻게 걸을까요?"

유아 : "뒤뚱뒤뚱 걸어요." "뛰어갈 수도 있어요."

교사 : "길 위를 걸어서 연못에 도착했어요. 연못에서는 어떻게 움직일 수 있을까요?"

유아 : "날개를 퍼덕이며 헤엄쳐요."
"발을 빨리 움직여서 헤엄쳐요."
"잠수도 하고 목욕도 해요."

교사 : "연못에서 재미있게 논 다음에 육지로 나왔더니 징검다리가 있네요. 어떻게 걸어 볼까요?"

유아 : "한 걸음 한 걸음 떼며 천천히 걸어요."

창의적 신체표현 활동

1. 교사가 만든 물갈퀴를 발에 끼우고 여러 가지 오리의 움직임을 표현해 본다.

그림

2. 음악을 들으며 오리의 성장 과정을 표현해 본다.

교사 : "음악을 들으면서 선생님이 해 주는 이야기에 따라 몸으로 오리를 표현해 봐요."

"오리가 지금 알 속에서 자라고 있어요."

"알이 조금씩 움직이며 아기오리가 나오려고 하네요."

"아기오리가 알에서 나와 오리 가족들을 만나게 되었어요."

"엄마, 아빠 오리를 따라 아기오리는 걸음을 배우고 있어요."

"처음에는 어색하게 걷다가 지금은 잘 걷게 되었어요."

"날개도 퍼덕거리면서 조금씩 뛸 수도 있어요."

악보

오리걸음

3. 위의 동작을 이어서 오리 가족이 소풍가는 모습을 표현해 본다.

교사 : "아기오리가 잘 걷게 되자 오리 가족은 소풍을 가기로 했어요. 언덕길을 따라 아빠오리가 씩씩하게 걷고, 엄마 오리가 엉덩이를 흔들며 걷고, 누나 오리가 예쁘게 걷고, 그 뒤에 아기 오리가 아장아장 따라가고 있어요. 연못에 도착해서 물에 들어갈 준비를 하네요(풍덩 뛰어드는 오리, 다이빙을 하는 오리, 살그머니 들어가는 오리 등 다양하게 표현한다).

물 속에 들어간 오리들은 헤엄도 치고, 편안하게 물 위에 떠 있기도 하고, 얼굴을 물 속에 넣고 물 속을 구경하기도 해요."

"우리 친구들 마음껏 물 위에서 표현해 보아요." "마음껏 놀고 난 오리 가족들은 육지에 나와 물기를 털기도 하고, 햇볕에 말리기도 하네요. 오리 가족들은 배가 고픈가 봐요. 먹이를 찾아 점심 식사를 하네요."

악보

물오리(Ⅰ)

악보

물오리(Ⅱ)

4. 오리가 집으로 돌아와 쉬는 모습을 표현해 본다.

   교사 : "이제는 집에 갈 시간이 되었어요. 줄을 지어 아빠오리, 엄마오리, 누나오리, 아기오리가 사이좋게 집으로 돌아가고 있어요. 집에 도착한 오리 가족은 보금자리를 찾아왔어요. 잠이 들기 전에 기지개도 한 번 펴 보네요. 기분 좋게 잠이 들었어요."

감 상

1. 교사가 나누어 준 도화지 위에 유아는 손에 물감을 묻혀 여러 가지 모양으로 찍어서 오리의 다양한 모습을 표현해 본다.
2. 표현한 그림을 유아들 앞에서 설명하고 다함께 표현해 본다.
3. 창의적으로 표현한 유아들을 칭찬하고 함께 감상한다.

12. 풍덩풍덩 수영하자

◎ **활동목표** : 여러 종류의 수영동작을 익힌다.

◎ **활동자료** : 긴 줄 2~3개, 돗자리, 음악(덴마크 어린이 체조, 인어의 노래), 영상자료(수영하는 모습)

◎ **탐 색**

1. 더울 때 시원하게 지낼 수 있는 방법에 대해 이야기를 나눈다.

교사 : "날씨가 더울 때 어떻게 하면 시원하게 지낼 수 있을까요?"

유아 : "아이스크림을 먹어요." "선풍기를 틀어요."
"수영장에 가서 수영해요."

교사 : "시원해 질 수 있는 방법이 많이 있는데, 그 중에서 친구들은 어떤 것이 제일 재미있을 것 같아요?"

유아 : "수영이요. 수영장에 가서 미끄럼 타면 재미있어요."

2. 수영에 대해 이야기를 나눈다.

교사 : "수영할 때는 어떤 모습으로 하지요?"

유아 : "수영복을 입고 수영모자도 써야 해요. 또 물안경을 써요."

교사 : "수영모자는 왜 써야 할까요?"

유아 : "머리카락 젖지 말라고요."

교사 : "그래요. 머리카락 젖지 말라는 이유도 있지만 머리카락이 빠져서 물이 더러워지고, 하수구가 막힐 수 있기 때문이에요."

교사 : "수영하기 전에는 어떻게 해야 하나요?"

유아 : "몸을 씻어야 해요." "준비운동을 해야 해요."

교사 : "그래요. 몸도 씻어야 하고, 특히 갑자기 물에 들어가면 몸이 놀랄 수 있으니까 준비운동은 꼭 해야 해요."
"수영장에서 안전하게 수영을 하기 위해서는 어떻게 해야 할까요?"

유아 : "미끄러우니까 뛰면 안 돼요." "깊은 곳에 들어가면 안 돼요."

교사 : "수영에는 어떤 것들이 있는지 알아요?"

유아 : "개구리 수영이요." "누워서 하는 수영이요."

교사 : "개구리 수영은 평형이라고 하고, 누워서 하는 수영은 배영이라고 해요. 그리고 접영, 자유형도 있고, 다이빙, 싱크로나이즈라는 것도 있어요. 친구들 올림픽에서 수영하는 것 봤지요? 선생님이 비디오를 준비했어요. 우리 다같이 어떤 수영이 있는지 보도록 해요."

3. 올림픽의 수영, 다이빙, 싱크로나이즈 종목 경기 모습을 영상으로 본다.
4. 교사는 비디오를 보면서 수영 종목 하나하나를 이야기해 준다.
5. 비디오에서 본 것을 이야기를 나눈다.

교사 : "싱크로나이즈는 어떤 것이었어요?"

유아 : "예쁜 수영복을 입고 발레처럼 춤을 추면서 수영했어요."

창의적 신체표현 활동

1. 줄을 2~3개 준비하여 바닥에 나란히 놓아서 물과 밖으로 나눈다.
2. 물밖 부분에서 수영하기 전에 하는 간단한 준비운동을 한다.

   음악-덴마크 어린이 체조

   양팔 주무르기, 양다리 주무르기, 목 돌리기, 양손목 돌리기, 양팔 돌리기, 허리 돌리기, 발목 돌리기, 제자리에서 뛰기, 심호흡 등
3. 교사와 함께 수영을 한다.

   유아의 마음대로 자유롭게 한다.

   교사 : "우리 물에 한 번 들어가 봐요. 그냥 한 번에 들어가면 안 되고 몸에 물을 조금씩 묻히면서 들어가야 돼요. 발로 물장구를 쳐 봐요. 손으로도 쳐 봐요. 우리 배영을 해 봐요. 평형을 해 봐요. 접영을 해 봐요. 자유형을 해 봐요."

   차츰 익숙해지면 속도에 변화를 준다.
4. 음악에 맞추어 원을 그리며 수영하듯 표현한다.

   교사 : "그럼, '인어의 노래'에 맞추어 신체표현을 해 보도록 해요."

"다리의 물장구는 자신이 하고 싶은 스텝으로 하도록 해요."

5. 음악에 맞추어 싱크로나이즈를 한다.

6. 물에 빠졌을 때 구조하는 것을 표현해 본다.

교사 : "사람이 물에 빠졌을 때는 어떻게 해야 할까요?"

유아 : "119로 전화해요." "어른을 불러야 해요."

"빨리 다른 사람에게 알려야 해요."

교사 : "그래요. 빨리 어른에게 이야기해야 해요. 구하는 방법은 헤엄쳐 가서 빠진 사람의 뒤쪽에서 목을 팔로 감고 안전하게 데리고 오면 돼요. 우리 한 번 해 볼까요?"

동작

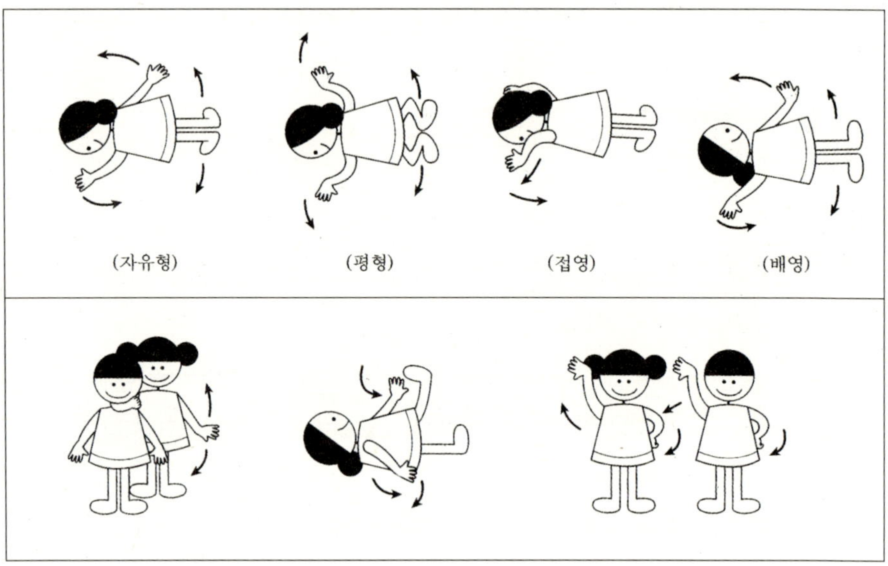

〈구조하는 방법〉 〈싱크로나이즈〉

감　상

1. 개구리에 대해 이야기 나누기를 한다.

교사 : "개구리는 어떻게 개구리가 되었을까요?"

유아 : "알에서 올챙이가 되고 개구리가 되요."

"우리 교실에서 올챙이가 개구리로 되는 것을 봤어요."

교사 : "개구리는 어디서 살까요?"

유아 : "연못에서 살아요."

2. 두 그룹으로 나누어 한 그룹씩 신체표현을 해 본다.
3. 올챙이, 개구리를 표현하고, 개구리 수영을 해 본다.
4. 오늘 활동한 내용을 다시 한 번 정리하며 마친다.

교사 : "오늘 여러 가지 수영과 개구리 수영을 보고 몸으로 표현해 봤죠? 우리 다음 시간에는 수영장에 가서 오늘 표현해 본 수영을 직접해 보도록 해요."

❂ 악보

덴마크 어린이 체조

13. 물고기

◎ **활동목표** : ① 물고기의 특징에 대해 알아보고 창의적인 표현을 해 본다.
② 음악에 따라 물고기가 되어 보는 경험을 갖는다.

◎ **활동자료** : 피아노, 바닷속 그림판, 코팅된 물고기, 물고기 인형, 음악(Under the Sea, 물고기), 보자기, 바위모양, 물풀모양, 바닷속 그림, 머리띠, 큰북, 작은북, 마라카스, 방울, 트라이앵글, 영상자료나 그림자료

◎ **탐 색**

1. 교사는 물고기 인형으로 유아들의 흥미를 유발시킨다.

교사 : "(물고기 인형만 보여주며) 여러분 안녕하세요? 저는 여러분의 친구가 되고 싶어서 이렇게 찾아왔어요. 그런데, 제가 누구일까요? (물고기요) 맞았어요. 저는 물고기예요."

교사 : "모두들 저에 대해서 알고 싶지요? 제가 저에 대해서 많은 이야기를 해 줄께요. 저는 동그랗고 맑은 눈을 가졌어요. 그리고 등 위에, 배 밑에, 꼬리에 또 아가미 옆에 아름다운 지느러미도 가지고 있답니다."

"참! 아가미가 무엇인지 모르죠? 아가미는 여러분들이 코로 숨을 쉬듯이 물고기들은 이 아가미로 숨을 쉰답니다.

"저를 자세히 보세요. 제가 입은 금빛옷 보이죠? 이걸 바로 비늘이라고 하는데요, 저의 몸은 비늘로 덮여 있어요. 저에게는 아주 중요한 거랍니다. 이 금빛옷이 없으면 곧 죽고 말거든요."

"저에 대해서 더 알고 싶은 게 있으면 선생님께 여쭤 보세요. 저는 물 속에서 살기 때문에 물 밖에 오래 나와 있으면 살 수 없거든요. 그럼 다음에 또 놀러 올께요. 여러분 안녕~"

2. 물고기의 특징에 대해 이야기를 나눈다.

교사 : "물고기는 어떻게 생겼지요?"

유아 : "비늘이 있어요." "지느러미가 있어요."
"눈이 두 개고 아가미로 숨을 쉬어요."

교사 : "물고기는 어디에서 살지요?"

유아 : "물 속에서요." "강가에서요." "바다에서요."

교사 : "물고기는 어떤 색깔이예요?"

유아 : "노란색이요." "금색이요." "빨간색이요."

3. 물고기들의 화보를 보여 준다.

교사 : "여러분, 이 사진을 보세요. 여기에 물고기들이 아주 많은데, 색깔을 한 번 보세요. 어때요?

유아 : "여러 가지 색이예요. 빨간색이랑 검정색이 있어요."
"여러 무늬가 합쳐진 것도 있어요."

교사 : "물고기 크기도 한 번 보세요. 크기는 어때요?"

유아 : "작은 것도 있고 큰 것도 있어요."

교사 : "물고기들은 어떻게 헤엄을 칠까요?"

유아 : "이렇게요(물고기 헤엄치는 모습을 표현한다)."

4. 바닷속 그림판에 여러 물고기 친구들을 붙여 가면서 이야기를 나눈다.

교사 : "물고기에는 어떤 것들이 있을까요?"

유아 : "송사리랑, 붕어랑, 고등어요." "갈치요, 고래요, 멸치요……"

교사 : "우리 모두 물고기에 대해서 알아봤는데, 이제 모두 물고기 박사가 되었을 거예요."
"자, 이번에는 우리가 직접 물고기가 되어 보는 것이 어때요?"

유아 : "좋아요. 신나요."

교사 : "우리 모두 음악을 들어 보고 멸치처럼 작은 물고기도 되어 보고, 상어같이 큰 물고기도 되어 보는 거예요. 그러기 전에 우리 음악부터 들어 보기로 해요."

5. 동작을 하기 전에 먼저 음악을 여러 번 들려준다.

악보

물고기

창의적인 신체표현 활동

1. 교사는 유아들에게 자기가 되고 싶은 물고기가 되어 몸으로 표현해 보자고 한다.
2. 유아가 표현하고 싶어하는 물고기들을 모두 다 같이 표현해 본다.

   교사 : "우리 어떤 물고기를 표현해 볼까요?"

   유아 : "송사리요, 멸치요." "미꾸라지요, 연어요, 고래요."

   교사 : "그러면 우리 송사리나 멸치, 미꾸라지처럼 조그만 물고기들을 표현해 봐요. 이번에는 큰 물고기를 표현해 볼까요? 큰 물고기에는 어떤 것이 있을까요?"

   유아 : "고래요, 상어요."

   교사 : "우리 고래와 상어처럼 큰 물고기들을 표현해 봐요."
3. 교사가 그림판을 보고 이야기를 읽어 주면 유아는 그림을 보고 표현해 본다.

실감이 나도록 유아의 머리 위로는 파란색 보자기로 수면을 표시해 주고, 밑에는 만든 물풀과 바위를 놓아둔다. 앞면에는 바닷속 그림을 붙여 둔다.

"어린 송사리들이 숨박꼭질을 하면서 놀고 있어요. 풀 속에 숨기도 하고, 돌 뒤에 숨기도 하네요. 모두들 즐거워서 어쩔 줄을 몰라하고 있어요. 술래가 된 어린 송사리가 이리저리 친구를 찾고 있네요. 그러다가 풀 속에 숨어있는 한 친구를 찾았어요. 송사리는 너무 기뻤어요. 그런데 멀리서 엄마 송사리가 보여요. 엄마 송사리가 어린 송사리를 막 찾았어요. 할 수 없이 어린 송사리는 엄마와 집으로 돌아왔어요. 집으로 돌아왔더니 아빠 송사리와 할머니 송사리, 할아버지 송사리, 아기 송사리가 있었어요. 엄마 송사리는 저녁식사 준비를 하고, 아빠 송사리는 신문을 보고 있고, 할아버지 송사리와 할머니 송사리는 아기를 보시고 있어요.

식사준비가 다 되어 모두 밥을 맛있게 먹어요. 밥을 먹고 난 후 모두 한자리에 모여 오늘 하루 동안 있었던 일들을 모두 얘기했어요.

모두다 잠자리로 들어가네요. 모두들 잠이 들었어요. 이 때 돌고래가 물장난을 치고 있어요. 물고기를 잡아 먹으려고 하네요. 물 위로 점프를 하고 있어요. 돌고래가 손을 흔들며 인사를 하고 있어요. 친구를 만나서 기뻐해요.

그리고 뱀장어가 헤엄을 치고 있어요. 뱀장어가 먹이를 찾고 있네요. 무서운 상어가 나타나서 얼른 바위 뒤로 숨었어요. 물풀 뒤에도 숨었어요……."

4. 다른 유아보다 독창적으로 표현한 유아들을 앞으로 나오게 하여 다시 시켜서 친구들에게 보여 준다.
5. 다시 한 번 음악을 들려주며 하고 싶은 물고기를 표현하게 한 후 어떤 물고기를 표현했는지 무엇을 하는 모습이었는지 이야기한다.

감 상

1. 물고기 이야기 그림동화를 들려준다.
2. 악기소리와 음악을 들려주며 다시 한 번 그림을 보여 준다.
   - 첫 번째 장면 : 트라이앵글의 트레몰로 소리 + 물고기 음악소리 (평화롭게 노는 장면)
   - 두 번째 장면 : 큰북 치는 소리 (상어의 등장으로 도망을 가는 장면)
   - 세 번째 장면 : 조용하게 아무 소리도 내지 않음 (모두들 숨는 장면)
   - 네 번째 장면 : 마라카스 소리 (동굴 속에서 회의하는 장면)

- 다섯 번째 장면 : 작은북 소리 (상어를 물리치는 장면)
- 여섯 번째 장면 : 방울소리 + 바다에 관한 음악 : Under the Sea (파티하는 장면)

3. 열 명씩 세 그룹으로 나눈다.
4. 유아는 친구들과 토의해서 배역을 정한 후, 재미있는 표현율동을 만든다.
   (등장인물 : 상어 1, 오징어 2, 게 1, 뱀장어 2, 붕어 2, 멸치 2)
5. 다른 친구들에게 새로운 표현율동을 보여 준다.
6. 다른 친구들의 표현율동을 감상한다.
7. 모두 다 감상하고 나면 친구들이 표현한 것 중에서 재미있었던 표현을 이야기하고 다 같이 해 본다.

❖ 동화내용 ❖

① 평화로운 풍경	② 상어의 등장으로 도망을 간다.	③ 모두 숨어서 상어가 찾지 못한다.

(트라이앵글 트래몰로 소리)+(물고기 음악)	(큰북 치는 소리-매우 빠르게)	(조용하게 아무 소리도 안냄)

④ 동굴 속에 모두 모여 회의를 한다.	⑤ 모두 몸을 붙여 고래처럼 보여서 상어를 무찔렀다.	① 모두 기뻐서 노래를 부르며 파티를 한다.
	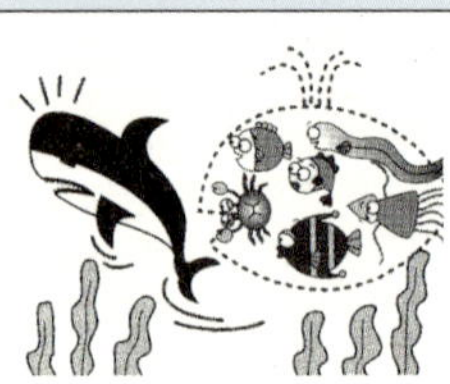	
(마라카스 소리)	(작은북 소리)	(방울 소리)+(Under the Sea))

14. 빨 래

◎ **활동목표** : 대근육을 사용하여 몸을 다양하게 움직일 수 있다.

◎ **활동자료** : 빨래 방망이, 빨래 비누, 빨랫감

◎ **탐 색**

1. 빨래에 대한 이야기 나누기를 한다.

교사 : "오늘 우리 친구들의 옷을 보니 깨끗하고 예쁘게 입고 온 친구들이 많네요."

유아 : "지난번에 할머니가 새로 사준 옷이예요."
"엄마가 어제 빨아 준 옷이예요."

교사 : "아, 그래서 옷이 모두들 깨끗하구나. 그런데 혹시 어제 입었던 옷을 입고 온 친구 있어요?"
"선생님은 어제 입고 온 옷을 또 입었더니 조금 더러워졌어요. 어떻게 하면 좋을까요?"

유아 : "다른 옷으로 갈아 입어요." "엄마한테 빨아 달라고 해요."

교사 : "엄마가 빨래하는 것을 본 적 있어요?"

유아 : "네, 세탁기에 넣고 빨아요." "걸레는 손으로 빨아요."
"우리 집은 세탁기가 고장나서 다 손으로 빨아요."

교사 : "빨래할 땐 뭐가 필요하죠?"

유아 : "물, 세제, 비누, 빨랫감이요."

교사 : "세탁기로 빨래할 땐 어떻게 할까요?"

유아 : "우리 엄마는 두 번 빨아요."

교사 : "왜요?"

유아 : "검은 옷이랑 하얀 옷이랑 나누어서 빨아요."

교사 : "또 어떻게 할까요?"

유아 : "두꺼운 옷이랑 얇은 옷이랑 따로 빨아요."

교사 : "그래요. 우리 친구들 잘 알고 있네요. 세탁기에 넣고 빨 땐 색깔, 얇은 옷, 두꺼운 옷, 종류별로 나눠서 빨아야 더 깨끗하게 빨 수 있는 거예요."

창의적 신체표현 활동

1. 빨래하는 모습을 유아가 자유스럽게 표현해 보도록 한다.
   교사 : "엄마가 손빨래하는 모습을 한 번 표현해 보도록 해요."
   "비누칠하기~~~, 비비기~~~, 물에 헹구기~~~, 짜기~~~"
2. 교사는 유아들과 함께 빨래하는 동작을 한다.
   박자를 느리게, 빠르게도 해 본다.

동작

① 절벅절벅 절벅절벅 	② 비누칠하고  한 바퀴 돈다
손바닥을 오므렸다 폈다 반복한다	손바닥 위에 주먹을 올리고 비빈다.
③ 싹싹싹 싹싹 	④ 비비고  한 바퀴 돈다
두 손 다 주먹 쥐고 서로 비벼 준다.	한쪽 팔은 쭉뻗고 나머지 한쪽 팔은 가슴에 오므려 서로 바꿔 가며 동작한다.

⑤ 토닥토닥	⑥ 방망이질하고

손바닥을 오므렸다 폈다 반복한다.	⑤와 같은 동작으로 한 바퀴(③번과 같은 동작)
⑦ 철썩철썩 철썩철썩	⑧ 헹구고
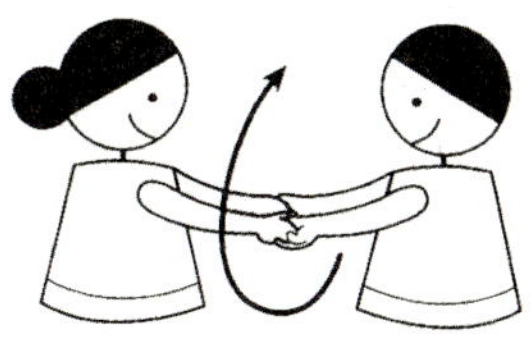	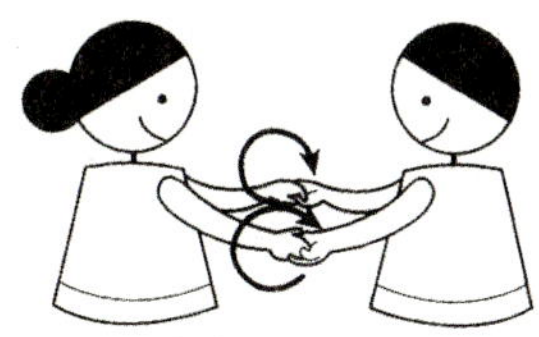
두 손을 잡고 왼쪽으로 반원을 그려주며 흔든다.	두 손을 잡고 각각 큰 원을 그려주며 돌린다.
⑨ 뽀드득 뽀드득 뽀드득 뽀드득	⑩ 꼭짜고
	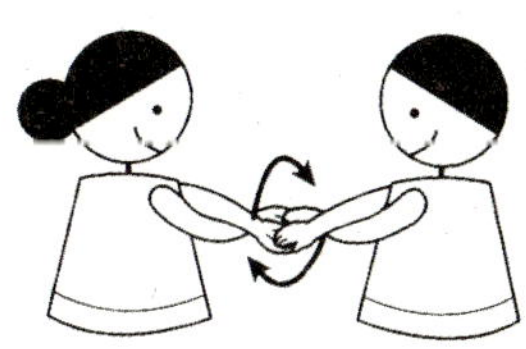
팔을 엇갈리게 꼬아 두 손을 맞잡는다.	서로 엇갈리게 맞잡은 손을 한번 꼬아 준다.
⑪ 펄럭펄럭 펄럭펄럭	⑫ 빨래줄에 널고

팔을 위로 뻗어 나뭇가지가 흔들거리듯 팔을 양쪽으로 가볍게 흔들어 준다.	고개를 숙이고 양 팔을 벌려 어깨를 축 내린다.

감 상

1. 준비한 빨래 방망이와 비누, 옷으로 빨래해 본다.

교사 : "손빨래하는 것을 표현해 보니까 어때요 ?"

유아 : "힘들지만 재미있어요."

교사 : "그래요. 재미있기도 하지만 매일 하면 힘들어요. 그래서 선생님이 생각을 해 봤는데 오늘 우리가 입은 옷, 집에 가서 우리가 직접 빨아봐요. 우리 여기 있는 옷으로 연습해 볼까요 ?"

악보

빨래하기

덴마크 민요
김명순 요

빙글빙글 세탁기

조 그 만거품이
보글보글보글
커 다 란거품이
조 그 만거품이
커다란
조그만
조그만
아주작은
거 품 이 보글 보글
부글 부글 부글
어서 어서말 리 자
둥 근 햇 님
자
앗 앗

15. 팝 콘

◎ **활동목표** : 몸을 이용하여 팝콘이 다양하게 변하는 모습을 창의적으로 표현해 본다.

◎ **활동자료** : 녹음기, 음악(나는 콩), 버터와 소금, 팝콘용 옥수수, 투명 냄비(프라이팬), 여행용 가스레인지, 옥수수 모양의 부직포, 돗자리(카펫), 동화책(팝콘을 만들자)

◎ **탐　색**

1. 팝콘 튀기기 활동에 대해서 이야기한다. 이 때 옥수수알 생김새의 변화 과정, 버터의 변화, 요리순서 등을 중심으로 이야기를 한다.

교사 : "이것은 무엇일까요?"

유아 : "팝콘이요."

교사 : "그래요. 팝콘이예요. 그런데 팝콘은 어떻게 해서 만들어지는 것일까요?"

유아 : "전자레인지에 넣고 튀겨요. 옥수수를 프라이팬에 넣고 튀겨요."

교사 : "그럼 옥수수를 어떻게 튀길까요?"

유아 : "프라이팬에 버터를 넣고 조금 녹인 다음 옥수수를 넣고 튀겨요."

2. '팝콘 튀기기' 요리활동을 직접해 본다. 이 때 '팝콘을 만들자' 동화책 그림을 보여주면서 순서대로 재료를 넣어 본다.

- 투명 냄비에 버터를 넣고 버터가 녹아 변하는 것을 관찰한다.
- 옥수수를 넣고 소금을 조금 뿌린 후 뚜껑을 덮고 옥수수가 어떻게 변하는지 지켜 본다.

교사 : "팝콘이 하나씩 튀겨질 때 어떤 소리가 나지요?"

유아 : "틱틱, 톡톡, 톡탁, 지르르, 콰콰, 비비비빅, 바글바글, 지글, 촉촉, 뽕뽕, 툭툭, 탁탁."

- 냄비 속의 팝콘이 튀겨질 때마다 카펫 위에서 팝콘이 되어 뛰어 본다.

교사 : "팝콘이 튀겨지는 모습이 무엇 같아요?"

유아 : "원숭이가 바나나를 던지는 것 같아요."

"스프링 위에서 뛰는 것 같아요."

"돌고래가 다이빙하는 것 같아요."

"하늘 높이 뛰는 것 같아요."

"로켓 발사하는 것 같아요."

3. 유아는 신체를 이용해 팝콘이 되어 보도록 한다.
4. 자신이 표현해 본 역할을 정한다(옥수수알, 버터, 소금, 스위치를 켜 주는 친구).
5. 교사는 동작활동을 할 장소를 정한다.

   바닥에 돗자리를 깔고 혹은 카펫 위가 프라이팬이라고 가정하고 프라이팬 모양으로 꾸미고 그곳에서 활동을 하도록 한다.

창의적 신체표현 활동

◆ 교사는 진행 과정을 간단히 말해 주고 유아들의 창의적인 표현에 대해 적절히 언어적 상호작용을 하고 유아들은 자신의 역할을 표현한다.

교사 : "프라이팬의 스위치를 켰어요. 제일 먼저 버터를 넣습니다."

"프라이팬이 점점 뜨거워졌어요. 버터는 어떻게 변할까요?"(표현한다)

유아 : "지금 한쪽이 찌그러진 팝콘이예요. 그래서 한쪽은 딱딱하고 작아요."

감　상

◆ 2는 팝콘이 완성되면 자신이 만들어진 팝콘 모습으로 멈추고 친구들이 표현한 모습을 서로 관찰해 보고 느낌을 이야기해 보게 한다.

교사 : "친구들이 팝콘이 되는 과정을 신체로 표현했는데 팝콘이 다 만들어졌을 때 팝콘하고 소금하고 버터는 어떤 모습으로 있었어요?"

16. 시 계

◎ **활동목표** : ① 시간 개념을 알 수 있다.

② 시계의 종류, 생김새, 모양, 추, 바늘 방향, 소리, 크기를 몸으로 표현해 본다.

◎ **활동자료** : 면장갑, 시계(유치원의 시계나 유아들이 가져온 여러 종류의 시계), 그림자료, 놀이활동 계획표, 흰 종이, 매직, 음악(시계)

◎ **탐 색**

1. 아침에 어떻게 일어나는지 이야기를 나눈다.
   교사 : "여러분은 아침에 어떻게 일어나요?"
   유아 : "엄마 · 아빠가 깨워 줘요." "시계가 울려서 깨요."
2. 시계의 종류에 대해 이야기를 나눈다.
   교사 : "이렇게 시간을 알려 주는 시계에는 어떤 것들이 있을까요?"
   유아 : "손목시계랑 탁상시계요, 뻐꾸기시계요."
   "괘종시계요, 벽시계요." "목걸이시계요, 반지시계요."
3. 시계의 기능에 대해 이야기를 나눈다.
   교사 : "시계는 어떤 일을 할까요?"
   유아 : "아침에 깨워 줘요." "약속 시간에 늦지 않게 해 줘요."
   "밥먹는 시간을 알려 줘요……"
4. 여러 종류의 시계소리를 들어 본다.
   - 새소리, 뻐꾸기 소리, 도깨비 소리, 나팔 소리, 오토바이 소리 등
5. 시계의 모양을 살펴보고 이야기를 나눈다.
   - 도깨비 모양, 오토바이 모양, 자전거 모양, 하마 모양, 병정 모양, 둥근 모양, 네모난 모양, 미키마우스 모양 등
6. 시계바늘의 기능에 대해 이야기를 나눈다.
   - 큰바늘은 분을 가리키고, 작은바늘은 시를 가리킨다.

- 큰바늘이 한 바퀴를 돌면 한 시간이 지난 것이고, 하루는 24시간이니까 작은바늘이 두 바퀴를 돌아야 한다.

창의적 신체표현 활동

1. 큰시계(괘종시계)와 작은시계(손목시계, 탁상시계)의 바늘을 몸으로 표현해 본다.

   이 때 교사는 전체 유아들이 볼 수 있는 벽걸이용 큰시계를 준비하여 직접 바늘을 움직여 주며 활동을 전개한다.

   - 유아의 양 팔이 시계의 큰바늘과 작은바늘이 되어 본다.
   - 먼저 괘종시계가 되어 본다(3시, 12시, 11시 10분……).
   - 손목시계가 되어 본다(1시, 8시……).

2. 각 시간별로 하는 일을 이야기하고, 표현해 본다.
   - 일어나는 시간 : 7시 30분
   - 아침 먹는 시간 : 8시
   - 등원 시간 : 9시
   - 저녁 먹는 시간 : 6시
   - 잠자는 시간 : 9시

3. 시계 노래를 들려준다.

악보

시 계

4. 세 명씩 짝을 지어 한 명은 시계바늘이 되고, 나머지 두 명의 유아는 그 시간에 하는 일을 노래에 맞춰 표현한다.
5. 교사가 시간을 알려 주면 그룹으로 시간을 표현한다.

감 상

1. 시간과 시계의 중요성에 대해서 이야기한다.

   교사 : "우리에게 시계는 어떤 도움을 줄까요?"

   유아 : "시간을 알려 줘요." "아침에 늦잠을 자지 않게 해 줘요." "약속을 지키게 해 줘요."

   교사 : "시간을 알려 주는 시계가 있기 때문에 우리가 매일 규칙적인 생활을 할 수 있는 거예요."

2. 일일활동 계획표를 짠다.

제 7 장

손유희를 통한 동작활동

◉ 손유희의 교육적 활용

1) 손유희의 정의

손유희란 글자 그대로 손을 통해 움직이는 모든 동작에 리듬을 살려 예쁘게 표현하는 표현 동작을 말한다.

손과 손가락의 움직이는 모양에 따라 새, 집, 꽃 등의 여러 가지 형태로 마음껏 표현할 수 있다는 것은 우리 몸에서 오직 손만이 할 수 있는 특권이다.

특히, 여러 사람이 모여 있는 수업 시간 전에 주의를 집중시키고 분위기를 조성하는데 가장 효과적인 방법의 하나가 손유희라 하겠다.

손동작 혹은 손유희는 1804년 프뢰벨의 유치원 때부터 유아교육 현장에서 사용되어지고 있는 활동으로 언어, 동작, 음악적 요소가 일치되어 이루어지는 놀이로서 전승적 성격이 강하여 정확한 분류는 어려우나 대체로 얼굴놀이, 손놀이, 몸놀이, 노래놀이, 언어놀이 등이라 불린다.

2) 손유희의 가치

손유희를 하는 목적은 유아들이 교육 활동 중에 분위기가 산만해지거나 몸이 뒤틀릴 때 주의 집중, 흥미 유발, 전이 활동 방법으로 쓰인다. 손동작을 통하여 유아들에게 흥미롭고 쉽게 많은 사물을 이해시키고 여러 가지 개념 형성을 도와주어서 인지 기능의 기초를 다져줄 수 있다.

유아들은 아직 두뇌 발달이 미분화되어 있어서 언어 이해 및 사용 능력, 기억하는 능력, 지각 능력, 논리적 사고 능력의 한계로 추상적 사고의 개념화는 어려운 시기이다. 이러한 발달적 한계에 있는 유아들에게 인지 기능의 기초를 다져주기 위해서 여러 가지 교육 내용이나 학습 방법을 모색해 볼 수 있다. 그 중 하나의 방법으로서 손유희를 활용할 수 있다. 유아들이 교육 내용을 이해하는데 있어서 흥미롭고 쉽게 접근하도록 도와주는 언어적 전찰 매체로서의 교육적 가치

를 지닌다

소근육을 사용하는 손동작과 언어적 표현을 모방하고 따라 하는 과정에서 뇌 안에 있는 신경세포에 자극을 주어 두뇌 발달을 촉진시키며 학습 능력, 주의 집중력과 기억하는 능력을 길러주는 데 도움을 줄 수도 있다. 또한, 손동작을 통하여 새로운 사실을 쉽고 흥미롭게 집중시켜 가면서 알게 되는 과정에서 얻게 되는 만족감과 유능감은 정서적 순화를 가져다 준다. 이처럼 유아의 생각과 느낌을 스스로 창출해 내는 기초를 제공해 줄 수 있다.

3) 손유희의 지도 방법

- 처음에는 교사가 하는 찬트(chant)나 노랫말을 따라 하도록 하며 거기에 맞춰서 손동작을 해 본다.
- 목소리 음색을 달리해서 크게 작은 소리, 높고 낮은 소리, 부드럽고 강한 소리 등 여러 가지로 내보면서 손동작을 해 본다.
- 어느 정도 익숙해지면 교사는 언어적 찬트를 제공해 주고 유아는 손동작을 해 본다.
- 교사는 입만 벙긋하고 유아만 소리 내어 언어적 찬트를 하면서 손동작을 해 본다.
- 교사는 전달할 교육 내용을 먼저 파악한다. 교사가 처음부터 동작 모델을 제시하지 않아도 유아들이 스스로 표현이 가능한 내용이면 교사는 언어적 찬트만 제공해 주고 유아들의 동작 반응을 살펴본다. 그러한 과정에서 유아들이 어떤 사물이나 사건의 특징을 이해하고 있는가 관찰한다.
- 교사 자신이 사전에 자신 있게 지도할 수 있도록 손동작의 내용을 완전히 익힌다. 재미있게 전개해 나갈 수 있는 동작과 언어 리듬을 모색해서 전달해 나갈 때 유아와 동화되어 즐거움을 지속시킬 수 있다.
- 손동작의 내용을 다른 영역의 활동과 연관을 맺어서 변화 및 확장시킬 수 있도록 모색해 본다.

1. 나는 콩

◎ **활동목표** : ① 콩에 관심을 갖는다.
② 음의 빠르고 느리기를 안다.

◎ **활동자료** : 장갑, 뽕뽕이, 악보(나는 콩), 플라스틱 눈알 4개, 여러 종류의 콩종류(완두콩, 검은콩, 메주콩, 봄콩), 탬버린, 캐스터네츠

◎ **탐 색**

1. 콩에 대해 이야기 나누기를 한다.

교사 : "오늘 선생님이 무엇을 가져왔는지 알아맞혀 볼까요? (유아에게는 보이지 않도록 등 뒤에서 콩 굴리는 소리를 들려준 다음 교사는 유아에게 무엇인지 알아맞히도록 스무고개를 한다.)

"이것은 동그랗게 생겼습니다."

"이것은 까맣기도 하고 파랗기도 하며 노랗기도 합니다."

"이것은 떼굴떼굴 잘 굴러 갑니다."

"이것은 물에 들어가면 가라 앉습니다."

"이것은 물 속에 오래 있으면 뚱뚱해 집니다."

"이것은 썩기도 합니다."

"이것은 딱딱하기도 합니다."

"이것은 떡에도 넣고 밥에도 넣어 먹습니다."

"이것으로 두부를 만듭니다."

"이것에 물을 부으면 콩나물로 자랍니다."

"이것은 무엇일까요?"

2. 콩의 실물을 보여 준다.
3. 유아들이 콩을 만져 보게 한다.

동작

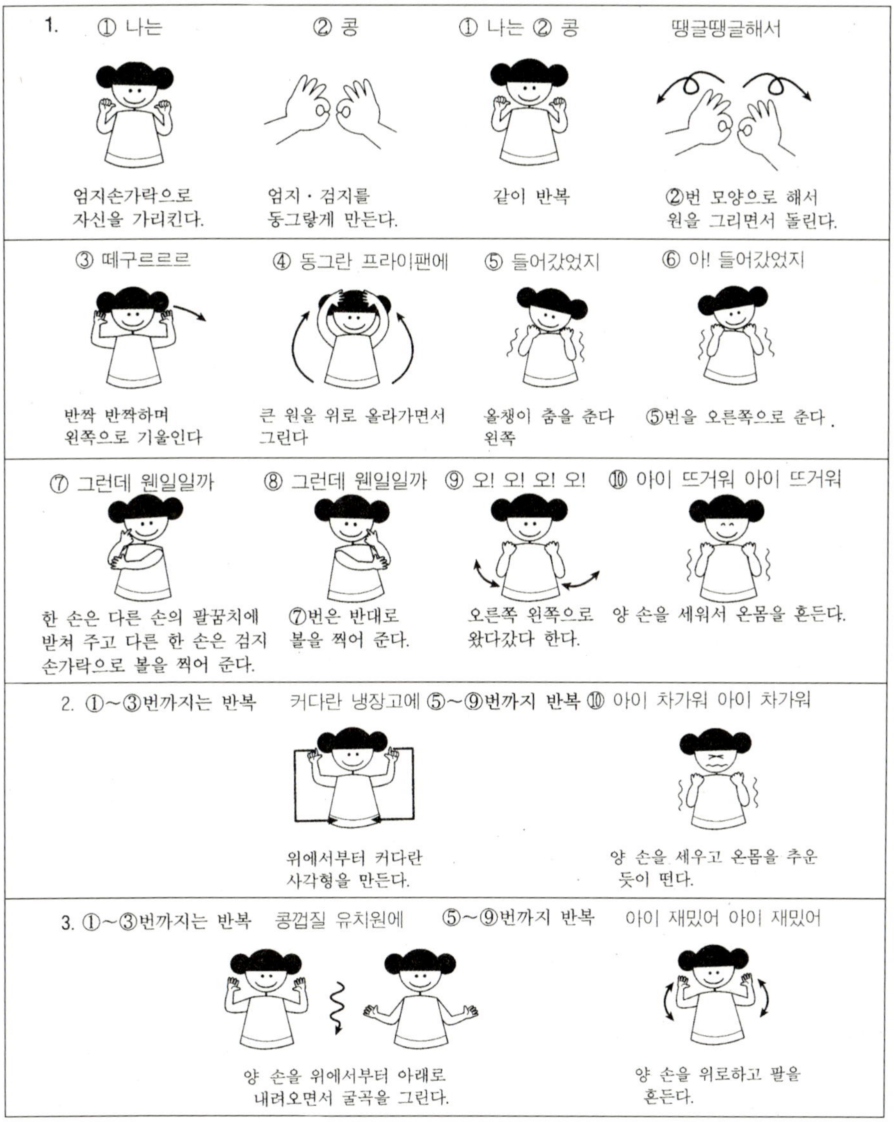

감 상

1. 교사는 유아들과 함께 '악기의 소리'만으로 콩떡을 만들어 본다(캐스터네츠와 탬버린을 이용해서 반주를 한다).

교사 : "우리 함께 콩떡을 만들어 볼까요?"

- 쌀가루를 준비합니다.
- 물을 붓습니다.
  (쭈루르르륵……)
- 반죽을 합니다.
  (쿵쿵 쿵쿵……, 짝짝짝짝……, 천천히 또는 빠르게 반죽을 한다.)
- 콩을 넣습니다.
- 떡을 만듭니다.
  (예쁜 떡! 못생긴 떡! 길쭉한 떡! 네모난 떡! 동글동글한 떡! 납작한 떡!)
- 떡을 찝니다.
  (교사는 시루를 들고 다니면서 유아가 만든 떡을 담는다.)

2. 교사는 유아와 함께 콩떡이 익을 때의 모습을 표현해 본다.

   교사 : "저 찜통 속의 떡은 어떻게 됐을까요? 우리 한번 찜통 속의 떡이 되어 봐요."

3. 콩떡이 다 만들어지면 콩떡을 먹어 본다.

   교사 : "자, 우리 콩떡을 먹어 봐요. 어때요?"

   유아 : "맛있어요." "말랑말랑해요." "쫀득쫀득해요."

4. 콩이 왜 몸에 좋은지를 이야기한다.

   교사 : "콩은 우리 몸에 좋아서 많이 먹으면 지혜주머니도 커지고 몸도 튼튼해져요."

2. 토마토

◎ **활동목표** : ① 음악에 맞추어 창의적으로 신체표현한다.
② 신체를 이용하여 다양한 과일의 모양을 표현한다.

◎ **활동자료** : 융판, 과일 모양판, 노랫말 차트, 음악(토마토)

◎ **탐　색**

1. 유아가 좋아하는 과일에 대해 이야기를 나눈다.

교사 : "친구들은 어떤 과일을 제일 좋아해요?"

유아 : "토마토(참외, 사과, 딸기, 수박……)요."

교사 : "토마토요. 요즘에 집에 가면 많이 먹죠? 그런데 토마토는 과일일까요? 채소일까요?"

유아 : "과일이요, 채소요."

교사 : "과일 같지만 토마토는 채소예요. 토마토가 왜 좋아요?"

유아 : "맛있어서요." "색깔이 예뻐서요."

교사 : "토마토는 어디서 나는지 알아요?"

유아 : "나무요." "땅에서요." "줄기에서 따요."

교사 : "그래요. 토마토는 줄기에서 따는 채소예요."

2. 앞에서 설명한 '토마토'를 수수께끼로 낸다.

교사 : "선생님은 어떤 것을 좋아할 것 같아요?"

유아 : "수박이요, 딸기요, 사과요."

교사 : "선생님이 수수께끼 내 볼께요. 한 번 맞춰 봐요. 나의 몸은 동그랗고, 빨간색에 새콤달콤해요. 겉으로 보기에는 과일 같지만 나는 채소랍니다. 나로 케찹도 만들고 주스도 만듭니다. 나는 누구일까요?"

유아 : "사과요, 수박이요, 아니 토마토요."

교사 : "그래요. 토마토예요. 선생님은 토마토를 좋아해요."

3. 유아와 함께 여러 가지 과일의 모양을 손으로 표현해 본다.
4. 과일을 먹는 방법을 손과 얼굴 표정으로 표현해 본다.
   교사 : "우리 과일을 한 번 먹어 볼까요. 자, 수박을 먹어 봐요."
   유아 : "칼로 잘라 먹어요."
   "그냥 먹어요."
   교사 : "바나나를 먹어 봐요"(다양한 과일을 먹어 본다).
   "그럼. 우리, 자기가 좋아하는 과일을 먹어 봐요(한 유아를 가리키며). ㅇㅇ는 어떤 과일을 먹었어요?"
   유아 : "저는 수박을 잘라서 입을 크게 벌리고 먹었어요."
   "저는 바나나를 먹는 거예요."
   (바나나 벗기는 모양, 칼로 깎아서 먹는 모양, 쪼개서 먹는 모양, 그냥 씹어서 먹는 모양……)

창의적 신체표현 활동

1. 노랫말(과일)을 바꿔 보고, 손유희를 한다.
2. 노랫말의 과일 크기에 따라 큰북, 작은북, 트라이앵글, 캐스터네츠 등으로 나누어 연주한다.

사진

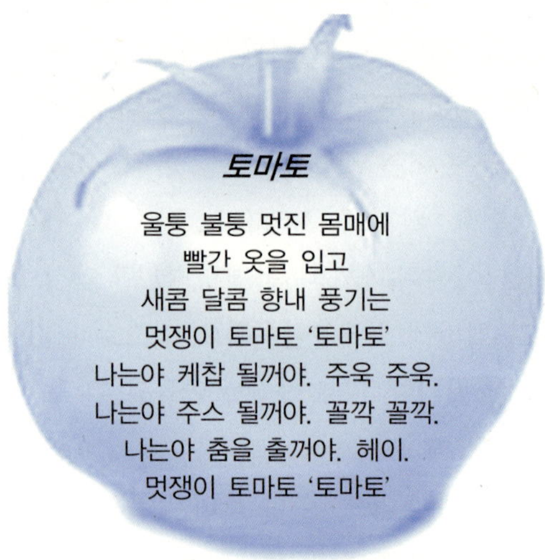

동작

① 울퉁불퉁 멋진 몸매에

손을 안팎으로 팔을 위아래로 동시에 흔든다.

② 빨간 옷을 입고

어깨의 옷을 잡고 위 아래로 당긴다.

③ 새콤 달콤 향내 풍기는

양 손을 엇갈려 흔들어 준다.

④ 멋쟁이 토마토 '토마토'

머리를 쓸어 넘긴다.

박수를 친다.

⑤ 나는 야 케찹 될꺼야. 주욱 주욱

양 손으로 쓸어 넘긴다.

⑥ 나는 야 주스 될꺼야. 꿀깍 꿀깍

양 손을 가슴에 올린다.

주스 마시는 모습

⑦ 나는 야 춤을 출꺼야. 헤이

양 손을 가슴에 올린다.

왼손을 허리에 올린다.

⑧ 멋쟁이 토마토, '토마토'(④반복)

감 상

1. 교사와 유아는 토마토가 자라는 과정에 대해서 이야기를 나눈다.
2. 토마토 자라는 과정을 손유희로 표현해 본다.

교사 : "우리가 토마토를 먹기 위해서는 먼저 무엇을 해야 할까요?"

유아 : "씨를 뿌려야 해요."

교사 : "그래요. 우리 씨를 뿌려 봐요(하나씩, 빠르게, 느리게 등). 흙도 덮어 주고, 살살 눌러 줘요. 꼭꼭 눌러 줘요. 다음에는 어떻게 할까요?"

유아 : "물을 줘요."

교사 : "그래요. 우리 물을 줘요."

"손으로 주고, 물주전자로 따라 줘요."

"토마토는 어떻게 자랄까요?"

유아 : "싹이 나요." "키가 커져요."

"토마토가 생겨요." "점점 커져요."

"바구니에 토마토를 따서 넣어요."

교사 : "따서 어떻게 할까요?"

유아 : "씻어서 우리가 먹어요."

3. 모든 활동을 마무리하며 다시 한 번 '토마토' 손유희를 한다.

3. 밀림으로

활동목표 : 다양한 동물의 모습을 신체를 이용하여 창의적으로 표현한다.

활동자료 : 음악(밀림으로), 동물 · 밀림 사진자료, 동물머리 띠(꿩, 물개, 다람쥐, 호랑이), 악기(캐스터네츠, 북 등)

탐색

1. 동물에 관해서 이야기를 나눈다.

   교사 : "여러분들 중 동물을 직접 본 친구 있어요?"

   유아 : "네, 저번에 엄마, 아빠랑 용인 에버랜드 동물원에 가서 봤어요."

   교사 : "또 동물을 다른 곳에서 본 친구 있나요?"

   유아 : "동물의 왕국에서 봤어요."
   "엄마가 사주신 책에서 봤어요."

   교사 : "어떤 동물을 보았나요?"

   유아 : "호랑이, 사자, 토끼, 기린, 코끼리……"

2. 교사는 유아에게 동물 사진자료를 보여주며 이야기를 전개한다.

   교사 : "우리 친구들이 말한 이러한 동물들은 어디에서 살까요?"

   유아 : "동물원이요."

   교사 : "동물원의 동물들은 우리 안에 갇혀서 살지만 동물들이 마음껏 자유롭게 살 수 있는 '밀림'이라는 곳이 있어요."

3. 밀림에 대해서 이야기한다.

   교사 : "밀림은 많은 동물들이 살아요. 밀림은 우리 나라에서 아주 멀리 있는 아프리카에 많이 있어요. 아프리카에는 비가 잘 내리지 않는 사막과 동물들이 마음껏 뛰어놀 수 있는 넓은 초원, 그리고 숲이 많이 우거진 밀림이 있어요(유아에게 사막과 초원에 대한 그림을 보여주며 이야기를 나눈다). 밀림은 산이랑 나무가 아주 많이 있고, 깊은 강도 있어요. 그리고 밀림에서는 자유롭게 뛰어놀고 있는

동물들도 만날 수 있어요."

유아 : "아! 밀림에 가보고 싶다."

교사 : "자! 그럼 우리 다 같이 밀림으로 떠나 볼까요?"

창의적 신체표현 활동

1. 꿩, 물개, 다람쥐, 호랑이 등 동물역할을 정해서 유아가 직접 동물 가면을 쓰고 손유희와 함께 해 본다. 다 같이 노래를 부르면서 각자 맡은 동물이 나오면 일어나서 동물 흉내를 신체로 표현해 본다.
2. 교사는 '밀림으로' 노래에서 나왔던 동물 이외의 어떤 동물이 있는지 물어 본다.

   교사 : "밀림엔 또 어떤 동물이 있을까요?"

   유아 : "토끼랑 코끼리요." "말이랑 사자요."
3. 유아들이 말한 동물들을 표현해 본다(악기와 함께 사용해 보도록 한다).
   - 토끼-'깡충깡충' 캐스터네츠를 이용하여 손을 귀에 가져다 댄다.
   - 코끼리-'쿵쿵' 큰북을 이용한다.
   - 말-'따그닥 따그닥' 소리를 내 본다.
   - 사자-북으로 '어흥' 소리를 낸다.

동작(토끼 · 코끼리 · 말 · 사자)

1) 토끼처럼 손을 귀에 갖다댄다(짝짝이 사용). 2) 코끼리 코를 만든다. (큰 북 사용) 3) 말처럼 고개를 숙이고 바닥을 친다. 4) 사자처럼 무섭게 표현한다.

동작

산 속에

① 양 손을 모아 산 모양을 만든다.

깊은 강

② 손바닥을 아래로 하여 원을 그린다.

배를 타고 배를 타고

③ 왼쪽 · 오른쪽을 번갈아가며 흔든다

밀림으로 밀림으로

④ 왼손은 허리에, 오른손은 하늘을 가리킨다.

꿩 두 마리(물개 두 마리, 다람쥐 두 마리)

⑤ (⑦,⑨) 왼손은 허리에 놓고, 오른손가락은 '2'표시를 한다.

푸드득 푸드득

⑥ 양 팔을 벌리고, 위아래로 흔든다.

쑥쑥

⑧ 고개를 좌우로 흔든다.

토독토독

⑩ 한 손은 허리에 한 손은 자신의 볼을 만진다.

달려든다

⑪ 옆 사람에게 달려든다.

호랑이 땅

⑫ ⑪번과 반대로 한다.

감 상

1. 모든 활동 후 평가의 시간을 가지며 열심히 한 유아들을 칭찬해 준다.
   교사 : "오늘 밀림으로 가서 사자와 호랑이, 말 등 여러 동물들을 보고 표현해 봤는데 어땠어요?"

유아 : “동물 흉내를 내니까 재미있었어요.”

교사 : “어떤 동물이 가장 기억에 남았나요?”

2. 다음 주에 가기로 계획된 동물원 견학에 대해 이야기하고 , 유아가 동물에 관심을 가지고 사랑하는 마음을 가질 수 있도록 한다.

악보

밀림으로

김성균 요
김성균 곡

4. 잉잉잉

◎ **활동목표** : 유아의 생각을 자연스럽게 표현한다.

◎ **활동자료** : 채소 및 과일 그림자료, 노랫말 자료, 칠판, 피아노, 음악(잉잉잉)

◎ **탐색**

1. 채소와 과일에 대해 이야기를 나눈다.

   교사 : "선생님은 오늘 아침에 오이도 먹고, 수박도 먹고 왔어요."
   "친구들은 무엇을 먹고 왔어요?"

2. 과일, 채소, 화보를 보여주며 이야기한다.

3. 교사는 유아들과 채소와 과일의 모양이나 맛에 대해서 이야기한다(과일, 채소들을 관찰한 후 이름과 모양에 대해 이야기한다).

   교사 : "어떤 과일이 있나요?"
   "먹어 본 친구 있어요?"
   "어떤 맛이었어요?"
   "동그란 모양을 가진 과일은 어떤 것이 있을까요? 빨간색의 과일은 어떤 것이 있을까요?"

4. 신체를 이용하여 음식물의 특징과 먹는 모습을 창의적으로 표현한다.

◎ **창의적 신체표현 활동**

1. 교사가 수수께끼를 내어 유아들이 채소의 이름을 맞추어 보는 것으로 도입한다.

   수수께끼는 노래 가사의 내용을 넣어 낸다.

   수수께끼를 낼 때 교사가 가사 중에서 '고추', '오이' 부분을 빼고 노래를 부르면서 수수께끼를 낼 수 있다.

   필요한 경우 중간에 이야기도 넣는다.

   예) 무슨 밭에 무엇은 뾰족하대요. 빨간색도 있고요. 초록색도 있어요.

댕글댕글 사과가 놀러 왔다가 아야 아야 따가워서 울었답니다.
무슨 밭에 무엇은 날씬하대요. 이리 봐도 저리 봐도 날씬한데 둥글둥글 호박이 놀러 왔다가 나는 언제 예뻐지나 하며 울었답니다.

2. '잉잉잉'이란 제목의 노래임을 알리고 그림자료와 피아노를 활용하여 노래를 부른다.
   피아노로 멜로디만 들어 본다.
   곡을 익히기 위하여 한 가지 소리로 불러 본다. 유아들의 의견을 물어 어떤 소리로 부를지 결정한다.
   예) 아아아, 잉잉잉, 모모모, 통통통 등으로
   교사 : "어떤 노래인지 피아노 소리를 한 번 들어 볼까요?"
   "먼저 한 가지 소리로 불러 봐요."
   "또 어떤 소리로 불러 보고 싶어요?"
3. 멜로디를 익히면 가사를 넣어 노래를 부른다. 그림자료를 사용하여 가사의 이해를 돕는다.
4. 교사와 유아들이 노래를 나누어 부른다.
   예) 노랫말 중에서 고추, 사과, 오이, 호박은 유아가 부르고 나머지는 교사가 부르기로 하며 '잉잉잉' 우는 부분은 다함께 부른다. 또는 유아들끼리만 노래를 나누어 부르게 하고 교사는 처음부터 끝까지 함께 부를 수도 있다.
5. 유아들에게 노랫말에 맞는 손유희를 자유롭게 표현하도록 한다.

감 상

1. 2조로 구성해서 고추 · 사과 부분, 오이 · 호박 부분으로 나누어 돌림노래로 불러 본다.
2. 1악절 4마디로 돌림노래를 불러 본다.
3. 각자 손유희를 넣어서 돌림노래로 불러 본다.
4. 4조로 구성해서 다른 채소(무, 고구마, 토마토 등)로 하여 돌림노래로 부른다.
5. 2마디로 돌림노래를 불러 본다.

6. 각자 맡은 배역으로 창의적인 손유희를 한다.
7. 활동에 대해 느낀 점을 이야기한다.
8. 자신이 좋아하는 채소를 그려보도록 한다.

악보

잉잉잉

김성균 요
김성균 곡

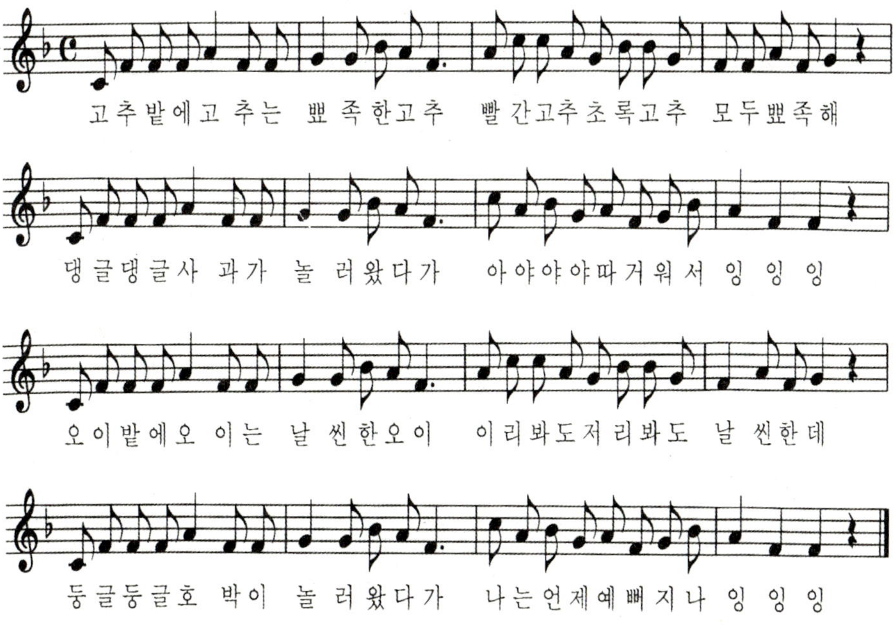

동작

고추밭에

한 팔씩 차례로 밖으로

고추는

벌리며 원을 그린다.

뾰족한

고추

두 손을 뾰족하게 위로 모아 준다.

빨간고추

한 손은 허리에 대고 다른 손으로 손가락질하며

초록고추	모두 뾰족	해	댕글댕글 사과가	놀러 왔
손을 번갈아 흔들어 준다.	두 손을 뾰족하게	위로 모아준다	두 손을 얼굴에 대고 고개를 갸우뚱 거린다.	두 손을 손바닥이 보이도록 흔들어 주고 허리에

다가	아야아야	따가워서	잉잉잉	오이밭에	오이는
손을 얹는다.	두 손을 번갈아가며	가볍게 흔든다.	두 손으로 눈을 가리고 고개를 좌우로 흔들며 우는 모양을 한다.	한 팔씩 차례로 원을 그린다.	밖으로 벌리고

날씬한	오이	이리 봐도	저리 봐도	날씬한	데
두 손 바닥을 위로 하고	어깨를 들썩인다.	한 손씩 차례로	이마에 얹고 다른 손은 허리에 댄다.	두 손바닥을 위로하고 어깨를 들썩인다.	

둥글둥글	호박이	놀러 왔	다가	나는 언제 예뻐지나		잉잉잉
두 손바닥을 아래 위로 포개어 동그랗게 한다.		두 손바닥이 보이도록 흔들고 허리에 손을 얹는다.		엄지손가락으로 가볍게 볼을 찌른다.		두 손으로 눈을 가리고 고개를 좌우로 흔들어 우는 모양을 한다.

5. 코끼리와 거미줄

◎ **활동목표** : 상상하여 코끼리 모습을 창의적으로 표현한다.

◎ **활동자료** : 피아노, 악보(코끼리와 거미줄), 손가락 동물인형

◎ **탐 색**

1. 주위에서 보았던 동물이나 동물원에서 보았던 동물에 대해 유아와 이야기를 나눈다.

   교사 : "동물원에 가 본 적 있어요?"

   유아 : "네. 엄마, 아빠랑 어린이날 대공원에 갔어요."

   교사 : "동물원에 가서 어떤 동물을 봤어요?"

   유아 : "코끼리요, 사자요, 하마요."

2. 재미있게 보았던 동물을 손과 얼굴을 이용해서 유아가 직접 표현해 본다.

   교사 : "손과 얼굴표정을 이용해서 동물을 표현해 보기로 해요."
   "먼저 커다란 동물은 무엇이 있을까요?"

   유아가 코끼리나 사자 흉내를 낸다. 이어서 작은 동물도 흉내를 내어 본다.

◎ **창의적 신체표현 활동**

1. '코끼리와 거미줄' 노랫말을 보여 준다.
2. 먼저 노래를 들려주고 피아노에 맞추어 같이 불러 본다.
3. 다함께 노래에 맞는 손유희를 만들어 본다.
   예) '한 마리 코끼리가 거미줄에 걸렸네.' 여기는 어떻게 해 볼까요?
4. 유아들과 만든 손유희를 다 같이 해 본다.
5. 둘씩 짝을 지어 마주 보고 해 본다.

◎ 악보

코끼리와 거미줄

◎ 동작

◎ 감 상

1. 교사가 손가락 동물인형을 제시하면 가사에 맞는 손유희를 해 본다(작은 동물일 때는 노래를 작게 큰 동물일 때는 크게 부른다).

   예) 큰 동물-사자, 하마, / 작은 동물-쥐, 토끼

2. 오늘 활동하던 손유희에 대하여 이야기한다.

   교사 : "같이 해 본 '코끼리와 거미줄' 손유희 놀이 어땠어요?"

   유아 : "재미있었어요. 너무 많이 매달려서 거미줄이 끊어졌어요."

6. 참새 다섯 마리

◎ **활동목표** : 몸을 움직여 대근육 활동을 한다.

◎ **활동자료** : 장갑, 악보(참새 다섯 마리), 플라스틱 눈알 10개, 여러 가지 새그림, 탬버린, 캐스터네츠, 북, 새에 관련된 영상자료, 스카프

◎ **탐　색**

1. 새에 대한 이야기를 나눈다.

교사 : "오늘 선생님과 날아다니는 동물인 새에 대해 이야기해 보려고 해요. 새를 본 적이 있어요?"

유아 : "네. 나무 위에 있는 것 봤어요. 새가 막 울었어요. 하늘 위에서 날아다녀요. 우리 집에 있어요."

교사 : "새가 어떻게 생겼어요?"

유아 : "날개도 있고 입도 뾰족해요. 다리가 2개 밖에 없어요."

교사 : "우리 주변에서 볼 수 있는 새가 무엇이 있을까요?"

유아 : "참새, 까치, 비둘기가 있어요."

2. 새 그림을 보여 준다.

3. 참새에 대한 이야기를 나누며 동작을 유도한다.

교사 : "참새가 어떻게 날지요? 누가 표현해 볼까요?"

4. 유아가 동작을 표현한다.

교사 : "참새가 우리 반에 여러분을 보러 놀러 왔어요. 참새가 우리 친구들이 너무너무 보고 싶었대요. 예쁘게 앉아서 다 같이 참새를 불러 봐요. 하나! 둘! 셋!"

"참새야! 참새야!(교사가 참새 막대인형 제시)"

"참새가 날아와서 짹짹 짹짹 친구들 머리에도 앉았다 볼에도 뽀뽀하고 어깨에도 앉았다 배꼽 위에도 앉았다 다리 위에도 앉았다 훨훨 날고 있어요."

"우리 아기참새 다섯 마리도 왔는데 다시 불러 봐요?"

유아 : "아기 참새야!(아기참새 등장)"

5. 교사는 '참새 다섯 마리'를 유아들과 함께 손유희를 한다.

◎ 악보

참새 다섯 마리

◎ 감 상

1. 새에 대한 비디오를 보여 준다.
2. 비디오 감상 후에 유아는 어떤 새가 되고 싶었는지, 새에 대한 이야기를 나눈다.

   교사 : "여러분은 어떤 새가 예뻤어요? 새가 된다면 어떤 새가 되고 싶어요?"

   유아 : "비둘기요, 앵무새요, 독수리요."
3. 음악에 맞추어 다양한 새의 동작을 해 본다.
4. 유아가 가져온 스카프를 가지고 새처럼 흔들어 본다.

동작

반복) 숲 속 작은 집 | 할아버지 집에 | 참새 다섯 마리 살았네 | 첫 번째 참새 날아와서 | 1. 머리 위에 앉았네

양 손을(삼각형) 집 모양을 만든다. | 양 손을 턱아래로 펼쳐 수염을 만든다. | ① 다섯 손가락을 펼쳐 '5'를 만든다. | ② 검지손가락을 펴 '1'을 만든다. | ③ 한 손을 머리 위에 댄다.

푹신하다 푹신하다 | 침대같다 | 짹짹짹짹짹 | 2. 콧구멍에 앉았네 | 깜깜하다 깜깜하다 암흑같다.

④ 양 손을 앞 쪽에서 위아래로 움직인다. | ⑤ 손가락으로 사각형을 만든다. | ⑥ 양 손으로 참새 입 모양을 만든다. | ⑦ 검지손가락을 콧구멍에 댄다 | ⑧ 두 손으로 눈을 가린다.

3. 손가락 끝에 앉았네 | 길쭉하다 길쭉하다 장대같다. | 짹짹짹짹짹

⑨ 양쪽 손의 한 손가락씩 서로 마주 댄다. | ⑩ 양 팔을 벌려 길게 뻗는다. | ⑥ 양 손으로 참새 입 모양을 만든다.

4. 배꼽 위에 앉았네 | 말랑하다 말랑하다 | 찐빵같다. | 짹짹짹짹짹

⑪ 한쪽 검지손가락으로 배꼽을 가리킨다. | ⑫ 두 손을 모은다. | ⑬ 찐빵이 두 손 가운데에 들어 있는 것 처럼 만든다. | ⑥ 양 손으로 참새 입 모양을 만든다.

5. 엉덩이 위에 앉았네 | 냄새난다 냄새난다 방귀냄새 | 짹짹짹짹짹

⑭ 두 손으로 엉덩이를 가리킨다. | ⑮ 한 손으로 코를 잡고 냄새나는 것을 표현한다. | ⑥ 양 손으로 참새 입 모양을 만든다.

7. 수박 파티

◎ **활동목표** : 음악을 들으며 수박의 모양을 표현한다.

◎ **활동자료** : 음악(수박 파티), 피아노, 여러 가지 과일 사진, 리듬 악기(탬버린, 트라이앵글, 캐스터네츠), 여러 가지 과일 머리띠, 종이로 만든 돈

◎ **탐　색**

1. 교사는 유아들과 함께 여름에 관해 이야기를 나눈다.

   교사 : "여러분 오늘 날씨 어때요?"

   유아 : "너무 더워요. 뜨거워요."

   교사 : "맞아요. 무척 더워요."

   "그건 지금이 여름이기 때문이에요. 그러면 더운 여름은 다른 계절과 어떤 점이 다를까요?"

   유아 : "땀이 많이 나요. 매미가 울어요. 짧은 옷을 입어요."

   "수영장이랑 바다에도 가요. 맛있는 과일을 많이 먹어요."

2. 교사는 수박에 대해 수수께끼를 내고 수박 먹는 모습을 표현하도록 한다.

   교사 : "우리 친구들에게 과일 수수께끼를 낼텐데 알아맞춰 보세요."

   "나는 축구공처럼 둥글둥글해요."

   "나는 초록색 줄무늬가 있고요. 하얀 방 안에 빨간색 이불이 있는데 그 속에는 까만 식구들이 모여 살지요."

   "나는 무엇일까요?"

   유아 : "수박이요."

   교사 : "맞았어요. 우리 다같이 수박 먹는 흉내를 내 볼까요?"

3. 수박 파티 음악을 여러 번 들려주고 느낌을 이야기한다.

   교사 : "우리 앞에서 수박 먹는 모습을 흉내내어 보았지요? 오늘은 수박에 관한 노래와 손유희를 해 보도록 해요. 먼저 음악을 들어 보세요."

4. '수박 파티' 노래를 유아들에게 가르쳐 주고 함께 불러 본다.
   - 이 때 사전에 활동을 계획하여 직접 '수박'을 준비하여 잘 익었는지 두들겨 보고 쪼개 본다면 더욱 흥미를 고조시킬 수 있다. 그리고 간식 시간에 수박 파티를 열어 직접 실물을 탐색하고 먹어 본다면 즐거운 경험이 될 것이다.

악보

수박 파티

오상철 작사
오상철 작곡

창의적 신체표현 활동

1. 수박 파티 노래를 리듬악기를 이용해 노래를 부르며 연주해 본다.
2. 몇몇 유아들의 연주에 맞추어 유아들이 자유롭게 손유희를 해 보게 한다.
3. 몇몇 유아들에게 발표의 기회를 준다.
4. 교사와 유아가 함께 손유희를 만들어 본다.
5. 그룹으로 나누어 돌림노래를 하며 손유희를 함께 해 본다.

◎ 동작

노랫말	그 림	설 명
커다란 수박 하나		두 손으로 큰 원을 그린다.
잘 익었나 통통통		손등으로 두들긴다.
단숨에 쪼개니		오른손을 들고 왼손바닥을 친다.
속이		두 손바닥을 맞닿게 한다.
보이네		펴는 시늉을 한다.
몇 번 더 쪼갠 후에		오른손을 들고 왼손을 3~4번 친다.
너도		맞은편 친구를 가리킨다.

나도		자신을 가리킨다.
들고서		수박을 드는 모습을 한다.
우리 모두 하모니카		두 손을 가슴에 모은다.
신나게 불어요.		하모니카 부는 시늉을 한다.
쭉쭉쭉주죽 쓱쓱쓱쓱쓱 싹싹싹싹싹 쭉쭉 쓱쓱 싹		유아 마음대로 손유희를 한다.

감 상

1. '수박 파티' 노래와 손유희에 관해 느낀 점을 이야기한다.

   교사 : "수박 파티를 부르고 나니 느낌이 어때요?"

   유아 : "재미있어요. 선생님, 우리도 수박이 되어 봐요."

   교사 : "좋은 생각이예요. 그럼 수박 그림을 그린 후 가면을 만들어서 쓰고 수박이 되어 보는 거예요."

2. 유아들에게 도화지를 나누어 주고 수박을 그리도록 한다.
   이 때 수박이 되고 싶지 않다고 하는 유아는 다른 과일을 그리게 한다.
3. 다 그린 유아는 색칠을 하고 가위로 오린 뒤 고무밴드를 끼워 가면을 만든다.
4. 수박 가면을 쓴 유아들은 수박이 되어서 파티장에서 춤을 춘다.

8. 손가락 가족

◎ 활동목표 : ① 가족의 소중함을 안다.
② 반복적 리듬을 경험한다.

◎ 활동자료 : 장갑인형, 가족사진, 가족들이 일하는 사진이나 화보, 캐스터네츠, 탬버린, 트라이앵글, 가면

◎ 탐 색

1. 교사는 유아와 함께 5월에 어떤 기념일이 있는지 이야기를 나눈다.
   교사 : "5월에는 특별한 날이 참 많아요. 어떤 날이 있을까요?"
   유아 : "어린이날이요." "어버이날이요."
   "스승의 날이요." "내 생일이요."
2. 유아에게 5월이 가정의 달이라는 것을 알려 주고 가정의 달을 맞이해서 가족의 구성원과 가족의 역할에 대해서 알아본다(사진이나 화보 등을 사용한다).
3. 가족들이 집에서 무슨 일을 하는지 이야기한다.
   교사 : "집에서 엄마는 무슨 일을 하실까요?"
   유아 : "우리 엄마는 음식도 만드시고 빨래도 하시고 청소도 해요."
4. 가족의 중요성에 대해 이야기한다.
   교사 : "만약 가족이 없다면 어떨까요?"
   유아 : "슬퍼요. 이야기도 못하고 놀러도 같이 못가고 항상 집에 혼자 있어서 무서워요."
   교사 : "그래요. 가족은 우리에게 아주 소중해요. 우리 가족에게 항상 고마워하며 살아야 해요."

창의적 신체표현 활동

1. 교사는 유아들에게 가족이 하는 일을 신체로 표현하도록 한다. 유아는 각자 자기 생각을 표현해 본다.
2. 가족이 하는 일을 손가락으로 표현해 본다.
    - 아빠 손가락이 망치질을 한다. 뚝딱 뚝딱 뚝딱 뚝딱
    - 엄마 손가락이 설거지를 한다. 북적 북적 북적 북적
    - 언니 손가락이 화장을 한다. 또닥 또닥 또닥 또닥
    - 오빠 손가락이 공부를 한다. A B C D 1 2 3 4
    - 아기 손가락이 젖을 빤다. 쭉쭉 쭉쭉 쭉쭉 쭉쭉
3. 펭귄 가족이 하는 일을 손가락으로 표현해 본다.

    교사 : "오늘 날씨가 어땠어요?"

    유아 : "더워요. 땀나요."

    교사 : "그럼 시원하게 사는 펭귄가족은 집안에서 무엇을 하는지 생각해 볼까요?"

    - 아빠펭귄이 고기를 잡는다. 우후 으싸 우후 으싸
    - 엄마펭귄이 얼음 위를 걷는다. 우후 뒤뚱뒤뚱 우후 뒤뚱뒤뚱
    - 오빠펭귄이 소리를 지른다. 우후 끽끽 우후 끽끽
    - 언니펭귄이 잠을 잔다. 우후 쿨쿨 우후 쿨쿨
    - 아기펭귄이 고기를 먹는다. 우후 얌얌 우후 얌얌
4. 각 구성원(아빠, 엄마, 오빠, 언니, 아기)을 하고 싶은 유아들이 나와서 가족이 하는 일을 손가락으로 표현하고 자기가 맡은 역할에 대해 이야기한다.
5. 각 구성원에 어울리는 목소리와 함께 가족이 하는 일을 장갑인형 끼고 손가락으로 표현해 본다.
6. 가족이 하는 일을 손가락 대신 리듬악기를 이용한다.

    각각에 맞는 의태어와 비슷한 소리를 유아들과 찾아 표현한다.

감 상

1. 교사는 유아가 다양한 표현을 할 수 있도록 도와 준다. 유아들끼리 새로운 표현(서로 다른 동물과 다양한 의태어를 사용)을 하며 서로 감상한다.

예) 아빠캥거루가 들판을 뛴다.
우후 펄떡 우후 펄떡
엄마캥거루가 풀을 먹는다.
우후 얌얌 우후 얌얌
오빠캥거루가 주위를 살핀다.
우후 두리번 우후 두리번
언니캥거루가 노래를 부른다.
우후 랄라 우후 랄라
아기캥거루가 방긋 웃는다.
우후 방긋 우후 방긋

동작

아빠 펭귄이 망치질을 한다(1회)

엄지손가락을 들어올린다.

우후 뚝딱 우후 뚝딱(2회)

엄지손가락을 번갈아 가며 친다.

엄마 펭귄이 빨래를 한다(1회)

검지손가락을 들어올린다.

우후 조물 우후 조물(2회)

어깨를 으쓱 올리고 검지손가락을 빨래하듯 조물거린다.

오빠 펭귄이 공부를 한다(1회)

장지손가락을 들어올린다.

우후 쑥쑥 우후 쑥쑥(2회)

어깨를 으쓱 올리고, 장지손가락을 귀에 댄다.

언니 펭귄이 화장을 한다(1회)

약지손가락을 들어올린다.

우후 토닥 우후 토닥(2회)

어깨를 으쓱 올리고 약지손가락을 볼에 댄다.

아기 펭귄이 쭈쭈를 빤다(1회)

새끼손가락을 들어올린다.

우후 쭉쭉 우후 쭉쭉(2회)

어깨를 으쓱 올리고 새끼손가락을 입에 댄다.

9. 내동생

◎ **활동목표** : ① 다양한 악기를 사용하여 리듬을 경험한다.
② 노랫말에 맞추어 동작을 표현해 본다.

◎ **활동자료** : 고깔 모자, 큰북, 작은북, 탬버린, 트라이앵글, 캐스터네츠, 음악 (내동생)

◎ **탐　색**

1. 유아들에게 자신의 가족을 소개해 보도록 한다.

교사 : "오늘은 가족에 관한 얘기를 해 볼까요?"
"먼저 선생님 가족에 대해서 얘기해 줄께요."
"선생님 아빠는 몸이 뚱뚱해요. 그리고 엄마는 키가 작고, 동생은 멋쟁이예요."
"우리 아빠는 안경을 썼어요. 그리고 엄마는 머리가 뽀글뽀글하고, 동생은 애기예요."
"우리 아빠는 수염이 났고요. 엄마는 눈이 커요. 그리고 동생은 장난꾸러기예요."

2. 가족 중에서도 동생에 관한 이야기를 나눈다.

유아 : "내 동생은 예뻐요. 춤을 잘 추고, 노래도 잘 불러요."
"내 동생은 밥을 많이 먹어서 뚱뚱해요."

3. '내동생' 노래를 피아노 반주에 맞추어 불러 본다.

◎ **창의적인 신체표현 활동**

1. '내동생'을 피아노 반주에 맞추어 유아들이 자유롭게 표현한다.
2. 교사와 유아가 미리 준비해 놓은 고깔모자를 쓰고 '내동생' 노래를 손유희와 함께 불러 본다.
3. '내동생' 가사를 바꿔서 악기를 치면서 표현해 본다.

예) 아빠 : 큰북, 엄마 : 작은북, 오빠 : 탬버린

우리 아빠 키다리 멋쟁이 우리 아빠 이름은 하나인데 별명은 서너 개 엄마가 부를 때는 여보 오빠가 부를 때는 아버지 내가 부를 때는 아빠 어떤 게 진짜인지 몰라 몰라 몰라

감 상

1. 교사는 활동이 끝나면 유아를 칭찬하고 격려한다.
2. 다음 날 가족 사진을 가지고 와서 가족 액자를 만들어 보는 활동을 하기로 제안한다.

동작

내동생

① 두 손을 가슴에 포갠다.

곱슬머리

② 양 손을 올려서 머리가 곱슬거린다는 표현을 한다.

개구장이 내동생

③ 검지손가락을 펴서 춤을 춘다.

이름은

④ 양 손을 펴서 안쪽으로 원을 그린다.

하나인데

⑤ 손가락으로 하나를 표시한다.

별명은

⑥ 양 손을 펴서 바깥쪽으로 원을 그린다.

서너 개  ⑦ 손가락으로 서너 개를 표시한다.	엄마가 부를 때는  ⑧ 양 손을 주먹 쥐고 볼에 갖다댄다.	꿀돼지  ⑨ 엄지손가락을 편다.
아빠가 부를 때는 두꺼비  ⑩ 배를 내밀고 양손을 배에 얹는다.	누나가 부를 때는  ⑪ 양 손의 검지를 편다.	왕자님  ⑫ 양 손을 앞으로 모은다.
어떤게 진짜인지  ⑬ 좌우로 박수를 친다.	몰라  ⑭ 양 손으로 입을 가린다.	몰라 몰라  ⑮ 두 손을 양쪽으로 흔들다가 위로 쭉 올린다.

10. 씨 앗

◎ **활동목표** : 식물의 변화를 다양한 동작으로 신체표현해 본다.

◎ **활동자료** : 여러 가지 씨앗, 식물의 성장 화보(사진), 악보(씨앗), 피아노, 화분

◎ **탐 색**

1. 봄 식물의 변화에 대해 이야기한다.

   교사 : "지금은 무슨 계절이라고 하지요?"

   유아 : "봄이요."

   교사 : "봄이 온 것을 어떻게 알 수 있나요?"

   유아 : "싹이 났어요. 나무에 잎이 났어요. 꽃이 폈어요. 해님이 따뜻하게 비춰 줘요."

2. 여러 종류의 씨앗들을 관찰해 볼 수 있도록 실물을 제시한다.
3. 실물을 구하지 못한 씨들은 사진을 보면서 모양에 대해 이야기한다.
4. 화보를 보여주며 식물이 성장하는 과정을 설명해 준다.

◎ **그림**

① 씨앗을 땅에 묻는다.

② 땅 속에 있는 영양분을 먹고 싹이 난다.

③ 햇빛과 물과 공기를 먹고 줄기가 자라며 잎이난다.

④ 잎이 무성하게 나며 꽃이나 열매가 생긴다.

창의적 신체표현 활동

1. 노래에 맞추어 유아가 자유롭게 표현한다.
2. 교사의 지시에 따라 다 같이 표현해 본다.

교사 : "우리 다 같이 '씨앗'이 되어 보아요(몸을 씨앗처럼 작게 움추린다)."
"노래를 부르면서 식물의 성장 과정을 몸으로 표현해 봐요."

악보

씨 앗

김성균 요
김성균 곡

동작

씨씨씨를 뿌리고

① 한 손은 앞으로, 또 한 손은 엄지와 검지가 닿도록 하여 씨뿌리는 표현을 한다.

꼭꼭

② 주먹을 쥐고 위아래로 흔든다.

물을 주었죠

③ 한 손은 허리에 대고 한 손은 엄지만 펴서 물을 주는 표현을 한다.

하룻밤

④ 한 손은 허리에 대고 다른 한 손은 검지를 펴서 '1'을 나타낸다.

이틀밤

⑤ '2'를 나타낸다.

쉿쉿쉿

⑥ 검지손가락이 편 손을 입에 댄다.

뽀드득 뽀드득 뽀드득

⑦ 한 손은 주먹을 쥐고 한 손은 손을 펴서 주먹 위에 대고 비빈다.

싹이 났어요.

⑧ 손바닥을 마주 대고 지그재그로 올린다.

감 상

1. 작은 화분을 각 유아에게 나누어 준다.
   유아 수가 많을 경우 5~6명씩 한 그룹을 지어 그룹별로 화분을 준다.
2. 교사가 씨를 나누어 주고 심는 방법을 가르쳐 주고 같이 심어 본다.

3. 화분에 유아의 이름이나 조의 이름을 써서 햇빛이 잘 들어오는 곳에 놓아 두고 유아가 스스로 기르도록 한다.
   그룹별로 씨앗 심기를 했을 경우 그룹 내에서 당번을 정하여 돌아가며 물을 주도록 한다.
4. 화분 옆에는 기르는 방법을 적어 놓는다.

11. 싱글벙글

◎ **활동목표** : 음악에 맞추어 웃는 표정에 대한 창의적인 신체표현을 한다.

◎ **활동자료** : 표정 그림카드(기분 좋은 웃는 표정, 우는 표정, 화난 표정, 슬픈 표정 등)

◎ **탐 색**

1. 표정 그림카드를 보며 어떤 표정인지 이야기 나누며, 어느 상황에서 어떤 표정을 짓게 되는지 이야기를 나눈다.

교사 : "(기분 좋은 웃는 표정 그림 카드를 보여주며) 이것은 어떤 표정일까요?"

유아 : "웃고 있어요."

교사 : "언제 이렇게 웃는 표정을 짓곤 하나요?"

유아 : "밥 먹을 때요. 재미있을 때요. 친구랑 놀 때요. 게임할 때요."

교사 : "이렇게 웃고 있는 표정을 우리도 함께 지어 볼까요?"
유아와 함께 웃고 있는 표정을 만들어 본다.

교사 : "그림 카드에서는 어떻게 웃고 있는 것 같나요?"

유아 : "하하하하. 호호호호. 싱글벙글~"

교사 : "아~ 그렇구나."

교사 : "그럼, 친구를 만났을 때는 어떤 표정이 될까요? 표정 그림카드를 골라보세요."

유아 : (기분 좋은 웃는 표정 그림 카드를 선택한다.)

교사 : "친구를 만났을 때 왜 이런 웃는 표정을 지을까요?"

유아 : "친구를 좋아하니까요. 친구와 놀 수 있어서요."

교사 : "우리가 좋아하는 친구를 만나면, 이렇게 기분 좋은 표정을 짓게 되는군요~"
"그럼, 우리 친구를 만나서 즐거운 기분을 노래로 함께 불러 보아요."

2. '싱글벙글' 노래를 들려주고, 음악에 맞추어 자유롭게 표현해 본다.

싱글벙글

싱글 싱글 싱글 싱글　　벙글 벙글 벙글 벙글
우리 모두 고개 돌려　　샤~
싱글 싱글 싱글 싱글　　벙글 벙글 벙글 벙글
옆 친구와 인사하세요~　　"안녕하세요"
싱글 랄랄라 벙글 ~　　싱글 벙글 야! (짝짝짝)
싱글 랄랄라 벙글 ~　　싱글 벙글 야! (짝짝짝)

동작

내용	동작설명	도안
싱글 싱글 싱글 싱글	손바닥을 둥글게 원을 그리며 돌린다. 손방향 : 안쪽에서 바깥쪽	
벙글 벙글 벙글 벙글	손바닥을 둥글게 원을 그리며 돌린다. 손방향 : 바깥쪽에서 안쪽	
우리 모두 고개 돌려 샤~	손을 허리에 대고 '샤' 부분에서 옆 친구를 향하여 고개를 돌린다.	
싱글 싱글 싱글 싱글	같은 동작 반복	

벙글 벙글 벙글 벙글	같은 동작 반복	
옆 친구와 인사해요. "안녕하세요!"	손을 허리에 대고 '안녕하세요' 하며 서로 인사 나눈다.	
싱글 랄랄라 벙글~	"싱글" 노랫말에는 싱글 동작, "벙글" 노랫말에서는 벙글 동작	
싱글 벙글 야! (짝짝짝) X 2	싱글벙글 동작 후 야! 소리를 내며 박수 친다.	

감　　상

1. '싱글벙글' 노래에 맞추어 자유롭게 표현한 느낌에 대해 이야기를 나눈다.
2. 악기를 준비하여, 노랫말에 맞추어 악기를 연주한다.
   예) 싱글싱글 - 캐스터네츠, 벙글벙글 - 트라이앵글
3. 악기 연주 후, 악기로 연주하며 노래를 부를 때의 좋은 점과 어려운 점에 대해 이야기를 나눈다.

◆ 응용방법

- "옆 친구와 인사해요." 대신 다양한 지시어를 넣어 주의 집중할 수 있다.
  예) 옆 친구를 간지럽혀요, 옆 친구에게 윙크하세요, 엉덩이를 두드려 주세요.

12. 피자 만들기

◎ **활동목표** : ① 신체를 이용하여 피자 모양을 표현한다.
② 노랫말에 맞추어 동작을 표현해 본다.

◎ **활동자료** : 피자 만들기 도구 사진자료, 피자 재료(피자도우, 토핑재료 등) 사진자료

◎ **탐 색**

1. 피자 재료에 사진 자료를 하나씩 꺼내어 모두 본 후,

교사 : 사진 속의 재료들은 무엇인가요? 이 재료들을 가지고 무엇을 할 수 있을까요?

유아 : 요리요~ 음식이요.

교사 : 어떤 음식을 만들 수 있을까요?

유아 : 볶음밥이요, 피자요, 스파게티요.

교사 : (피자를 만들 때 사용되는 도구 사진을 보여주며) 이 도구들은 무엇을 만들 때 사용하는 것일까요?

유아 : 피자요~

교사 : 피자를 만들 때 사용하는 것이었군요~ 그럼, 우리도 피자를 만들어 볼까요?
피자를 만들기 위해 제일 먼저 무엇을 해야 될까요?

유아 : 밀가루 반죽을 해요~

교사 : 밀가루 반죽을 한 후, 그 다음 단계에는 무엇을 해야 할까요?

유아 : 피자 판에 밀가루 반죽을 올려놓고, 그 위에 여러 가지 야채, 고기 등을 올려놓아요.

2. 음률에 맞추어 자유롭게 표현해 본다.

피자 만들기

무릎치고 손뼉치고 ×2 피자를 만들자 피자!
무릎치고 손뼉치고 ×2 피자를 만들자 피자!
커다란 피자 아싹 아싹 아싹 아싹
조그만 피자 아싹 아싹 아싹 아싹
피자를 만들자 피자!

동작

내용	동작설명	도안
무릎치고	무릎 두 번 두드리기	
손뼉치고 × 2	손뼉 두번 치기	
피자를 만들자	손으로 네모 모양 그리기	
피자! (처음부터) × 2	고개를 내밀면서 큰 소리로	
커다란 피자	네모를 크게 그린다.	
아싹 아싹 아싹 아싹	고개를 오른쪽에서 왼쪽으로 이동하며 먹는 흉내	

조그만 피자	조용한 목소리로 네모를 작게 그린다.	
아싹 아싹 아싹 아싹	고개를 오른쪽에서 왼쪽으로 이동하며 먹는 흉내	
피자를 만들자	손으로 네모 모양 그리기	
피자!	고개를 내밀면서 큰 소리로	

감 상

1. '피자 만들기' 손유희를 해 본 후, 피자를 먹어 본 경험에 대해 이야기를 나눈다.

   교사 : 피자를 먹어 본 경험이 있나요? 피자를 먹어 보았을 때 피자의 맛은 어땠나요?

   유아 : 맛있어요.

2. 나만의 피자를 만든다면 어떻게 만들고 싶은지 이야기해 본다.
3. 피자 만들기를 해 본다. (요리 활동 또는 색 점토를 이용한 조형활동으로 연계 가능)

응용방법

- 시작 전에 어떤 모양의 피자를 만들고 싶은지 유아들과 이야기하여 피자 모양을 다양하게 변형하여도 좋다.

13. 빨간 앵두

◎ **활동목표** : ① 신체를 이용하여 앵두의 모양을 표현한다.
② 노랫말에 맞추어 동작을 표현해 본다.

◎ **활동자료** : 앵두, 바구니

◎ **탐 색**

1. 감각을 이용하여 무엇인지 탐색해 본다.

교사 : "(바구니 속에 앵두를 넣고, 유아가 눈을 감고 바구니 속의 앵두를 만져 보도록 한다.) 만져 보니 어떤 느낌이 드나요?"

유아 : "조금 말랑말랑한 것 같아요. 단단한 것 같기도 해요."

교사 : "(유아가 바구니 안의 앵두를 꺼내어 본다.)
(앵두의 생김새에 대해 이야기 나눈다.) 이것은 무엇처럼 생겼나요? 어떤 색인가요? 어떤 모양인가요?"

유아 : "동그란 모양이예요. 빨간색이예요. 두 개가 같이 붙어 있어요."

교사 : "이것을 전에 본 적이 있나요? 이것을 본 적이 있다면 어디에서 보았나요?"

유아 : "시골에서 나무에 열려 있는 것을 보았어요. 과일가게에서 보았어요."

교사 : "(앵두를 유아의 코 가까이에 대고, 냄새를 맡도록 한다.) 어떤 냄새가 나나요?"

유아 : "달콤한 냄새가 나요. 향긋한 냄새가 나요."

교사 : "이것을 먹어 보면 어떤 맛일까요?"

유아 : "셔요~ 새콤할 것 같아요. 달콤해요~ 매워요~ ……"

교사 : "이것의 이름은 무엇일까요?"

2. '빨간 앵두' 노래를 들려주며, 앵두를 유아 입 속에 쏙 넣어 준다.

3. 음악에 맞추어 자유롭게 표현해 본다.

빨간 앵두

초록 초록 나무에 빨간 빨간 앵두가
주렁 주렁 주렁 주렁 많이 열렸네.
한 개만 한 개만 똑 똑 따다가
사랑하는 친구 입에 쏙 넣어 줘야지.

동작

내용	동작설명	도안
초록 초록	한 손 검지손가락	
나무에	다른 손 검지손가락	
빨간 빨간	한 손의 엄지 검지손가락을 말아서 동그라미	
앵두가	다른 손의 엄지 검지손가각을 말아서 동그라미	
주렁 주렁 주렁 주렁	반짝반짝하여 두 손을 가슴부터 머리 위까지 뻗는다.	

많이 열렸네	양 손 위에서 아래로 원 그리기	
한 개만, 한 개만	한 손 검지	
똑 똑	한 손 엄지 검지를 동글게 말았다가 튕겨 준다.	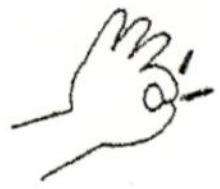
따다가	다른 손도 엄지 검지를 둥글게 말았다가 튕겨 준다.	
사랑하는 친구 입에	양 손으로 하트	
쏙 넣어줘야지	옆 친구 입에 앵두를 쏙 넣어 주는 흉내낸다.	

◎ 감 상

1. '빨간앵두' 손유희를 해 본 후, 앵두를 직접 먹어 본 느낌에 대해 이야기를 나눈다.

   교사 : 앵두를 먹어 보니, 어떤 맛이었나요?

   유아 : 달콤해요, 셔요~~

2. 유아와 앵두나무, 앵두의 역할을 정한 후, 앵두나무에 주렁주렁 열려 있는 앵두를 따보는 모습을 표현해 본다.

◆ 응용방법

- "사랑하는 친구"를 다양한 방법으로 변형도 가능하다.

  예) 눈을 크게 뜨고 선생님을 보는 친구, 바르게 앉아있는 친구……

14. 개구리

◎ **활동목표** : ① 유아의 생각이나 느낌을 자연스럽게 표현할 수 있다.
② 신체를 이용하여 창의적으로 표현한다.

◎ **활동자료** : 개구리 사진, 개구리 소리, 개구리 막대그림 자료

◎ **탐 색**

1. (개구리 소리)를 들려주며, 개구리에 대해 이야기를 나눈다.

교사 : "이 소리는 누구의 소리일까요?"

유아 : "개구리요~"

교사 : '개굴개굴' 개구리의 소리예요."
"개구리를 직접 본 적이 있나요? 어디에서 보았나요?"
"개구리는 어떻게 움직였나요?"
"개구리는 언제 많이 볼 수 있을까요?"

유아 : "개구리는 초록색이예요. 개구리는 봄이 되면 볼 수 있어요."
"산에서 졸졸 흐르는 시냇가에서 본 적이 있어요."
"올챙이가 자라서 개구리가 되요. 개구리는 폴짝폴짝 뛰어다녀요." 등등

교사 : "개구리가 뛰는 모습을 우리도 한번 표현해 볼까요?"

2. 신체를 이용하여 개구리가 뛰는 모습을 표현해 본다.

교사 : "개구리처럼 폴짝폴짝 뛰어 봤는데, 어떤 느낌이 들었나요?"

유아 : "재미있었어요. 높이뛸 때 기분이 좋았어요."

교사 : "폴짝폴짝 뛰는 것을 좋아하는 세 마리 개구리의 이야기를 들려줄께요~"

3. 개구리 노랫말을 이야기로 들려준다.

교사 : "개구리들이 장독 위에서 뛰다가 어떻게 되었나요?"

유아 : "머리가 깨졌어요."

4. 개구리 이야기를 들은 후, 내용에 대해 함께 생각해 본다.

교사 : "왜 장독 위에서 뛰었을까요?"

유아 : "심심해서. 장난치려고요……"

교사 : "우리는 어떻게 해야 할까요?"

유아 : "높은 곳에 올라가지 않아요. 뛰지 않아요……" 등등

5. '개구리' 노래를 들려주고, 음악에 맞추어 자유롭게 표현해 본다.

감 상

1. '개구리' 노래를 부르며 손유희를 해 본 후의 느낌을 이야기한다.
2. 개구리 가면을 만들어 쓰고, 개구리처럼 움직여 본다.
3. 활동 후, 다른 친구들은 어떻게 표현 했는지 이야기를 나누어 본다.
4. 창의적으로 표현한 친구가 있었는지 알아보고, 격려해 준다.

응용방법

- 개구리 대신 "원숭이" 등의 다른 동물로 변형하거나, 장독 대신 '피아노 위, 침대 위' 등의 가구로 변형하여 활동가능하다.

개구리

개구리 세 마리가 장독 위에서
폴짝폴짝 뛰다가 떨어졌어요.
머리가 깨져 엉엉 울다가 헐레벌떡 엄마한테 달려 갔어요
개굴개굴~! 엄마가 하는 말
장독 위에서 폴짝폴짝 뛰니까 머리가 깨졌지

동작

내용	동작설명	도안
개구리 세 마리가	오른손으로 3표시 한다.	
장독 위에서	양손 검지로 네모 모양을 그린다.	
폴짝폴짝 뛰다가	손바닥 위에서 개구리가 뛰는 모양	
떨어졌어요	뒤로 넘어지는 흉내를 낸다.	
머리가 깨져서	머리를 가리킨 후 박수 한번 친다.	
엉엉 울다가	우는 시늉을 한다.	
헐레벌떡 엄마한테 달려갔어요	뛰는 흉내를 낸다.	
개굴 개굴~!	얼굴 옆에서 양 손을 잼잼한다.	
엄마가 하는 말	양 손을 허리에 댄다.	
장독 위에서	양손 검지로 네모 모양을 그린다.	
폴짝폴짝 뛰니까	손바닥 위에서 개구리가 뛰는 모양	
머리가 깨졌지 x 2	머리를 가리킨 후 박수 한번 친다.	

15. 공룡 가족

◎ **활동목표** : ① 공룡에 대해 관심을 가진다.

② 의성어에 관심을 가지며, 음의 강, 약에 따라 몸을 움직여 본다.

◎ **활동자료** : 공룡 그림

◎ **탐 색**

1. 공룡 그림을 보며 공룡에 대해 이야기 나눈다.

교사 : "(공룡그림을 보여주며) 이것은 무엇의 사진일까요?"

유아 : "공룡이요."

교사 : "공룡을 본 적이 있나요?"

유아 : "박물관에서 보았어요. 텔레비전에서 봤어요."

교사 : "공룡에 대해 알고 있는 것이 있나요?"

유아 : "지금은 살아 있지 않아요, 옛날 옛날에 살았어요."
"사람을 잡아먹는 공룡도 있어요. 몸집이 아주 커요. 하늘을 나는 공룡도 있어요. 바다에서 사는 공룡도 있어요." 등등

교사 : "(커다란 공룡과 작은 공룡의 그림을 보여준다.) 이 그림 속의 공룡은 누구 일까요?"

유아 : "작은 공룡은 아기이고, 큰 공룡은 아빠인 것 같아요."

교사 : "그림에서 이 공룡들은 어떻게 움직이고 있나요?"

유아 : "쿵쿵쿵, 쿵쾅쿵쾅, 걷고 있는 것 같아요."

교사 : (신체를 이용하여 공룡의 걸음걸이를 표현해 본다.)
커다란 아빠 공룡은 어떻게 걸을까요?"
"엄마 공룡은 어떻게 걸을까요?"
"아주 작은 아기공룡은 어떻게 걸을까요?"

2. '공룡 가족' 노래를 들려주고, 음악에 맞추어 자유롭게 표현해 본다.

감　상

1. '공룡 가족' 손유희를 해 본 후, 유아들이 각각 공룡 가족 구성원을 정한다.
2. 공룡 가족의 얼굴 가면을 만든다(크레파스, 가위, 끈).
3. 공룡 가면을 머리에 쓰고, 노래를 부르며, 노랫말에 맞추어 움직여 본다.
4. 직접 아빠공룡, 엄마공룡, 아기공룡이 되어 움직여 본 느낌을 이야기 나눈다.

◆ 응용방법

1. 악기를 이용하여 공룡 가족이 걸음 걸을 때의 소리를 나타낼 수 있다.
   예) 쿵쾅 아빠공룡 – 북, 엄마공룡 –탬버린, 아기공룡 – 캐스터네츠
2. 공룡을 '코끼리' 또는 '하마' 등의 다른 동물로 변형하여 활동이 가능하다.
3. 걸음 걸이 속도를 '빠르게' 또는 '느리게' 표현해 보거나, 걸음걸이 소리의 크기를 '크게' 또는 '작게' 변형하여 활동이 가능하다.

공룡 가족

아빠 공룡이 회사에 간다
쿵쾅 쿵쾅 쿵쾅쾅 쿵쾅
엄마 공룡이 시장에 간다
콩닥 콩닥 콩닥닥 콩닥
아기 공룡이 유치원에 간다
또닥 또닥 또다닥 또닥

동작

내용	동작설명	도안
아빠공룡이	눈사람처럼 위로부터 원을 엄지 검지손가락으로 두 개 크게 그린다.	

회사에 간다	양 검지손가락으로 네모를 만든다.	
쿵쾅 쿵쾅 쿵쾅쾅 쿵쾅	주먹으로 가슴을 힘차게 친다.	
엄마공룡이	눈사람처럼 조금 작은 원을 엄지 검지손가락으로 두 개 그린다.	
시장에 간다	걸어가는 모습을 표현한다.	
콩닥 콩닥 콩닥닥 콩닥	조금 약하게 가슴을 친다.	
아기공룡이	눈사람처럼 아주 작은 원을 엄지 검지손가락으로 두 개 그린다.	
유치원에 간다	양 손을 모으며 세모를 그린다.	
또닥 또닥 또다닥 또닥	양 검지손가락으로 가슴을 아주 약하게 친다.	

16. 막대 하나

◎ **활동목표** : ① 노랫말에 맞추어 율동으로 표현해 본다.
② 의성어, 의태어에 관심을 가진다.

◎ **활동자료** : 손가락 그림자료(손가락1~5개, 주먹)

◎ **탐　색**

1. 수수께끼로 흥미를 유발시킨다.

교사 : "물건을 잡을 때 사용해요. 글씨를 쓸 수도 있어요. 피아노를 칠 수도 있어요."

유아 : "손이요."

교사 : "그 밖에 손은 어떤 일을 할까요?"

유아 : "밥을 먹을 때 손으로 숟가락, 젓가락을 사용해요. 친구와 인사할 때 '안녕'하고 손을 흔들어요."

교사 : "우리 친구들이 이야기해 준 것 처럼, 손으로 우리는 많은 것을 할 수 있어요."

"그 중에서 수를 셀 때 손가락을 사용하기도 해요."

(손가락을 하나씩 보여주며 수 세기를 한다.)

"손가락으로 수 세기 말고 또 어떤 것을 할 수 있을까요?"

유아 : "옆 친구를 간지럼 태울 수 있어요. 가려운 곳을 긁을 수 있어요. 손가락으로 그림을 그릴 수 있어요……"

교사 : "아, 이렇게 우리는 손가락으로 많은 것을 할 수 있어요. 그 외에도 손가락으로 모양을 만들 수도 있어요."

"손가락 하나(양 손 검지손가락을 보여주며)로 무엇을 만들 수 있을까요?"

유아 : "막대기요."

교사 : "손가락 두 개로 무엇을 만들 수 있을까요?"

유아 : "젓가락이요, 가위요……"

2. 손가락의 수를 하나씩 늘려가며, 만들 수 있는 모양에 대해 이야기를 나눈다.
3. 노래를 들려주고, 음악에 맞추어 자유롭게 표현해 본다.

감 상

1. '막대 하나' 손유희를 해 본 후, 느낌에 대해 이야기를 나눈다.
2. 막대로 만들 수 있는 것에 대해 이야기를 나눈다.

   교사 : 막대를 이용하여 만들 수 있는 것에는 무엇이 있을까요?

   유아 : 신호등이요, 연필이요, 꽃이요, 우산 손잡이요, 젓가락이요.
3. 종이막대를 이용하여 자유롭게 꾸며 본다.

막대 하나

막대 하나 막대 하나 산이 되지요 산산산
막대 둘 막대 둘 안경이 되지요 뿅뿅뿅
막대 셋 막대 셋 오리발이 되지요 뒤뚱 뒤뚱 뒤뚱
막대 넷 막대 넷 참새가 되지요 짹짹짹
막대 다섯 막대 다섯 슈퍼맨이 되지요 슈퍼맨~~~
막대 주먹 막대 주먹 킹콩이 되지요 쿵쿵쿵
막대 손 막대 손 예쁜 손이 되지요 손 무릎

동작

내용	동작설명	도안
막대 하나 막대 하나 산이 되지요 산산산	검지손가락을 한 손씩 내밀어 산 모양으로 세모를 만든다.	

막대 둘 막대 둘 안경이 되지요 뽕뽕뽕	엄지와 검지손가락을 내밀어 얼굴 앞에서 안경 모양을 만든다.	
막대 셋 막대 셋 오리발이 되지요 뒤뚱뒤뚱 뒤뚱	검지, 중지, 약지손가락을 내밀어 걸음걸이를 표현한다.	
막대 넷 막대 넷 참새가 되지요 짹짹짹	엄지손가락을 제외한 다른 손가락을 펴고 두 손을 포개어 입가에 대면서 새를 표현한다.	
막대 다섯 막대 다섯 슈퍼맨이 되지요 슈퍼맨~	손바닥을 펴서 보여주고 팔을 앞으로 쭉 뻗어 슈퍼맨이 날아가는 모습을 표현한다.	
막대 주먹 막대 주먹 킹콩이 되지요 쿵쿵쿵	주먹을 쥐고 보여주며 자신의 가슴에 살짝 두드리면서 킹콩을 표현한다.	
막대 손 막대 손 예쁜 손이 되지요 손 무릎	손을 보여주고 깍지를 끼워 무릎 위에 올려놓는다.	

17. 만 두

◎ **활동목표** : ① 신체를 이용하여 만두 만드는 과정을 표현해 본다.

② 음악에 맞추어 창의적으로 표현해 본다.

◎ **활동자료** : 만두 만드는 과정의 요리순서 그림자료

◎ **탐 색**

1. 그림자료를 하나씩 보여주며 어떤 과정인지 이야기를 나눈다.

교사 : "(만두 피 만드는 그림) 이것은 무엇을 하는 모습일까요?"

유아 : "밀가루 반죽을 얇게, 크게 만들고 있어요."

교사 : "왜 밀가루 반죽을 얇게 펴고 있을까요? 이것으로 무엇을 만들 수 있을까요?"

유아 : "자장면이요, 빵이요……"

교사 : "(만두를 찜통에 넣고 있는 과정의 그림) 이것은 무엇을 하고 있는 모습일까요?"

유아 : "만두를 냄비에 넣어요. 익히고 있어요."

교사 : "(그림 자료를 보여주며) 그림 자료를 순서대로 놓아보도록 해요." "제일 먼저 할 수 있는 일은 무엇일까요?"

유아 : "밀가루 반죽을 얇게 펴요."

교사 : "그 다음으로 어떤 일을 할 수 있을까요?"

유아 : "동그라미 틀을 이용해서 밀가루 반죽을 동그라미 모양으로 만들어요."

2. 그림 자료를 이용하여 만두 만드는 과정을 알아보며, 만두 만드는 과정을 순서대로 나열해 본다.

3. '만두' 노래를 들려주고, 음악에 맞추어 자유롭게 표현해 본다.

감 상

1. '만두' 손유희를 해 본 후, 만두가 만들어지는 과정을 신체로 표현해 본다.
2. 큰 보자기는 만두피가 되고, 양파, 파, 고기 등의 재료는 누가 될 것인지 정한다.

〈만두 만들기〉

① 재료들을 모두 잘 섞는다(재료인 유아들은 서로 동그랗게 움직이며 모인다).
② 만두피(큰 보자기) 위에 양파, 파, 고기인 재료가 된 유아들이 올라간다.
③ 만두피(큰 보자기)로 재료들을 감싼다.
④ 지글지글, 보글보글 주문을 외우면, 만두 완성!!

3. 신체표현 후 어떻게 표현한 친구가 창의적이었는지 이야기하고, 격려해 준다.

◆ 응용방법

- 만두 속 재료의 다양한 변형도 가능하다.
  예) 해물, 감자, 김치 등

만두

만두 준비~ 얍!
양파 양파 고기 고기 파 파
밀어 밀어 팍팍 밀어
접어 접어 척척 접어
지글 지글 보글 보글 × 2
나는 만두다!

동작

내용	동작설명	도안
만두 준비~ 얍!	교사가 만두 준비를 외치면 유아들은 얍! 이라고 말하면서 양 손을 앞으로 쭉 편다.	
양파 양파	머리 위로 양 손을 올려 동그란 모양을 만든다.	
고기 고기	아랫배의 겹치는 부분을 손으로 잡는다.	
파 파	왼손은 '앞으로 나란히' 하고 오른손은 왼손을 어깨쪽으로 쓰다듬으며 올라간다.	
밀어 밀어 팍팍 밀어	밀가루 반죽 미는 모습을 표현한다.	
접어 접어 척척 접어	손바닥 위에 만두피를 올려놓은 모습을 하고 다른 손으로 손뼉친다.	
지글 지글 보글 보글	위로 향해 잼잼 아래로 향해 잼잼	
나는 만두다	양 손을 만세하며 '나는 만두다'라고 외친다.	

18. 쥐가 한 마리

◎ **활동목표** : ① 쥐의 특징에 관심을 갖는다.
② 생각이나 느낌을 자유롭게 표현할 수 있다.

◎ **활동자료** : 귀여운 쥐 사진자료, 쥐 울음 소리, 쥐가 움직이는 영상자료

◎ **탐 색**

1. 쥐에 대해 이야기를 나눈다.

교사 : “(쥐의 울음소리를 들려주며) 이것은 무슨 소리일까요?”

유아 : “생쥐, 쥐요.”

교사 : “(쥐의 사진을 보여주며) 쥐를 본 적이 있나요? 본 적이 있는 친구는 어디에서 보았나요?”

유아 : “텔레비전이요, 책에서 봤어요, 동물원에서 봤어요, 애완동물가게에서 봤어요.”

교사 : “쥐는 어디에서 살까요?”

유아 : “쥐구멍이요, 하수도요, 아무도 안 사는 집 천장이요.”

교사 : “쥐는 무엇을 먹고 살까요?”

유아 : “치즈요, 사람들이 먹다 남긴 음식이요, 풀이요.”

2. 쥐의 생김새에 대해 이야기를 나눈다.

교사 : “쥐는 어떻게 생겼나요? 무슨 색인가요?”

유아 : “꼬리가 길어요, 털이 났어요. 하얀색이예요, 갈색이예요, 토실토실해요.”

3. 움직임에 대해 영상자료를 보고 쥐의 움직임을 신체로 표현해 본다.

교사 : “쥐는 무엇을 무서워할까요?”

유아 : “사람이요, 고양이요, 햇빛이요.”

교사 : “쥐는 고양이를 왜 무서워할까요?”

유아 : “고양이가 쥐를 잡아먹어요.”

4. '쥐가 한 마리' 노래를 들려주고, 음악에 맞추어 자유롭게 표현해 본다.

감 상

1. '쥐가 한 마리' 손유희를 해 본 후 느낌에 대해 이야기를 나눈다.
2. 유아와 쥐 · 고양이 역할을 나누고, 교실 한 부분을 쥐구멍으로 정한다.
3. 노래를 부르며 고양이가 쥐를 잡는 게임으로 활동해 본다.
4. 고양이에게 잡힐 뻔한 위기의 상황을 어떻게 극복했는지 이야기를 나누어 보고, 열심히 활동한 친구를 격려한다.

쥐가 한 마리

쥐가 한 마리 쥐가 두 마리 쥐가 세 마리, 네 마리, 다섯 마리
쥐가 여섯 마리 쥐가 일곱 마리 쥐가 여덟 마리, 아홉 마리, 열 마리
야~옹 야~옹 고양이 화났지 야~옹 야~옹 고양이 화났지
쥐가 도망갔지 쥐가 도망갔지 어디로 갔는지 나는 몰라
쥐구멍이지 쥐구멍이지 쥐구멍에 숨었지 야~!옹

동작

내용	동작설명	도안
쥐가 한 마리... 열마리	오른손 검지손가락부터 차례로 1, 2, 3... 차례로 편다.	
야~옹 야~옹	고양이 주먹 쥐듯이 두 손 앞으로	
고양이 화났지	양 손 검지손가락을 펴고 뿔난 것처럼 머리 위로 찌른다.	

쥐가 도망갔지	두 팔 흔들며 도망가는 것처럼 좌로 한번 우로 한번	
어디로 갔는지 나는 몰라	한 손씩 이마에 대고 멀리 쳐다보듯이 하며 몰라~손 흔든다.	
쥐구멍이지	두 손을 동그랗게 얼굴 앞에서 구멍을 그리듯	
쥐구멍에 숨었지	두 팔을 둥글게 말아 머리 위로	
야~옹!	고양이가 쥐를 잡듯이 야~옹	

19 세탁기

◎ **활동목표** : ① 세탁기의 움직임을 신체를 이용하여 표현해 본다.
② 세탁기의 모습을 다양하게 표현한다.

◎ **활동자료** : 세탁기 움직이는 소리, 세탁기 사진자료.

◎ **탐 색**

1. 세탁기에 대해 이야기를 나눈다.

교사 : (세탁기가 움직이며 나는 소리를 들려주고 어떤 소리인지 알아맞춘다.)
"이것은 어떤 소리일까요?"
"전에 들어 본 적이 있는 소리인가요? 무엇이 움직이면서 나는 소리일까요?"
"이것은 커다란 네모 모양이예요. 크고 무거워요."
"이것을 작동하면 안에서 빙글빙글 돌아가기도 해요."
"가루비누를 넣거나, 물 비누를 넣어 사용하기도 해요."
"더러워진 옷을 깨끗하게 빨아줘요."
"이것은 무엇일까요?"

유아 : "세탁기요~"

교사 : "세탁기는 어떻게 움직일까요? 어떻게 작동될까요? 세탁기가 작동되는 것을 본 적이 있나요?"

유아 : "빙글빙글 돌아가요. 쌩쌩 돌아가요. 윙~~ 소리가 나요."

교사 : "세탁기가 작동될 때 어떤 느낌이 들었나요?"

유아 : "세탁기가 쌩쌩 움직일 때 조금 무서웠어요. 세탁기가 움직일 때 많이 흔들려요."

교사 : "세탁기가 움직일 때 세탁기 속의 빨래감들은 어떻게 움직일까요?"

유아 : "세탁기가 빙글빙글 돌아가면, 빨래들도 같이 빙글빙글 움직여요."

2. 유아와 함께 빨랫감이 되어서 세탁기 안에서 어떻게 움직이는지 신체로 표현 해 본다.
3. '세탁기' 노래를 들려주고, 음악에 맞추어 자유롭게 표현해 본다.

감 상

1. '세탁기' 손유희를 해 본 후, 느낌에 대해 이야기를 나눈다.
2. 커다란 세탁기 부분에서는 큰 목소리로, 작은 세탁기 부분에서 작은 목소리로 불러 본다.
3. 노래 부르는 속도를 빠르게 또는 느리게 하여 불러 본다.
4. 손유희를 하면서 음의 크기와 속도를 달리 하고 부를 때의 느낌을 함께 이야기를 나누어 본다.

세탁기

커다란 세탁기가 돌아갑니다.
거품이 보글보글보글 올라갑니다.
길다란 빨래줄에 빠밤
따뜻한 햇볕에 빠밤
조그만 세탁기가 돌아갑니다.
거품이 보글보글보글 올라갑니다.
조그만 빨랫줄에 빠밤
따뜻한 햇볕에 빠밤

동작

내용	동작설명	도안
커다란 세탁기가 돌아갑니다	가슴 앞에서 커다란 네모를 그리고 두 손을 굴린다.	
거품이 보글보글보글 올라갑니다	거품을 쥐듯 뭉게뭉게 두 손을 쥐었다 펴며 올라간다.	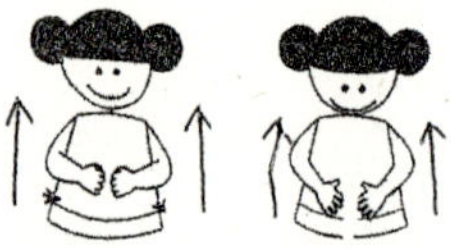
길다란 빨랫줄에 빠밤	주먹 쥐고 손목을 클로스하다가 두 팔을 크게 활짝 편다.	
따뜻한 햇볕에 빠빰	위와 같음	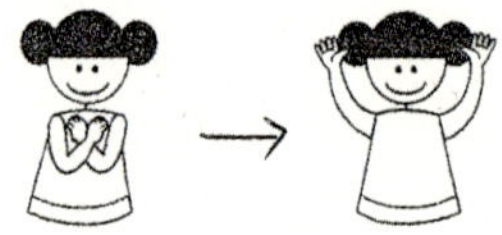
조그만 세탁기가 돌아갑니다	가슴 앞에서 작은 네모를 그린다.	
거품이 보글보글보글 올라갑니다	거품을 건드리듯 뭉게뭉게 검지를 까닥이며 올라간다.	
조그만 빨랫줄에 빠밤	양 검지를 클로스하며 다시 활짝 편다.	
따뜻한 햇볕에 빠빰	위와 같음	

20. 꿀 벌

활동목표 : ① 꿀벌을 움직임을 신체를 이용하여 표현하여 본다.
② 음의 빠르고 느리기를 안다.

활동자료 : 꿀벌 사진자료 및 영상자료

탐 색

1. 꿀벌의 사진을 가려 놓고 한 부분만 보여주며 무엇인지 알아맞춘다.

교사 : "꿀벌을 본 적이 있니? 어디에서 많이 보았나요? 꿀벌은 어떻게 움직일까요? 꿀벌은 어떻게 생겼을까요?"

유아 : "날개가 있어요. 꽃에 많이 있어요."
"벌은 침을 가지고 있어요."

교사 : "벌에게 쏘여 본 적이 있나요? 벌에게 쏘여 본 적이 있는 친구는 벌에게 쏘였을 때 기분이 어땠나요?"

유아 : "시골에 갔을 때 벌에게 쏘였는데, 너무나 많이 아팠어요."
산에서 벌이 날아와서 움직이지 않고 있었더니, 그냥 날아갔어요."

교사 : (꿀벌이 움직이는 모습의 영상 자료를 보여준다.)
"꿀벌이 어떻게 움직이고 있었나요? 우리도 꿀벌처럼 움직여 볼까요?"

2. 유아와 함께 꿀벌이 되어 움직이는 모습을 신체로 표현해 본다.
3. '꿀벌' 노래를 들려주고, 음악에 맞추어 자유롭게 표현해 본다.

감 상

1. '꿀벌' 손유희를 한 후, 유아가 직접 꿀벌이 되어 노래에 맞추어 신체로 표현해 본다.

예) 콕 아이 따가워 - 친구 손가락으로 간질이기, 쪽 아이 좋아 - 친구

볼에 뽀뽀하기 등

2. 직접 꿀벌이 되어 표현해 본 느낌에 대해 이야기 나눈다.
3. 꿀벌이 되어 표현할 때 어떤 점이 표현하기 쉬웠는지 또는 표현하기 어려웠는지 이야기를 나눈다.
4. 다른 친구들은 어떻게 표현했는지 이야기를 나눈다.

꿀벌

벌이 윙윙 난다 벌이 윙윙 난다.
(한 마리 콕! 아이 따가워) × 2
침을 쏜대요. 침을 쏴!
벌이 윙윙 난다 벌이 윙윙 난다.
(한 마리 쪽! 아이 좋아) × 2
사랑한대요. 사랑해~

동작

내용	동작설명	도안
벌이 윙윙 난다 x 2	한 손씩 검지손가락을 세우고 얼굴 옆에서 작은 원을 그린다.	
한 마리 콕	양 손 검지손가락을 찌르듯이 마주 댄다.	
아이 따가워	양 손을 주먹 쥐고 가슴 옆에 바짝 댄 후 몸을 떨듯 한다.	

침을 쏜대요 x 3	두 손의 검지손가락을 오른쪽 왼쪽 허공을 찌른다.	
침을 쏴!	박수 두 번 친다.	
한 마리 쪽	양 손 검지손가락을 맞대고 뽀뽀하는 모습을 표현한다.	
아이 좋아	양 손을 주먹 쥐고 가슴 옆에 바짝 댄 후 몸을 떨듯 한다.	
사랑한대요 x 3	가슴 앞에서 손가락으로 큰 하트를 그린다.	
사랑해!	박수 두 번 친다.	

21. 물고기

◎ **활동목표** : ① 신체를 이용하여 물고기의 모습을 표현해 본다.
② 물고기의 특징에 관심을 갖는다.

◎ **활동자료** : 물고기가 있는 어항, 또는 물고기들의 모습이 있는 영상자료

◎ **탐 색**

1. 물고기가 있는 어항을 소개하며 주의집중시킨다.

   교사 : "어항 속 물고기는 어떻게 생겼나요?"

   유아 : "물고기는 배와 등에 지느러미가 있어요. 눈이 있어요. 입이 있어요."

2. 물고기의 생김새와 특징에 대해 이야기를 나눈다.

   교사 : "물고기는 물 속에서 어떻게 숨을 쉴까요?"

   유아 : "입을 뻐끔뻐끔하면서 숨을 쉬어요."

   교사 : "물고기는 아가미가 있어서 아가미를 이용해서 숨을 쉬어요."

   교사 : "물고기는 물 속에서 어떻게 움직일까요?"

   유아 : "꼬리를 움직여서 헤엄을 쳐요."

   교사 : "물고기가 움직이는 것을 우리는 어떻게 표현해 볼 수 있을까요?"

3. 손 또는 신체를 이용하여 물고기처럼 움직여 본다.
4. 빠르게 또는 느리게 움직여도 본다.
5. '물고기' 노래를 들려주고, 음악에 맞추어 자유롭게 표현해 본다.

◎ **감 상**

1. '물고기' 손유희를 해 본 후, 자신이 좋아하는 물고기 가면을 만들어본다.
2. 유아와 물고기 잡는 사람과 물고기 역할을 정하고, 낚싯줄을 이용하여 물고기를 잡아 어항으로 옮기는 것을 표현해 본다.
3. 표현해 본 후, 낚싯줄로 물고기를 잡을 때 유아들이 어떻게 표현했는지

이야기를 나눈다.

4. 창의적으로 표현한 친구가 있는지 이야기 나누고, 격려해 준다.

물고기

물~고~기! 물고기 한 마리, 물고기 두 마리
물고기 세 마리가 올라갑니다.
물고기 한 마리 낚싯줄에 두 마리 낚싯줄에
세 마리 낚싯줄에 올라갑니다.
물고기 한 마리~ 어항에 넣고 두 마리 어항에 넣고
세 마리 어항에 넣고 올라갑니다.
물고기 한 마리 어푸어푸, 두 마리 어푸어푸
세 마리 어푸어푸 올라갑니다. 쫘아~

동작

내용	동작설명	도안
물고기	두 손을 물결모양으로 만들면서 위로 올린다.	
물고기 한 마리 물고기 두 마리 물고기 세 마리가	검지, 중지, 약지손가락을 차례로 핀다.	
올라갑니다	두 손모아 물결 모양으로 만들면서 위로 올린다 .	

낚싯줄에	오른쪽에서 두 손의 검지를 오므렸다 핀다.	
낚싯줄에 올라갑니다	두 손 검지를 오므렸다 피며 물결모양으로 만들며 위로 올린다.	
어항에 넣고	왼손을 어항모양의 원을 만들고 오른손은 어항에 물건을 넣듯이 나타낸다.	
어푸어푸	두 손을 턱 가까이에 모으고 헤엄치는 흉내를 낸다.	
쏴아	두 손을 어깨위로 활짝 피면서 분수를 그리듯 내린다.	

22. 코알라

◎ **활동목표** : ① 코알라의 모습을 신체로 표현해 본다.
② 음악을 들으며 움직여 본다.

◎ **활동자료** : 코알라 사진 자료, 코알라 영상자료

◎ **탐　색**

1. 코알라 사진을 색종이로 가리고 한 부분씩 보여주며 무엇인지 알아맞춘다.

   교사 : "이 사진은 무슨 사진일까요?"

2. 유아 한 명씩 나와서 사진 위에 붙여져 있는 색종이 조각들을 하나씩 떼어내며, 나타나는 그림을 보고 무엇인지 알아맞춘다.

   유아 : "코알라요."

   교사 : "코알라를 본 적이 있나요?"

   유아 : "책에서 봤어요. 텔레비전에서 봤어요."

3. 코알라에 대해 이야기 나눈다.

   교사 : "코알라는 어디에서 살까요?"

   유아 : "나무에서 살아요."

   교사 : "코알라를 만져보면 어떤 느낌이 날까요?"

   유아 : "털이 있어서 부드러울 것 같아요."

   교사 : "코알라는 어떻게 움직일까요?"

   유아 : "나무에서 살기 때문에 원숭이처럼 나무를 옮겨 다니며 움직일 것 같아요."

4. 코알라 영상자료를 보며, 코알라의 움직임을 관찰해 보고, 코알라처럼 움직여 본다.

5. '코알라' 노래를 들려주고, 음악에 맞추어 자유롭게 표현해 본다.

감 상

1. '코알라'처럼 움직여 본 후, 느낌을 이야기를 나눈다.
2. '코알라'처럼 움직일 때, 어떤 점이 재미있었고, 어떤 점이 어려웠는지 등에 대해 이야기를 나눈다.
3. 다른 친구들은 어떻게 표현했는지 이야기를 나눈다.

코알라

숲 속 작은집 코알라
아무것도 모르는 코알라
엄마 품에 안겨 잠이 들면
코코코코 알알알알 라라라

동작

내용	동작설명	도안
숲 속 작은집	한 손씩 차례로 지붕을 만든다.	
코알라	검지로 코 한 번 찍고, 눈 한 번, 입 한 번 찍는다.	
아무것도 모르는	왼손을 받치고 오른손을 흔들며 반대로도 한 번 흔든다.	
코알라	검지로 코 한 번 찍고, 눈 한 번, 입 한 번 찍는다.	

엄마 품에 안겨	가슴에 팔을 엑스자로 하나씩 겹친다.	
잠이 들면	손을 겹쳐 잠자는 포즈	
코코코코	코를 손가락으로 두드린다.	
알알알알	눈를 손가락으로 두드린다.	
라라라	입를 손가락으로 두드린다.	

* 숲 속 작은집 노래에 맞추어 음정을 살린다.

23. 아기돼지 삼형제

◎ **활동목표** : ① '아기돼지 삼형제' 동화의 내용을 안다.
② 노랫말에 맞추어 신체를 창의적으로 표현해 본다.

◎ **활동자료** : 아기돼지 인형, 아기돼지 삼형제 융판동화

◎ **탐 색**

1. 아기돼지 인형을 바구니 안에 숨기고 유아가 손을 넣어 만져 보며 무엇인지 알아맞춘다.

교사 : "무엇이 만져지나요? 어떤 느낌이 드나요? 바구니 안에 들어 있는 것은 무엇일까요?"

유아 : "푹신푹신해요, 작은 모양이예요, 꼬리도 있어요……"

2. 아기 돼지 인형을 꺼내어 돼지에 대해 이야기를 나눈다."

교사 : "돼지가 나오는 동화책을 읽어 본 적이 있나요? 어떤 동화책을 읽어 보았나요?"

유아 : "아기돼지 삼형제요. 샬롯의 거미줄이요."

교사 : " '아기돼지 삼형제'의 동화에는 누가 등장하나요?"

유아 : "아기돼지 세 마리, 엄마돼지, 늑대요."

교사 : " '아기돼지 삼형제' 동화는 어떤 내용인가요?"

3. 동화의 내용을 유아들과 함께 이야기 나누어 본다.

교사 : "첫 번째 돼지는 무엇을 이용하여 집을 만들었나요?"

유아 : "지푸라기요."

교사 : "지푸라기로 만든 집은 어떤 느낌일까요?"

유아 : "푹신푹신할 것 같아요. 비가 오면 비가 샐 것 같아요. 지푸라기 끝 부분은 뾰쪽해서 찔리면 아플 것 같아요."

교사 : "두 번째 돼지, 세 번째 돼지는 무엇을 이용하여 집을 만들었나요? "

"나뭇가지로 만든 집, 벽돌로 만든 집은 어떤 느낌일까요?"

"첫 번째, 두 번 째 아기돼지의 집이 무너졌을 때, 아기돼지들은 어떤 느낌이 들었을까요?"

유아 : "슬퍼요. 집이 무너져서 울었을 것 같아요."

교사 : "세 번째 돼지의 집은 왜 무너지지 않았을까요?"

유아 : "벽돌로 튼튼하게 지었어요."

4. '아기돼지 삼형제' 노래를 들려주고, 음악에 맞추어 자유롭게 표현해 본다.

감　상

1. '아기돼지 삼형제' 손유희 후, 등장인물에 대해 이야기를 나눈다.

   교사 : 이 노래에 누가누가 등장하나요?

   유아 : 늑대요, 첫째 돼지, 둘째 돼지, 셋째 돼지요.

2. 유아가 각각의 등장인물을 정하여, 동극활동으로 표현해 본다.

아기돼지 삼형제

첫 번째 돼지가 집을 지었네
지푸라기로 집을 지었네
바람이 불고 비가 내리면
그 집은 무너진다네 빠샤빠샤
두 번째 돼지가 집을 지었네
나뭇가지로 집을 지었네
바람이 불고 비가 내리면
그 집은 무너진다네 빠샤빠샤
세 번째 돼지가 집을 지었네
시멘트와 벽돌로 집을 지었네
바람이 불고 비가 내려도
그 집은 튼튼하다네
아! 튼튼 아! 튼튼

동작

내용	동작설명	도안
첫 번째 돼지가 집을 지었네	손가락 하나를 펴고 돼지코를 만든 후 양 손 손가락 하나로 집을 짓는다.	
지푸라기로 집을 지었네	양 손 한 개의 손가락을 세운 후 다시 집을 짓는다.	
바람이 불고 비가 내리면	양 손을 사선으로 양쪽으로 움직이다가 위아래로 손을 내린다.	
그 집은 무너진다네 빠샤빠샤	손가락 하나로 집을 만든 후 점점 내리다가 주먹으로 위아래로 만든다.	
두 번째 돼지가 집을 지었네	손가락 두 개를 펴고 돼지코를 만든 후 양 손 손가락 두 개로 집을 짓는다.	
나뭇가지로 집을 지었네	양 손 두 개의 손가락을 세운 후 다시 집을 짓는다.	
바람이 불고 비가 내리면	양 손을 사선으로 양쪽으로 움직이다가 위아래로 손을 내린다.	
그 집은 무너진다네 빠샤빠샤	손가락 하나로 집을 만든 후 점점 내리다가 주먹을 위아래로 흔든 후 반대쪽으로 움직인다.	

세 번째 돼지가 집을 지었네	손가락 세 개를 펴고 돼지코를 만든 후 양 손 손가락 세 개로 집을 짓는다.	
시멘트와 벽돌로 집을 지었네	양 손을 세운 후 다시 집을 짓는다.	
바람이 불고 비가 내려도	양 손을 사선으로 양쪽으로 움직이다가 위아래로 손을 내린다.	
그 집은 튼튼하다네 아! 튼튼 아! 튼튼	손가락 하나로 집을 만든 후 점점 내리다가 팔을 'ㄴ'으로 뽀빠이처럼 흔든다.	

제 8 장

게임을 활용한 동작활동

◉ 게임(GAME)

1) 게임의 의의

서양의 속담에 장난이나 유희를 안하는 어린이는 바보가 된다고 한다. 게임이란 힘(Strength)과 기능(Skill)과 기회(Chance)를 이용한 재미있고 흥미로운 놀이이며, 광범위한 의미에서 우리가 즐길 수 있는 것이 게임이다.

게임이나 스포츠는 많은 사람들이 즐길 수 있는 활동이다. 특히 게임은 여러 종류가 있다. 여러 모임에서 장소에 구애됨이 없이 어디서나 즐길 수 있는데 이것은 인간이 지닌 천성중의 하나이기 때문이다.

게임에는 경쟁적 요소와 흥미가 포함되어 있기 때문에 남녀노소 누구나 즐길 수 있을 뿐만 아니라 화기애애한 분위기를 조성하는데 효과적이다. 그리고 게임을 통해서 리더십, 친선, Fellow-ship, Team-work, 협조, 이해 등 사회적 성격을 함양하는데 도움을 주며, 바람직한 인간관계를 형성하는데 의의가 있다.

2) 게임의 요소

① 언제든지(간편성)
② 어디서나(보편성)
③ 누구하고든(대중성)
④ 재미있고(흥미성)
⑤ 거침없이(건강성)
⑥ 다같이 즐기며(협동성)
⑦ 규칙을 지키는(준법성) 등의 요소로 집약된다.

게임은 가장 인간적인 기술이다. 그것은 유아의 놀이로부터 시작하여 노인들의 조용한 장기, 바둑에 이르기까지 인간이 생활하고 있는 온갖 장소에 얼굴을 내밀고 있다. 명절이 되면 멀리 흩어져 있던 가족들이 오랜만에 모여 즐기는 것도 게임이

며 세계 각국의 스포츠맨들이 힘과 기를 겨루는 올림픽도 '올림픽 게임'이라고 불린다.

결국 게임은 가장 훌륭한 전인교육 방법의 하나이며 생활의 활력소라고 할 수 있다.

3) 게임의 분류

게임은 인간 발달과 아주 밀접한 관계가 있기 때문에 이러한 원리들을 활용하면 많은 도움을 받을 수 있을 것이다.

① 장소에 의한 분류 : 실내, 실외, 차내, 무대
② 동작에 의한 분류 : 정적, 동적
③ 대상에 의한 분류 : 유아, 청소년, 청년, 성인, 노인, 일반, 장애인, 환자, 커플, 단체, 팀, 소집단, 대집단
④ 대형에 의한 분류 : 강의형, 자유형, 횡대, 종대, 단원, 이중 원, 대표, 특수대형
⑤ 목적에 의한 분류 : 지적 발달, 감각 발달, 미술 공작 발달, 음악 능력 발달, 신체 능력 발달, 도구 활용, 전통 민속놀이, 인사소개, 분위기 조성

4) 게임의 지도 방법

게임은 올바르고 교육적으로 지도할 때 가치가 있다.

① 게임을 하기 전에 분위기를 조성한다.
② 게임의 설명은 간단 명료하게 한다.
③ 게임에 대한 연구와 사전 준비를 해 둔다.
- 아무리 간단한 게임이라도 치밀한 사전 준비를 하고, 작은 것이나마 상품을 준비하면 적절한 동기부여에 효과적이다.

④ 게임에 있어서 방관자가 없도록 한다.
- 규칙을 쉽게 하고 항상 변화와 융통성을 유지한다.
- 벌칙 게임은 모욕감을 느끼지 않도록 한다.
- 참가자 스스로가 소리를 낼 수 있는 게임부터 시작하면 좋다.

⑤ 대상과 장소에 따라 종목을 선택한다.

⑥ 게임의 종료를 적절하게 한다.

⑦ 게임을 리듬화한다.

⑧ 아무리 재미있는 게임이라도 반복하지 않는다.

⑨ 게임을 하는데 있어서 경쟁보다는 협조적으로 이끌어 나가야 한다.

⑩ 게임의 설명이나 진행이 잘 되지 않으면 다른 게임이나 다른 방법으로 빨리 전환한다.

⑪ 반칙은 절대로 인정하지 않는다.

⑫ 예상되는 게임 수의 2배를 준비한다.

5) 유아와 게임 지도시 유의사항

① 안전사고에 유의한다.

- 격렬한 몸동작을 자재시킨다.
- 연령에 적절한 놀이도구를 사용한다.

② 지나치게 흥분된 분위기를 삼간다.

③ 프로그램에 맞는 활동 공간과 장소를 선정한다.

④ 대상연령에 적절한 교육적인 용어를 사용한다.

⑤ 모든 아동에게 항상 공정하게 대하도록 한다.

⑥ 경쟁이 아닌 용기와 격려를 나누도록 한다.

1. 누가 강아지 뼈를 가져갔나? (원게임)

◎ **활동목표** : ① 주의력과 관찰력을 기르며, 친구에게 관심을 가진다.
② 소리에 관심을 가진다.

◎ **준비물** : 방울이 달린 뼈모형, 눈가리개

◎ **집단 형태 및 대형** : 전원, 원대형

◎ **활동방법**

◆ 도입

- '강아지 뼈' 수수께끼로 흥미를 유발시킨다.
- 이것은 단단해요.
- 하얀색 옷을 입고 있어요.
- 강아지가 가지고 놀아요.

◆ 전개

- 방울이 달린 강아지 뼈를 가지고 어떤 게임을 할 수 있는 지 활동을 예측해 본다.

<게임방법>

1. 유아들은 원으로 모여 앉는다.
2. 술래를 정한 후 술래가 된 유아는 눈가리개를 쓴다.
3. 원으로 앉아 있는 유아 중 한 명이 방울 달린 뼈를 가져간다.
4. 술래인 유아(강아지 역할)는 원 안에서 방울 소리가 어디서 나는지 경청한다.
5. 뼈를 가져간 유아는 뒷짐지고 뼈를 흔들어 방울 소리를 낸다.
   - 방울 소리를 내기 위해서 어떻게 몸을 흔들면 될까?

6. 뼈를 가지고 있지 않은 유아도 뼈를 가져간 것처럼 몸을 흔들어 준다.
   - 어떻게 몸을 흔들어야 방울 소리가 나는 것처럼 보일까?
7. 강아지가 된 유아는 뼈를 가져갔다고 생각되는 사람을 찾으면 "찾았다!" 라고 외친다.

<게임규칙>

- 술래인 유아는 원 밖으로 나갈 수 없다.
- 뼈를 가져간 유아는 방울 소리가 나도록 움직인다.

◆ 마무리

① 평가

- 활동을 하고 난 후의 느낌을 이야기한다.
  - 방울을 숨기고 몸을 흔들 때의 기분(느낌)은 어떠한가?
  - 술래는 눈을 감고 방울 소리를 들었을 때 기분이 어떠한가?

② 추후활동 및 유의사항

- 술래가 방울 소리를 잘 들을 수 있도록 방울을 2~3개 달아도 무방하다.

2. 포위망 탈출

활동목표 : ① 규칙을 지키며 게임에 참여하는 경험을 한다.
② 민첩성을 기른다.

준비물 : 초시계

집단 형태 및 대형 : 전원, 원형

활동방법

◆ 도입

- '포로'와 '포위망'에 대해 이야기를 나눈다.
  - 포로에 대해 들어 본 적 있나요?
  - '포위망'이란 무엇일까?

◆ 전개

- 두 팀으로 나눈 후 어떤 게임을 할 수 있는 지 활동을 예측해 본다.

<게임방법>

1. 한 팀은 손을 잡고 원을 만들고 상대편에서 5~6명을 포로로 정한다.
2. 잡은 손을 위아래로 하기도 하고 좁혔다, 넓혔다 하여 상대편 친구가 원 밖으로 나가지 못하게 한다.
3. 원 안에 있는 유아들은 빠져 나갈 방법을 궁리한다.
   - 원 밖으로 나가기 위한 방법은 무엇이 있을까?
4. 제한된 시간 내에 빠져 나온 인원의 숫자를 세어 많은 팀이 승리한다.

<게임규칙>

- 원 안의 유아는 포위망 밖으로 나가기 위해서 상대편의 포위망을 힘으로

떼어 내거나 밀치지 않도록 한다.

◆ 마무리

① 평가

- 활동을 하고 난 후의 느낌을 이야기한다.
  - 상대편 친구가 포위망을 만들었을 때 어떻게 하면 잘 빠져 나갈 수 있었니?
  - 어떻게 포위망을 만들면 상대편이 빠져 나가기 힘들까?

② 추후활동 및 유의사항

- 유아의 안전을 고려하여 넓고 안전한 장소에서 실시한다.

3. 빙빙 돌아라(그룹 정하기)

활동목표 : ① 신호에 따라 신속하게 움직이며 민첩성, 순발력을 기른다.
② 수 개념을 알고, 소리에 관심을 가진다.

준비물 : 호루라기나 신호용 악기(핸드벨, 소고 등)

집단 형태 및 대형 : 전원, 원대형 자유롭게

활동방법

◆ 도입

- '호루라기' 소리를 듣고 무엇인지 알아맞추어 본다.
  - 이것은 어떤 소리일까?
  - 이 소리를 들어 본 적이 있나요?
  - 이것은 무엇일까?

◆ 전개

- 호루라기를 사용하여 어떤 게임을 할 수 있는지 활동을 예측해 본다.
  - 호루라기를 사용하여 어떤 게임을 할 수 있을까?

<게임방법>

1. 전원이 원형으로 시계바늘과 반대방향으로 노래 부르면서 돈다.
2. 한창 노래가 고조되었을 때 교사가 호루라기를 불고 인원수를 표시한다.
3. 인원수를 표시하면 행진을 멈추고 숫자대로 그룹을 만든다.
   - 재빠르게 그룹을 형성하기 위한 방법에는 무엇이 있을까?
4. 그룹을 형성하지 못한 유아는 탈락되고 게임을 계속 진행한다.
5. 마지막 남은 1~3명을 승리자로 한다.

<게임규칙>

- 그룹을 형성하기 위해 먼저 형성된 그룹의 유아들을 떼어 놓지 않는다.
- 탈락한 유아들이 모여 있을 장소를 미리 정해 두어서 진행에 무리가 없도록 한다.

◆ 마무리

① 평가

- 활동을 하고 난 후의 느낌을 이야기한다.
  - 친구와 성공적으로 그룹을 만들었을 때의 느낌(기분)은 어떠했나?
  - 그룹을 완성하지 못한 위기 상황에서 친구들은 어떤 방법으로 문제를 해결하였는가?

② 추후활동 및 유의사항

- 호루라기 소리를 듣고 인원수에 맞추어 그룹을 만들 때 안전사고에 유의한다.

4. 내가 의자왕

◎ **활동목표** : ① 신호에 따라 신체를 신속하게 움직이며 민첩성, 순발력을 기른다.
② 의자에 앉을 때 넘어지지 않게 앉으며 신체조절 능력을 기른다.

◎ **준비물** : 의자나 방석

◎ **집단 형태 및 대형** : 두 팀 전원, 원대형

◎ **활동방법**

◆ 도입

- '의자' 수수께끼로 흥미를 유발시킨다.
  - 단단하고 딱딱해요.
  - 여러 가지 모양이 있고, 크기도 다양해요.
  - 앉을 수 있어요.

◆ 전개

- 의자로 어떤 게임을 할 수 있는지 활동을 예측해 본다.
  - 의자를 사용하여 어떤 게임을 할 수 있을까?

<게임방법>

1. 두 팀으로 나누어 한 팀은 둥글게 원을 구성하고(안쪽 큰원), 다른 팀은 원 바깥쪽으로 더 큰 원을 구성한다.
2. 원 안쪽에 있는 유아부터 게임을 시작한다.
3. 옆 친구와 손을 잡고 "둥글게 둥글게" 노래에 맞추어 시계 방향으로 돌다가 교사가 호루라기를 불면 준비된 의자에 앉는다. 의자는 8개-6개-4개-2개-1개 순으로 줄여 나간다.

- 빈 의자에 재빠르게 앉기 위한 방법은 무엇이 있을까?

4. 의자에 앉지 못한 유아는 바깥 원 친구들 옆에 앉아서 게임을 함께 지켜본다.
5. 마지막 의자를 차지한 유아가 의자왕 박수를 받는다.

<게임규칙>

- 의자에 엉덩이를 먼저 대는 사람이 의자에 앉을 수 있다.
- 친구를 손으로 밀치거나 의자를 잡으면 탈락한다.

◆ 마무리

① 평가

- 활동을 하고 난 후의 느낌을 이야기한다.
  - 빈 의자를 발견하고 의자에 앉았을 때 기분은 어떠했나?
  - 신호를 놓친 위기 상황에서 문제를 해결한 한 친구가 있었을까?

② 추후활동 및 유의사항

- 딱딱한 의자가 안전상 무리가 되면 방석을 사용해도 좋다
- 의자에 서로 앉으려고 하다 의자가 넘어지거나 하여 유아가 다치지 않도록 안전사고에 유의한다.

5. 훌라후프 릴레이(원 게임)

◎ **활동목표** : ① 친구들과의 협동심을 기른다.
② 대근육 활동을 통한 유연성을 기른다.

◎ **준비물** : 훌라후프

◎ **집단 형태 및 대형** : 팀(2팀 혹은 세 팀)별 전원, 원대형

◎ **활동방법**

◆ 도입

- 다양한 방법으로 훌라후프를 탐색한다.
  - 이것은 무엇일까?
  - 어떤 모양일까?
  - 어떻게 사용하는 것일까?

◆ 전개

- 훌라후프로 어떤 게임을 할 수 있는지 활동을 예측해 본다.
  - 훌라후프를 이용하여 어떤 활동(게임)을 할 수 있을까?

<게임방법>

1. 조별로 둥글게 원을 구성한다.
2. 옆 친구와 모두 손에 손을 잡는다.
3. 조별로 훌라후프 하나를 손을 놓치지 않은 자세로 옆으로 전달하며 몸으로 통과한다.
   - 손을 놓지 않은 상태에서 훌라후프를 옆으로 전달할 수 있는 방법은 무엇이 있을까?
4. 전원이 먼저 후프를 통과한 팀에게 점수를 준다.

5. 같은 방법으로 2바퀴, 3바퀴 반복해서 진행할 수 있다.

<게임규칙>

- 게임 중 손을 놓치면 다시 처음부터 게임을 시작한다.

◆ 마무리

① 평가

- 활동을 하고 난 후의 느낌을 이야기한다.
  - 훌라후프를 옆 친구와 손을 놓지 않고 옆으로 전달할 때 어떤 점이 재미있었나?
  - 훌라후프를 몸으로 빠르게 전달하기 위해 좋은 방법은 무엇이었나?

② 추후활동 및 유의사항

- 옆의 친구들과 손을 잡고 하는 게임이므로 서로 부딪히거나 넘어지지 않도록 조심한다.

6. 꼬리잡기

◎ **활동목표** : ① 게임에 적극적으로 참여하는 경험을 한다.
② 친구들과 협동하여 꼬리가 잡히지 않게 민첩하게 움직인다.

◎ **준비물** : 모자, 풍선, 티슈

◎ **집단 형태 및 대형** : 3~4명씩, 팀별 일렬

◎ **활동방법**

◆ 도입

- 다양한 방법으로 흥미를 유발시킨다.

(풍선을 탐색해 본다.)

- 무슨 색이니?
- 만지면 어떤 느낌이 나니?
- 손으로 두드리면 어떤 소리가 날까?
- 풍선을 잡고 있는 손을 놓으면 어떻게 될까?

("모자" 수수께끼)

- 여러 가지 모양, 여러 가지 색이 있어요.
- 더울 때 사용하기도 하고, 야구경기 할 때 사용하기도 해요.
- 머리에 쓰는 물건이예요

◆ 전개

- 풍선으로 어떤 게임을 할 수 있는지 활동을 예측해 본다.
- 풍선(모자 또는 티슈)을 이용하여 어떤 활동(게임)을 할 수 있을까?

<게임방법>

1. 두 팀으로 나누어 앉는다.
2. 팀에서 3~4명씩 다시 구성하여 게임을 진행한다.
3. 뒷사람은 앞사람의 허리를 잡고 맨 끝 유아에게는 모자를 쓰게 하거나 풍선을 달아 준다.
4. 선생님의 신호에 따라 맨 앞에선 유아는 상대팀 뒷사람의 풍선을 잡는다.

- 상대팀의 풍선을 잡기 위한 방법은 무엇이 있을까?

<게임규칙>
- 꼬리가 끊어지면 지거나 상대편 꼬리의 풍선이나 티슈가 잡히면 지게 된다.

◆ 마무리

① 평가

- 활동을 하고 난 후의 느낌을 이야기한다.
  - 상대팀에게 풍선(모자 또는 티슈)을 빼앗기지 않기 위한 방법은 무엇이 있을까?
  - 꼬리가 되어 친구 뒤에서 움직일 때 어떤 점이 재미있었나? (어려웠어요)?

② 추후활동 및 유의사항

- 앞 사람의 허리를 잡고 연결되어 움직이기 때문에 넘어지거나 친구들끼리 부딪히지 않도록 안전사고에 유의한다.
- 연령이 낮을수록 참가자의 수를 적게 구성한다(7세 유아도 3~4명이 넘지 않도록 한다).

7. 풍선운반

◎ **활동목표** : ① 친구들과의 협동심을 기른다.
② 풍선을 떨어뜨리지 않도록 순발력을 기른다.

◎ **준비물** : 풍선(탱탱볼), 보자기

◎ **집단 형태 및 대형** : 팀별(한 조에 두 명씩) 전원, 팀별 일렬

◎ **활동방법**

◆ 도입

- "보자기"를 '수수께끼 상자'에 넣어 흥미를 유발시킨다.
  - 만져 보니 어떤 느낌이 드나?
  - 이것은 무엇일까?
  - 이것은 어느 곳에 사용되는 것일까?

◆ 전개

- 풍선과 보자기로 어떤 게임을 할 수 있는 지 활동을 예측해 본다.
  - 풍선과 보자기를 이용하여 어떤 활동(게임)을 할 수 있을까?

<게임방법>

1. 양 팀으로 나누어 한 팀에 보자기 한 장과 풍선 1개를 준다.
2. 각 팀의 한 조(두 명)씩 나와 보자기를 펼쳐 한 사람이 두 모서리씩 잡고 풍선을 올린다.
   - 보자기 위의 풍선을 떨어뜨리지 않기 위해 어떻게 해야 할까?
3. 전방 반환점을 돌아와 다음 조원에게 전달해 준다.
4. 떨어뜨리지 않고 빨리 끝난 팀이 승리한다.

<게임규칙>

- 풍선이 잘 날아가지 않도록 보자기를 오무려도 된다.

◆ 마무리

① 평가

- 활동을 하고 난 후의 느낌을 이야기한다.
  - 둘이서 함께 보자기 위의 풍선을 떨어뜨리지 않았을 때 어떤 기분(느낌)이었나?
  - 풍선을 떨어뜨렸을 때, 어떻게 문제해결을 한 친구가 있었나?

② 추후활동 및 유의사항

- 풍선이 바람에 움직이지 않도록 바람이 없는 장소에서 진행하도록 한다.
- 풍선이 날아가서 진행이 어려우면 무게감 있는 탱탱볼로 진행할 수 있다.

8. 발로 공 전달하기

◎ **활동목표** : ① 친구들과의 협동심을 기른다.
② 발로 공을 잡으며, 신체조절 능력과 집중력을 기른다.

◎ **준비물** : 탱탱볼

◎ **집단 형태 및 대형** : 전원, 팀별 원형

◎ **활동방법**

◆ 도입

- "공"을 수수께끼로 흥미를 유발시킨다.
  - 동그란 모양 이예요.
  - 떼굴떼굴 굴러다녀요.
  - 운동할 때 많이 사용해요.

◆ 전개

- 공(탱탱볼)으로 어떤 게임을 할 수 있는 지 활동을 예측해 본다.
  - 공(탱탱볼)을 이용하여 어떤 활동(게임)을 할 수 있을까?

<게임방법>

1. 두 팀으로 나눠 원형으로 앉은 후, 양 팀에게 공을 나눠 준다.
2. 멤버들은 각자 양 발을 원 안쪽으로 향하고 엉덩이를 바닥에 붙인다.
3. 양 발 끝으로 공을 집어 올린다.
   - 발 끝으로 공을 집기 위한 방법은 무엇이 있을까?
4. 교사가 호루라기를 불며 시작 신호를 한다.
5. 팀 별로 오른쪽 옆 사람에게 공을 발로 전달한다.
6. 오른쪽으로 공을 전달해서 제일 먼저 마지막 유아에게 공이 도착한 팀이

이기게 된다.

<게임규칙>

- 공을 전달할 때 양손으로 땅을 짚고 있어야 하고, 손을 사용해서는 안 된다.
- 공을 떨어뜨렸을 경우에는 공을 다시 집어 올려, 게임을 계속한다.

◆ 마무리

① 평가

- 활동을 하고 난 후의 느낌을 이야기한다.
  - 공을 발을 이용하여 전달할 때 무엇이 힘들었나(어려웠니)?
  - 발을 이용하여 공을 옆 사람에게 잘 전달하기 위한 방법은 무엇이 있는지 더 이야기해 보자.

② 추후활동 및 유의사항

- 공을 2~3개로 늘려서 모든 공을 빨리 전달한 팀이 승리하는 것으로 응용할 수 있다.

9. 풍선 튕기기

활동목표 : ① 친구들과의 협동심을 기른다.
② 풍선을 튕기며 순발력을 기른다.

준비물 : 풍선

집단 형태 및 대형 : 한 팀당 4~8명, 팀별 원형

활동방법

◆ 도입

- 풍선을 다양한 방법으로 탐색한다.

  - (공기가 들어간 풍선을 보며) 이것은 무엇일까?
  - 무슨 색일까?
  - 풍선 안에는 무엇이 들어 있을까?
  - 풍선에서 손을 떼면 어떻게 될까?

  '수수께끼 상자'에 넣어 흥미를 유발시킨다.
  - 만져 보니 어떤 느낌이 드나요?
  - 무엇일 것 같나요?
  - 어떤 모양일까?

◆ 전개

- 풍선으로 어떤 게임을 할 수 있는지 활동을 예측해 본다.
  - 풍선을 이용하여 어떤 활동(게임)을 할 수 있을까?

<게임방법>

1. 두 팀으로 나누어 마주 보고 앉는다. 각 팀에 게임을 진행할 적절한 인원 수를 나눈다(4~6명).
2. 한 팀은 제 자리에 앉아 있고 다른 한 팀 중 1조가 된 유아부터 게임을 진행한다.

3. 같은 조 친구와 손을 잡은 상태에서 풍선을 튕기면 앉아있는 유아들은 몇 개인지 소리 내어 세어 준다.

<게임규칙>
- 옆에 친구와 잡은 손은 절대로 놓지 않도록 한다.
- 풍선이 바닥에 닿지 않도록 풍선을 높이 튕긴다.

◆ 마무리

① 평가

- 활동을 하고 난 후의 느낌을 이야기한다.
  - 친구들과 손을 잡은 채로 풍선을 튕길 때 어떤 점이 재미있었나요?(어려웠나요)?
  - 풍선을 떨어뜨리지 않고 튕기는 방법은 무엇이 있는지 더 이야기해 보자.

② 추후활동 및 유의사항

- 옆의 친구들과 손을 잡고 하는 게임으로 부딪히거나 넘어지지 않도록 조심한다.

10. 상대편 친구 데려오기

활동목표 : ① 즐겁게 게임에 참여하는 경험을 한다.
② 상대팀에게 잡히지 않도록 민첩성을 기른다.

준비물 : 신호음(호루라기), 모자 각 팀 3~4개(총 6~8개)

집단 형태 및 대형 : 팀별로 3~4명씩, 팀별 일렬 마주 보고

활동방법

◆ 도입

- 수수께끼로 게임도구에 대한 흥미를 유발시킨다.
  - 이것은 밖에 나갈 때 주로 사용해요.
  - 햇빛을 막아 주거나 멋으로 쓰기도 해요.

◆ 전개

- 두 팀으로 나누고 어떤 게임을 할 수 있는 지 활동을 예측해 본다.
  - 두 팀으로 나누었는데, 어떤 활동(게임)을 할 수 있을까?

<게임방법>

1. 양 팀을 같은 인원수로 나눈다.
2. 약 20m 간격을 두고 평행선을 긋고 상대편을 마주 보고 앉는다.
3. 게임 진행인원을 3~4명으로 구성한다.
4. 대기선에 서면 호각 신호와 함께 모자를 쓴 상대편 유아를 자기 팀 구역으로 끌어 온다(이때 모자를 뺏겨도 상대팀으로 가게 된다).
   - 상대팀 친구를 손쉽게 끌어 오기 위한 방법은 무엇이 있을까?
5. 끌려온 사람은 상대팀 자리에 그대로 앉아 있는다.
6. 일정한 시간 후 종료하여 더 많이 상대편을 데리고 온 팀이 승리한다.

<게임규칙>

- 상대편 유아의 팔을 억지로 잡아끌지 않는다.
- 자신의 팀에서 평행선 밖으로 나가지 않는다.
- 모자를 뺏기면 상대편이 된다는 것을 인지한다.

◆ 마무리

① 평가

- 활동을 하고 난 후의 느낌을 이야기한다.
  - 상대팀에게 끌려올 때, 어떻게 빠져 나온 친구가 있었니?
  - 상대팀에게 끌리지 않기 위해 친구들이 어떻게 행동하였니?

② 추후활동 및 유의사항

- 상대팀을 끌어올 때 서로 팔을 억지로 잡아끌지 않는 등 안전사고에 유의한다.

11. 아름답게 표현하기

◎ **활동목표** : ① 친구들과의 협동심을 기른다.
② 창의적으로 신체표현하는 경험을 한다.

◎ **준비물** : 그림(사진)카드

◎ **집단 형태 및 대형** : 전원(대집단), 조별원형

◎ **활동방법**

◆ 도입

- 그림(사진)카드(꽃, 부채, 피라미드, 동물농장 등)를 보며 이야기를 나눈다.
  - 그림카드의 그림(사진)은 무엇일까?
  - 어디에서 볼 수 있을까?
  - 어떤 모양일까? 어떻게 생겼나?

◆ 전개

- 그림(사진)카드로 활동을 예측해 본다.
  - 그림(사진)카드를 보며 어떤 활동을 할 수 있을까?

<게임방법>

1. 두 조씩 짝을 맞춘다(예-1조와 2조, 3조와 4조).
2. 조원끼리 둥글게 원을 만든다.
3. 노래에 맞춰 원을 그리며 돌다가 교사가 명령을 내린다.
   "잎이 5개인 꽃 모양을 만드세요." "동물농장을 만드세요." "부채 모양을 만드세요." " 피라미드 쌓기" 등.
4. 교사가 내린 미션을 빨리 실행하는 조에게 점수를 준다.
5. 점수를 가장 많이 받은 조는 다시 한번 친구들에게 표현한 것을 보여주고,

협동을 격려받는다.

<게임규칙>
- 조원 모두가 참여하여 표현하도록 한다.
- 모양을 되도록 정확히 표현하도록 한다.

◆ 마무리

① 평가

- 활동을 하고 난 후의 느낌을 이야기한다.
  - 어떤 모양을 표현할 때 가장 재미있었나?
  - 친구들이 표현한 무양 중 어느 모양이 제일 인상적이었나?

② 추후활동 및 유의사항

- 꾸미기 게임을 통해 조원끼리 협동해 가는 과정에 비중을 둔다.
- 여러 팀이 함께 진행하면 다른 팀 작품을 감상하게 어려우므로 협의시간을 준 후 한 팀씩 꾸미기 미션을 수행해도 좋다.

피라미드

부채 꾸미기

12. 양말을 널어요

◎ **활동목표** : ① 즐겁게 게임에 참여하는 경험을 한다.
② 양말을 빨랫줄에 널며 소근육 조절 능력을 기른다.

◎ **준비물** : 양말, 바구니, 빨랫줄

◎ **집단 형태 및 대형** : 10~30명, 두 팀 일렬

◎ **활동방법**

◆ 도입

- "양말" 수수께끼로 흥미를 유발시킨다.
- 두 개씩 짝을 이루고 있어요.
- 여러 가지 색과 모양, 크기가 다양해요.
- 발을 따뜻하고 안전하게 보호해 줘요.

◆ 전개

- 양말로 어떤 게임을 할 수 있는 지 활동을 예측해 본다.
- 양말, 바구니, 빨랫줄로 어떤 활동(게임)을 할 수 있을까?

<게임방법>

1. 두 팀으로 나눈다.
2. 출발점에 양말을 바구니에 담아 빨랫줄까지 달려간다.
3. 양말을 빨랫줄에 널고 빨래집게로 고정시킨다.
4. 바구니를 다음 사람에게 전해 준다.
5. 뒷사람은 달려가서 빨래를 걷어 바구니에 담아 가져온다.
6. 릴레이로 게임을 계속한다(널기-걷어오기-널기-걷어오기-널기 반복).
7. 먼저 끝나는 팀이 이긴다.

<게임규칙>
- 빨랫줄에서 양말이 떨어지지 않도록 한다.
- 빨랫줄에 양말을 널고 바구니를 가지고 돌아온다.

◆ 마무리

① 평가

- 활동을 하고 난 후의 느낌을 이야기한다.
  - 양말이 빨랫줄에서 떨어졌을 때, 어떻게 문제해결을 한 친구가 있었니?
  - 양말이 빨랫줄에서 떨어지지 않게 하기 위한 방법은 무엇이 있을까?

② 추후활동 및 유의사항

- 유아 수 만큼 양말을 준비하여 차례대로 빨랫줄에 널고 온 후 다시 차례대로 걷어오기 활동으로 응용할 수 있다.
- 조끼, 저고리, 바지 등을 빨랫줄에 널거나 또는 빨래개기 활동으로 응용도 가능하다.

13. 고기를 잡아라(어부게임)

◎ **활동목표** : ① 게임의 규칙을 알고, 즐겁게 게임에 참여하는 경험을 한다.
② 친구와 함께 활동하며 협동심을 기른다.

◎ **준비물** : 신나는 음악(고기잡이), 어부 머리띠

◎ **집단 형태 및 대형** : 두 팀 대항, 자유대형

◎ **활동방법**

◆ 도입

- '어부'에 대해 이야기 나눈다.
  - "어부"는 누구일까요?
  - 어떤 일을 하실까?
  - 물고기를 어떻게 잡을까?

◆ 전개

- 어떤 게임을 할 수 있는지 활동을 예측해 본다.
  - "고기를 잡아라" 게임을 하려고 하는데, 어떻게 활동(게임)을 할 수 있을까?

<게임방법>

1. 두 편으로 나누어 앉는다(어부 : 물고기. 한 번씩 역할을 바꾼다).
2. 한 팀은 전체가 물고기가 되고, 반대 팀에서 2~3쌍 정도 어부를 정한다.
3. 어부가 된 친구는 두 손을 마주잡고 물고기가 된 상대편 친구를 잡는다.
   - 어부는 물고기가 된 친구를 잡기 위해 어떻게 해야 할까?
4. 잡힌 친구는 상대편의 자리에 가서 앉는다.
5. 제한된 시간에 교사가 호루라기를 불고 게임을 종료한다(제한시간 3분 정도

에서 조절).

6. 잡힌 물고기가 몇인지 세어 보고 많은 팀이 점수를 받는다.

<게임규칙>

- 어부가 된 유아는 두 손을 놓지 않는다.
- 어부가 된 유아는 물고기가 된 유아를 한 번에 1명씩 잡는다.
- 물고기가 된 유아가 잡힌 경우 '어항' 영역을 정해 두고 그 장소에 있도록 한다.

◆ 마무리

① 평가

- 활동을 하고 난 후의 느낌을 이야기한다.
  - 어부에게 잡히지 않기 위해 물고기가 된 친구들은 어떻게 했을까?
  - 어부에게 붙잡힐 뻔한 위기의 순간을 빠져 나온 친구가 있었나? 그 친구는 어떻게 빠져 나왔나?

② 추후활동 및 유의사항

- 유아의 안전을 고려하여 넓고 안전한 장소에서 실시한다.
- 어부가 된 유아는 두 손을 놓치지 않도록 주의한다.

14. 신문지 오르기(작아지는 신문지 섬)

활동목표 : ① 친구들과의 협동심을 기른다.
② 대근육 활동을 통한 신체조절 능력과 균형감각을 기른다.

준비물 : 신문지, 호루라기

집단 형태 및 대형 : 팀별 5~6명, 자유대형

활동방법

◆ 도입

- 다양한 방법으로 신문지를 탐색해 본다.
- 신문지의 크기, 두께가 어떠한가?
- 신문지를 만질 때의 느낌은 어떠한가?
- 신문지를 반으로 접으면 어떻게 달라졌나? (계속 신문지를 반으로 접으며 크기, 모양, 두께, 모양 등을 관찰해 본다.)

◆ 전개

- 신문지와 호루라기로 어떤 활동을 할 수 있는지 활동을 예측해 본다.
- 신문지와 호루라기를 이용해 어떤 활동(게임)을 할 수 있을까?

<게임방법>

1. 5명 정도로 나누어서 팀을 만든다.
2. 교사가 모든 팀에게 신문지 한 장씩 나누어 준다.
3. 호각 소리에 맞춰 한 장의 신문지 위에 팀원이 올라선다.
4. 호각을 불어 5초 동안 신문지 위에서 발이 나오지 않은 팀은 성공을 한 것이며 다음 게임(신문지의 크기가 점점 작아짐)을 할 수 있다.
   - 점점 작아지는 신문지 위에서 발이 나오지 않게 서 있는 방법은 무엇일

까?- 신문지 위는 섬, 밖은 바다로 비유해 본다.

5. 실패한 팀은 자리에 앉아 다른 팀의 경기를 지켜보며 응원을 한다.
6. 성공한 팀은 신문지를 반으로 접어서 게임을 반복한다.
7. 마지막 한 팀이 남으면 그 팀에게 승리의 박수를 쳐 준다.

<게임규칙>

- 5초 동안 신문지 섬 위에서 발이 바깥으로 나오면 탈락하기로 정한다.
- 신문지가 커서 미션수행이 쉬운 단계에서는 팀별로 전체가 함께 진행하고, 조금 어려워진 단계에서는 협의 시간을 준 후 한 팀씩 진행하도록 한다.

◆ 마무리

① 평가

- 활동을 하고 난 후의 느낌을 이야기한다.
  - 친구들과 작은 신문지 위에 올라섰을 때 기분(느낌)이 어떠했나?
  - 다른 팀은 어떻게 신문지 위에 올라서 있었나?

② 추후활동 및 유의사항

- 신문지가 잘 찢어지므로 접을 수 있는 대용품을 사용해도 무방하다.

15. 과일 사세요

◎ **활동목표** : ① 게임규칙을 이해하고 적극적으로 참여하며, 옆 친구에게 관심을 갖는다.

② 신호에 따라 움직이며 민첩성과 순발력을 기른다.

◎ **준비물** : 고깔모자(과일장사), 과일 그림 목걸이나 스티커, 의자(혹은 스티커로 자리 표시)

◎ **집단 형태 및 대형** : 10~30명, 원형

◎ **활동방법**

◆ 도입

- '과일'에 대해 이야기 나눈다.
  - 과일에는 어떤 것들이 있을까? (과일 이름 다양하게 말해 보기)
  - 과일은 어디에서 살 수 있을까?
  - 과일을 파는 아저씨를 본 적이 있나?
  - 과일을 파는 모습을 보았나?

◆ 전개

- 어떤 게임을 할 수 있는지 활동을 예측해 본다.
  - "과일 사세요" 게임을 해 볼 텐데, 어떻게 활동(게임)을 할 수 있을까?

<게임방법>

1. 술래 한 명을 정한 후, 원대형으로 의자에 앉는다.(처음에 술래의자 하나는 원에서 제외하고 시작한다.)
2. 술래는 과일 아저씨가 되고, 원에 앉아 있는 유아에게 순서대로 과일 이름을 정해 준다.
3. 1번째-사과, 2번째-딸기, 3번째-수박, 4번째-바나나, 5번째-키위. 다시,

사과–딸기–수박이 반복되며 원을 이룬 모든 유아는 각각 자신의 과일 이름을 갖게 된다(과일목걸이가 있으면 목에 건다).

4. 과일 아저씨(술래)는 모자를 쓰고, 원 중앙에 선다. 5가지 과일 이름 중 한 가지 생각한 후 "OO 사세요"라고 외친다.
5. 이때 자신의 과일 이름에 해당하는 유아는 모두 일어나 서로 자리를 바꾼다.
   - 빈 자리에 재빨리 앉기 위한 방법은 무엇이 있을까?
6. 그 사이 술래도 빈 자리 의자에 재빠르게 앉는다.
7. 자리에 앉지 못한 사람이 술래로 과일 아저씨가 되어 모자를 쓴 후 게임을 진행한다.
8. 만약 과일 아저씨가 "과일 바구니~"라고 외치면 모두 일어나 자리를 바꾸어야 한다.

<게임규칙>

- 자신의 과일 이름이 불리게 되면 모두 자리에서 일어난다.
- 먼저 빈 자리에 앉아야 성공이다. 자리에 앉지 못하면 고깔모자를 쓰고 술래가 된다.

◆ 마무리

① 평가

- 활동을 하고 난 후의 느낌을 이야기한다.
  - 빈 자리를 찾아 앉았을 때의 기분(느낌)은 어땠나?
  - 한 개의 빈 자리를 남겨 둔 위기의 상황을 해결한 친구가 있었나? 그 친구는 어떻게 해결하였나?

② 추후활동 및 유의사항

- 서로 자리를 바꿀 때 부딪히거나 넘어지지 않도록 주의한다.
- 자리 바꾸기 게임으로 서로 친하지 않았던 다양한 친구들의 옆 자리에 앉아 보도록 하는데 효과적이다.

16. 꽃게걸음 릴레이

◎ **활동목표** : ① 친구들과의 협동심을 기른다.
② 신체 균형감각을 기른다.

◎ **준비물** : 풍선, 꽃꽂이의 꽃(깃발 등 사물)

◎ **집단 형태 및 대형** : 10~30명, 팀별 일렬

◎ **활동방법**

◆ 도입

- '꽃게걸음'에 대해 이야기 나눈다.
  - "꽃게"를 본 적이 있나?
  - "꽃게"는 어떻게 움직이나?
  - "꽃게"의 움직이는 모습을 우리도 표현해 보자(게걸음으로 옆으로 걸어 본다).

◆ 전개

- 풍선으로 어떤 게임을 할 수 있는지 활동을 예측해 본다.
  - 풍선을 이용하여 꽃게걸음으로 걸어 보려고 하는데, 어떻게 활동(게임)을 할 수 있을까?

<게임방법>

1. 두 팀으로 나누고 각 팀을 2인 1조로 나눈다. 각 조는 서로 등을 대고 팔짱을 낀 후 그 사이에 풍선을 낀다.
2. 진행자의 출발신호와 함께 각 조는 풍선이 터지거나 떨어지지 않게 게걸음으로 걸어간다.
   - 꽃게걸음으로 걸으며, 등 뒤의 풍선을 떨어뜨리지 않는 방법은 무엇이 있을까?

3. 준비한 꽃꽂이의 꽃을 한 개 뽑아 온다.
4. 다음 조에게 풍선을 넘겨 준다.
5. 먼저 들어오는 팀이 이기는 것으로 점수판에 표시해 둔다.
6. 활동이 끝난 후 모두에게 수고의 박수를 보낸다.

<게임규칙>

- 풍선이 터지거나 떨어지면, 출발점에서 다시 시작한다.
- 팔짱이 풀어지지 않도록 짝과 호흡을 맞추도록 한다.

◆ 마무리

① 평가

- 활동을 하고 난 후의 느낌을 이야기한다.
  - 친구와 서로 등을 대고 꽃게걸음으로 걸어갈 때 어떤 기분(느낌)이 들었나?
  - 친구와 꽃게걸음으로 걸어갈 때 어떤 점이 재미있었나?

② 추후활동 및 유의사항

- 풍선 대신 공(탱탱볼)을 사용해도 무방한다.
- 어린 연령의 경우 서로 마주 보고 껴안은 상태에서의 활동도 가능하다.

17. 돼지씨름

활동목표 : ① 신체 균형감각을 기른다.
② 규칙을 이해하고 즐겁게 게임에 참여하는 경험을 한다.

준비물 : 없음

집단 형태 및 대형 : 5~6명씩 나누어 진행, 팀별 마주 보고 일렬

활동방법

◆ 도입

- 씨름에 대해 이야기 나누기
  - 씨름 경기를 본 적이 있나?
  - 씨름은 어떻게 하는 걸까?
  - 씨름을 해 본 경험이 있나?

◆ 전개

- 두 팀으로 나누어 어떤 게임을 할 수 있는지 활동을 예측해 본다.
  - 두 팀으로 나누어 그어진 선을 따라 마주 보고 앉은 후, 이렇게 앉아서 어떤 활동(게임)을 할 수 있을까?

<게임방법>

1. 두 팀으로 나누어 그어진 선을 따라 서로 마주 보고 앉는다.
2. 대형 가운데에 그려진 원 안에서 쪼그리고 앉아서 발목을 잡는다.
3. 그 상태에서 두 다리와 엉덩이로만 움직인다.
   - 발목을 잡고 두 다리와 엉덩이로 자유롭게 움직이기 위한 방법은 무엇이 있을까?
4. 상대방 다리를 들어올려 넘어뜨리거나, 원 바깥으로 밀어내면 이긴다.

- 상대방을 원 밖으로 밀어내거나 넘어뜨리기 위한 방법은 무엇이 있을까?
- 넘어지지 않기 위한 방법은 무엇이 있을까?

5. 마지막까지 남아 있는 돼지씨름 왕을 뽑는다.
6. 씨름왕에게는 상장이나 작은 선물(스티커)을 증정한다.

<게임규칙>

- 움직일 때 발목에서 손이 떨어지지 않도록 한다.
- 게임 중 본인이 원 밖으로 나가면 진다.

◆ 마무리

① 평가

- 활동을 하고 난 후의 느낌을 이야기한다.
  - 쪼그리고 앉아서 발목을 잡고 움직일 때의 느낌(기분)은 어땠나?
  - 원 밖으로 밀려나려고 할 때 어떻게 문제해결을 한 친구가 있었나?

② 추후활동 및 유의사항

- 엉덩이를 마주 대고 밀어내는 엉덩이 씨름이나, 손바닥을 마주 대고 밀어내는 손바닥 씨름 등으로 활동을 응용할 수도 있다.
- 팀을 나누어 구성하면 나중에 적인 인원이 남았을 때 응원까지 유도가 가능하다.

18. 빨래집게 꼬리잡기(가위, 바위, 보 Champion)

◎ **활동목표** : ① 게임의 규칙을 이해하고 게임에 적극적으로 참여하는 경험을 한다.

② 빨래집게를 사용하며 눈과 손의 협응력을 기르고 소근육을 발달시킨다.

◎ **준비물** : 빨래집게

◎ **집단 형태 및 대형** : 10~30명, 자유대형

◎ **활동방법**

◆ 도입

- '빨래집게'를 탐색한다.
  - 이것은 무엇일까?
  - 어떤 모양일까?
  - 어디에, 어떻게 사용하는 것일까?

◆ 전개

- 빨래집게로 어떤 게임을 할 수 있는지 활동을 예측해 본다.
  - 빨래집게를 가지고 어떤 활동(게임)을 할 수 있을까?

<게임방법>

1. 유아들에게 빨래집게를 하나씩 나누어 주고 입고 있는 옷에 집도록 한다.
2. 모두 일어나서 배경음악을 들으며 교실 안을 자유롭게 돌아다니다가, 음악이 멈추면(호루라기 사용) 둘씩 짝지어 가위, 바위, 보를 한다.
3. 진 유아는 이긴 유아의 옷에 자기 빨래집게를 집어 주고, 뒤에 가서 허리를 잡고 기차가 된다.

4. 여러 번 반복하여 점점 긴 기차를 만들어 간다.
5. 마지막 한 유아에게 빨래집게가 다 집히면 게임이 끝난다.

<게임규칙>

- 한 명의 유아가 이길 때까지 계속 가위, 바위, 보를 한다.
- 빨래집게가 떨어지지 않도록 옷에 잘 집도록 한다.

◆ 마무리

① 평가

- 활동을 하고 난 후의 느낌을 이야기한다.
  - 누구의 기차가 제일 길게 만들어졌을까?
  - (마지막 남은 유아의) 옷에 집힌 빨래집게의 모양은 무엇처럼 보일까?
  - 빨래집게의 모양을 보니 무엇이 생각나나?

② 추후활동 및 유의사항

- 기차가 너무 길면 움직이다가 끊어지면서 아동이 넘어지거나 서로 부딪힐 수 있으므로 안전에 유의한다.

19. 나 잡아봐라~!

◎ **활동목표** : ① 소리에 관심을 가지고, 감각을 이용하여 게임하는 경험을 한다.
② 술래에게 잡히지 않도록 민첩성을 기른다.

◎ **준비물** : 눈가리개

◎ **집단 형태 및 대형** : 전원, 자유대형

◎ **활동방법**

◆ 도입

- '눈가리개'를 탐색한다.
  - 이것은 무엇일까?
  - 어떤 모양인가?
  - 어디에, 어떻게 사용하는 것일까?
  - 이것을 사용해 본 경험이 있나?

◆ 전개

- 눈가리개로 어떤 게임을 할 수 있는지 활동을 예측해 본다.
  - 눈가리개를 가지고 어떤 활동(게임)을 할 수 있을까?

<게임방법>

1. 술래를 정한다.
2. 술래는 눈가리개를 쓰고, 나머지 유아는 자유롭게 도망 다닌다.
   - 눈가리개를 쓰고, 친구들을 잡기 위해서는 어떻게 해야 할까?
3. 도망 다니는 유아는 술래를 향하여 손뼉을 치거나 말을 한다.
4. 술래는 소리를 듣고 도망 다니는 친구를 잡는다.
5. 술래에게 잡힌 유아는 다시 술래가 된다.

<게임규칙>
- 술래는 눈가리개를 벗지 않는다.
- 도망 다니는 유아는 술래가 소리를 듣고 찾을 수 있도록 소리를 낸다.

◆ 마무리

① 평가

- 활동을 하고 난 후의 느낌을 이야기한다.
  - 눈가리개를 쓰고 소리만 듣고 친구들을 잡을 때 어떤 점이 힘들었니(어려웠니)?
  - 술래에게 자신의 위치를 알려주기 위해 친구들은 어떤 방법을 사용하였니?

② 추후활동 및 유의사항

- 술래는 눈을 가린 상태에서 움직이므로, 위험요인이 없는 안전한 장소에서 진행하도록 한다.
- 술래인 친구를 도와줄 유아를 선정해서 술래가 넘어지지 않고 역할을 하도록 활동을 변경할 수 있다.

20. 색판 뒤집기

◎ **활동목표** : ① 색판을 제한된 시간 안에 뒤집으며 순발력을 기른다.
② 눈과 손의 협응력을 기른다.

◎ **준비물** : 색깔판(빨간색, 파란색 양면) 20개 정도, 호루라기

◎ **집단 형태 및 대형** : 전원(한 게임당 3~4명씩), 두 팀 일렬(팀에서 다시 조를 나눔)

◎ **활동방법**

◆ 도입

- '색깔판'을 탐색한다.

- 이것은 무엇일까?
- 어떤 모양, 어떤 색인가?
- 이것은 어느 곳에 사용되는 것일까?

◆ 전개

- 색깔판으로 어떤 게임을 할 수 있는지 활동을 예측해 본다.

- 색깔판을 가지고 어떤 활동(게임)을 할 수 있을까?

<게임방법>

1. 팀별 색깔 정하기(파란 팀, 빨간 팀)
2. 양 팀의 가운데 공간에 마구잡이로 색판을 섞어서 펼쳐 논다(색깔별 반반씩).
3. 호루라기를 불면 팀별로 OO명씩 나와서 1분 동안 다른 팀의 색판을 뒤집는다(파란 팀 : 빨간색판 뒤집기, 빨간 팀 : 파란색판 뒤집기).
   - 색판을 쉽게 뒤집기 위한 방법은 무엇이 있을까?
4. 자기 팀 친구가 게임을 할 때 응원할 수 있도록 유도한다.
5. 종료 휘슬이 울리면 색판을 바닥에 놓고 뒷짐을 지고 제자리로 돌아간다.

6. 교사가 색판의 개수를 확인하고, 마지막에 색이 많은 팀이 승리한다.

<게임규칙>
- 상대팀의 색판을 뒤집도록 한다.
- 종료 휘슬이 울리면 색판 뒤집는 동작을 멈춘다.

◆ 마무리

① 평가

- 활동을 하고 난 후의 느낌을 이야기한다.
  - 친구들은 색판을 어떻게 뒤집었니?
  - 제한된 시간 안에 많은 색판을 뒤집기 위한 또 다른 방법을 이야기해 보자.

② 추후활동 및 유의사항

- 공간을 나누어 상대팀 공간에서 색판을 빼앗아 오는 활동으로 응용할 수 있다.
- 자기 팀 색판이 어떤 것인지 몇 번 큰 소리로 따라 하도록 하면 쉽게 팀을 인지한다.

21. 엉덩이로 밀어라

◎ **활동목표** : ① 신호를 듣고 몸을 움직이며 순발력을 기른다.
② 대근육 활동을 통하여 신체 조절능력을 기른다.

◎ **준비물** : 커다란 훌라후프

◎ **집단 형태 및 대형** : 전체, 두 팀 마주 보고 1 : 1 게임

◎ **활동방법**

◆ 도입

- '훌라후프'를 탐색한다.
  - 이것은 무엇일까?
  - 어떤 모양일까?
  - 어디에, 어떻게 사용하는 것일까?
  - 이것을 사용해 본 경험이 있나?

◆ 전개

- 훌라후프로 어떤 게임을 할 수 있는지 활동을 예측해 본다.
  - 훌라후프를 가지고 어떤 활동(게임)을 할 수 있을까?

<게임방법>

1. 두 팀이 마주 보고 앉는다.
2. 각 팀에서 한 명씩 나와 서로 간격을 두고 등을 맞대고 원 안에 선다.
3. 음악에 맞추어 신나게 춤을 추다가 호루라기 신호에 따라 엉덩이로 상대방을 원 밖으로 밀어낸다.
4. 이긴 팀에게는 만세 부르기, 졌지만 열심히 해준 팀에게는 격려의 박수를 쳐 준다.

<게임규칙>

- 먼저 원 밖으로 신체의 일부분이 나온 사람이 진다.
- 신호에 맞추어 상대방의 엉덩이를 밀어 낸다(신호 전에 상대방 엉덩이를 밀지 않도록 한다).

◆ 마무리

① 평가

- 활동을 하고 난 후의 느낌을 이야기한다.
  - 상대방을 원 밖으로 밀어내기 위한 방법은 무엇이 있을까?
  - 춤을 추다가 신호를 놓친 친구도 있었나? 그렇다면, 그 친구는 어떻게 문제를 해결했을까?

② 추후활동 및 유의사항

- 다리 사이에 인형을 두고, 인형 빨리 잡기 게임으로 응용할 수 있다.

22. 큰 공 굴리기(폭탄을 피해라!)

활동목표 : ① 대근육 활동을 통한 신체 조절능력을 기른다.
② 큰 공을 피하며 민첩성, 순발력을 기른다.

준비물 : 큰 공

집단 형태 및 대형 : 10~20명, 자유대형

활동방법

◆ 도입

- '큰 공'을 탐색한다.
  - 이것은 무엇일까?
  - 만지면 어떤 느낌이 날까?
  - 어디에, 어떻게 사용하는 것일까?
  - 큰 공을 사용해 본 경험이 있나?

◆ 전개

- 큰 공으로 어떤 게임을 할 수 있는지 활동을 예측해 본다.
  - 큰 공을 가지고 어떤 활동(게임)을 할 수 있을까?

<게임방법>

1. 자유롭게 선 상태에서 공을 굴릴 술래를 정한다.
2. 술래로 뽑힌 유아는 공을 마음껏 굴린다.
3. 큰 공을 맞은 유아는 탈락한다.
   - 공에 맞지 않기 위한 방법은 무엇이 있을까?
4. 굴러간 큰 공을 맞은 유아는 지정한 한쪽 공간에 앉아 있는다.
5. 선생님이 정한 제한된 시간까지 공에 맞지 않은 유아는 우승자가 된다.

<게임규칙>

- 술래는 공을 던지지 않는다.
- 큰 공에 몸의 일부분이 닿은 유아는 지정된 공간으로 간다.

◆ 마무리

① 평가

- 활동을 하고 난 후의 느낌을 이야기한다.
  - 큰 공을 피했을 때의 기분(느낌)은 어떠했나?
  - 큰 공이 가까이 왔을 때 어떻게 문제해결을 한 친구가 있었나?

② 추후활동 및 유의사항

- 큰 공을 이용한 릴레이 게임, 큰 공 옮기기 등으로 응용하여 활동할 수 있다.
- 유아는 굴러다니는 큰 공을 피하면서 스릴을 느끼는데, 이때 지나치게 흥분하여 안전사고가 나지 않도록 지도하고 주의한다.

23. 우리 집에 왜 왔니? (전래놀이)

◎ **활동목표** : ① 전래놀이를 경험해 본다.
② 박자 · 노랫말에 맞추어 신체를 앞, 뒤로 움직이며 신체 조절능력을 기른다.

◎ **준비물** : 없음

◎ **집단 형태 및 대형** : 팀별 4~8명씩, 두 팀 일렬

◎ **활동방법**

◆ 도입

- "우리 집에 왜 왔니?" 노래로 흥미를 유발시킨다.

〈우리 집에 왜 왔니〉

우리 집에 왜 왔니 왜 왔니 왜 왔니
꽃 찾으러 왔단다 왔단다
무슨 꽃을 찾으러 왔느냐 왔느냐
OO꽃을 찾으러 왔단다 왔단다
가위 바위 보

◆ 전개

- 어떤 게임을 할 수 있는지 활동을 예측해 본다.

\- 어떤 활동(게임)을 할 수 있을까?

<게임방법>

1. 서로 두 팀으로 서로 마주 본다.
2. 가위, 바위, 보로 시작하는 팀을 정한다.

3. 자기 편끼리 팔짱을 낀다.
4. 시작하는 팀은 팔짱을 끼고 앞으로 전진하면서 "우리 집에 왜 왔니? 왜 왔니? 왜 왔니?" 노래를 부른다. 이때 진 팀은 뒷걸음으로 뒤로 물러난다.
5. 진 팀이 다시 앞으로 전진하면서 "꽃 찾으러 왔단다, 왔단다, 왔단다" 노래를 부르고 시작하는 팀은 뒷걸음으로 뒤로 물러난다.
6. 멈춘 후에 시작하는 팀과 진 팀의 대표는 가위, 바위, 보를 한다.
7. 가위, 바위, 보에서 이긴 팀의 유아 한 명을 데려 올 수 있다. 이렇게 반복하여 한 팀이 한 명만 남거나 숫자가 적으면 다른 팀이 이기게 된다.

<게임규칙>
- 같은 편끼리 팔짱이 떨어지지 않도록 한다.

◆ 마무리

① 평가

- 활동을 하고 난 후의 느낌을 이야기한다.
  - "우리 집에 왜 왔니?" 활동 중 어떤 점이 재미있나?
  - 팀원끼리 팔짱을 끼고 움직일 때 어떤 점이 재미있나(어려웠니)?

② 추후활동 및 유의사항

- 팀별로 오른쪽이나 왼쪽 끝에 있는 유아부터 이름을 부른다. 이때, 가위, 바위, 보는 그 유아와 마주 보고 있는 유아가 하도록 규칙을 정한다.
- 가위, 바위, 보에 져서 상대팀으로 갈 때는 대각선 방향으로 맞은편에 가서 선다.

24. 무궁화꽃이 피었습니다(전래놀이)

◎ **활동목표** : ① 친구들과 함께하는 전래놀이를 경험해 본다.
② 게임규칙을 이해하고 적극적으로 활동에 참여한다.

◎ **준비물** : 없음

◎ **집단 형태 및 대형** : 전체(10~20명 정도), 자유대형

◎ **활동방법**

◆ **도입**

- "무궁화" 수수께끼로 흥미를 유발시킨다.
  - 여름에 볼 수 있어요. 분홍색 꽃이예요.
  - 우리나라를 상징하는 꽃이예요.

◆ **전개**

- 어떤 게임을 할 수 있는지 활동을 예측해 본다.

<게임방법>

1. 술래를 한 명 정한다.
2. 술래는 나무나 벽을 보고 얼굴을 감춘다. 나머지 유아들은 10m 쯤 떨어진 곳에 선을 긋고 그 선 바깥에 제각기 서 있는다.
3. 술래가 벽을 보고 "무궁화꽃이 피었습니다"라고 외친 후 뒤를 돌아본다.
4. 술래가 외치는 동안 나머지 유아들은 걸음을 술래 쪽으로 옮기다가 술래가 뒤돌아볼 때 멈추어 선다.
   - 술래가 외치는 동안 앞으로 많이 나가기 위해 어떻게 움직이면 좋을까? 그리고 술래에게 들키지 않으려면 어떻게 해야 할까?
5. 술래가 뒤돌아보았을 때 움직여서 술래에게 들키면 술래의 손을 잡고 서 있어야 한다.

6. 들키지 않은 사람 중 한 사람이 계속 술래에게 접근하다가 술래와 그 뒤에 잡혀 있는 사람이 잡고 있는 손을 끊으면, 모두 출발선으로 도망가고 술래는 쫓아가서 친다.
7. 출발선에 도착하기 전에 술래에게 잡힌 사람은 다음 술래가 되고, 두 사람 이상이 잡히면 가위, 바위, 보를 해서 진 사람이 술래가 되어 다시 놀이를 시작한다.

<게임규칙>

- 술래가 "무궁화꽃이 피었습니다"를 외친 후 뒤돌아보았을 때 움직이지 않는다.

◆ 마무리

① 평가

- 활동을 하고 난 후의 느낌을 이야기한다.
  - 술래가 "무궁화꽃이 피었습니다"라고 외치는 동안 친구들이 어떻게 행동하였니?
  - 술래와 잡혀 있는 친구와 손이 끊어졌을 때, 술래에게 잡히지 않게 어떻게 행동한 친구가 있었니?

② 추후활동 및 유의사항

- 술래는 "무궁화꽃이 피었습니다"를 빠르게 또는 느리게 조절해서 유아들이 움직이다가 들키게끔 유도한다.

25. 동대문놀이(전래놀이)

◎ **활동목표** : ① 전래놀이를 경험해 본다.
② 박자에 맞추어 신체를 움직인다.

◎ **준비물** : 없음

◎ **집단 형태 및 대형** : 전체(10~20명 정도), 한 줄 기차

◎ **활동방법**

◆ 도입

- "동 동 동대문을 열어라. 남 남 남대문을 열어라~" 노래를 부르며 흥미를 유발시킨다.

〈동대문〉

♬동동 동대문을 열어라
남남 남대문을 열어라
열 두 시가 되면은
문을 닫는다 ♫

◆ 전개

- 어떤 활동게임을 할 수 있는지 활동을 예측해 본다.
  - 어떤 활동(게임)을 할 수 있을까?

<게임방법>

1. 동대문 역할을 할 유아를 두 명 뽑는다.
2. 문이 된 유아는 둘이 양 손을 맞잡은 상태에서 높이 든다.
3. 나머지 유아들은 한 줄 기차를 한다.

4. 한 줄 기차 모습으로 동대문 노래를 부르며 문 아래를 통과한다.
5. "문을 닫-는-다~"소절에서 문에 들어온 친구는 잡힌다.
6. 잡힌 유아는 벌칙을 받거나 술래가 되어 놀이를 계속 이어간다.

<게임규칙>

- 기차가 된 유아들은 문에서 멈추어 서 있지 않고 계속 움직이도록 한다.
- 동대문 역할을 하는 유아는 문이 끊어지지 않게 양 손을 꼭 잡는다.

◆ 마무리

① 평가

- 활동을 하고 난 후의 느낌을 이야기한다.
  - "동대문"놀이를 하면서 어떤 점이 재미있었나?
  - 문에 잡힐 뻔 했을 때, 어떻게 문제를 해결한 친구가 있었나?

② 추후활동 및 유의사항

- 기차가 끊어지면서, 유아가 서로 부딪히거나, 넘어지지 않도록 안전사고에 유의한다.

제 9 장

꾸미기 요가체조와 동작활동

1. 요가체조와 유아지도법

요가가 우리나라에 소개된 1960년대에는 단순히 건강을 위한 명상이나 체조 정도로 인식되어 주로 노년층 위주로 실시되어 왔다. 그러나 최근에는 요가가 어른뿐 아니라 어린이들에게도 건강과 정서적 안정을 가져다 준다고 알려짐으로 다양한 연령층에서 요가를 배우고 있다. 정신적 · 육체적 건강 이상의 체력관리 수단으로 요가의 중요성이 부각되고 있다(임영희 · 김미숙, 2007).

유아들은 어른들과는 다르게 평상시에도 배로 숨을 쉬고 있으며(복식호흡), 기본적으로 바른 자세를 가지고 있으므로 타고난 요가의 수련자라고 할 수 있다. 그러나 끊임없이 몸을 자유롭게 움직이기를 좋아하고 놀이를 좋아하는 아이들의 일반적인 특성상 건강에 좋다고 이야기해서는 요가에 흥미를 가지기가 어렵다. 아이들의 창의력과 호기심, 상상력 등을 자극하여 지루하지 않게 요가를 즐길 수 있게 하는 놀이요가로 지도해야만 더욱 많은 효과를 볼 수 있다. 어린이가 요가와 친해지도록 하는 교수기법은 동물의 형상, 자연물, 사물, 놀이동작 등과 같이 어린이들의 일상생활에서 주로 볼 수 있고 경험할 수 있는 것들로 한다. 또한 의인화하거나 형상화하여 흉내를 내거나 꾸며 보도록 하는 방법이 호기심과 집중력이 짧은 유아들에게는 효과가 있다. 동물의 형상을 흉내 내거나 사물 꾸며보기 동작을 할 때는 동물의 소리를 내거나, 노래를 부르면서 동작을 따라 하거나 표현해 보도록 할 수 있다. 예를 들어, 나비 자세를 할 때는 '나비야' 노래를 부르면서 동작을 유도하면 아이들이 더욱 재미있어 한다. 또한 동화구연을 하듯이 동물들의 동작을 보여주면서 간단한 동화를 이야기해 주어도 된다. 단, 요가동작을 지도할 때 유아에게 무리한 동작 수준을 지시하거나 즐거운 분위기를 유도한다고 하여 산만한 분위기를 조장하면 올바른 동작활동을 유도하기 힘들 수 있다. 즐겁고 편안한 분위기를 조성하면서 천천히 호흡에 집중할 수 있도록 구령을 세어 주면서 진행할 수 있도록 유도하는 것이 효과적이다.

2. 유아요가의 효과

요가는 몸과 마음이 역동적이고 균형 있는 건강한 상태가 되도록 한다. 이는 유아의 건강한 내적 환경을 만들어 주고 균형 있는 발달과 성장, 집중력 향상을 도울 수 있다. 어린이가 모든 자세(아사나)에 쉽게 적응할 수 있게 도움을 주어 자연적인 유연성과 몸의 균형으로 일생 동안 건강을 유지할 수 있게 해 주며 유아의 무궁무진한 잠재력과 가능성을 실현하게 하는 밑거름을 만들어 줄 것이다.

요가의 숨쉬기는 신진대사를 원활하게 하며 몸 속 구석구석 쌓인 찌꺼기와 노폐물을 배출시켜 모든 신경체계가 잘 소통되도록 만들어 준다. 특히 주의가 산만하고 신경질적인 유아들이 차분하게 숨쉬기 수련을 하게 되면 안정된 모습으로 감정을 다스리게 된다.

요가의 의식집중 훈련은 집중력이 부족해서 학습 능력이 떨어지는 유아들에게 무언가에 집중할 수 있도록 도운다. 그리고 요가의 명상을 통해 맑은 정신과 집중력을 통해 기억력, 독창성을 기르게 됨으로 창의적인 어린이가 될 수 있도록 도와 줄 수 있을 것이다.

다음에서 요가동작을 응용하여 꾸미기 체조 동작을 배워 봅시다.

3. 요가동작을 활용한 꾸미기 체조

활동 1) : 자연물을 표현한 꾸미기 요가동작

동작 1	산 자세
동작 설명 및 효과	♣ 동작 설명 - 다리를 어깨 넓이 정도로 벌리고, 자연스러운 자세로 선다. - 발끝은 앞쪽을 향하게 한다. - 그 상태로 팔을 들어 올리고 양 손을 모아 자세를 고정, 유지한다. ♣ 효과 - 몸과 마음에 경쾌함을 준다. - 척추, 복부 근육, 팔, 다리 근육, 다리 관절을 강화한다.

동작 사진	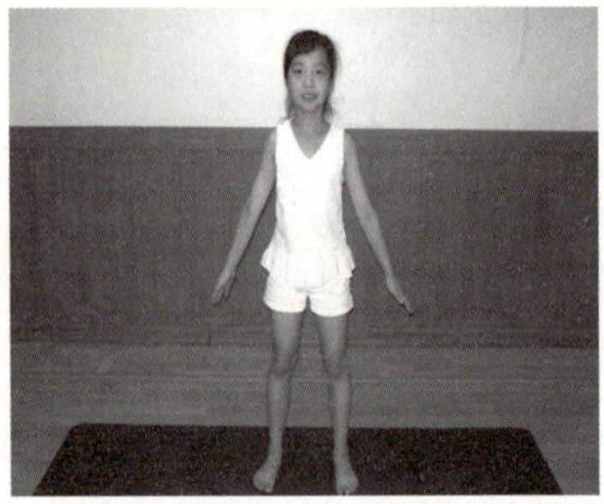 

동작 2	나무 자세
동작 설명 및 효과	♣ 동작 설명 - 자연스러운 자세로 선다. - 손바닥을 모아 단중혈(양 젖꼭지 사이 급소) 앞에서 합장한다. - 한 다리를 접어 발바닥을 축 다리의 안쪽에 대어 지지한다. - 자세를 고정, 유지한다. ♣ 효과 - 허리와 복부 근육을 발달시키고 소화기능을 좋게 한다. - 균형감각을 길러 주며 마음이 고요해진다.
동작 사진	 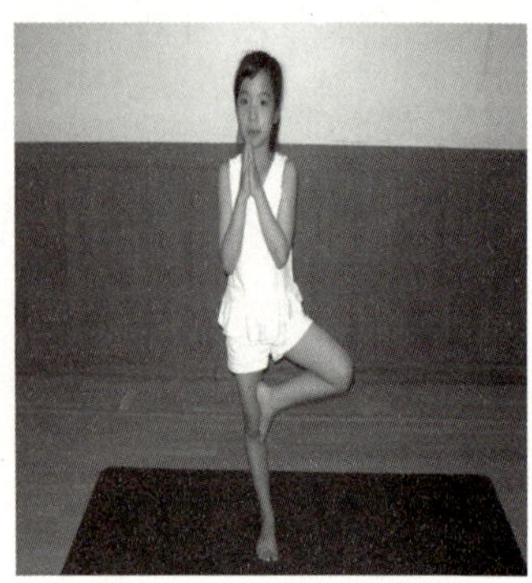

동작 3	초승달 자세
동작 설명 및 효과	♣ 동작 설명 - 자연스러운 자세로 서서 양 팔을 편다. - 오른쪽 팔을 위로 보내어 허리를 왼쪽으로 최대한 기울게 하여 초승달 모양이 되게 하며, 왼쪽 팔은 원래 위치인 아래로 보낸다. - 몸을 바로 세우고, 반대 방향으로 한다. (응용) 양 손을 합장하여 오른쪽, 왼쪽으로 기운 초승달 모양을 만들어 본다. ♣ 효과 - 옆구리를 쭉 펴 주어 상쾌함과 자신감을 준다. - 허리선을 예쁘게 하고, 키를 크게 하는 효과가 있다.
활동 사진	 

동작 4	송장 자세
동작 설명 및 효과	♣ 동작 설명 - 팔과 다리를 약간 벌린 채로 편안하게 눕는다. - 몸을 편안하게 쉬게 한다. - 얼굴의 근육을 하나하나 핀다는 느낌으로 편하게 만든다. - 어깨의 긴장을 풀고 목과 허리도 편하게 내려 놓는다. - 복식 호흡을 통해 몸을 점점 내려 놓는다. ♣ 효과 - 척추를 바르게 해 준다. - 몸의 모든 부분을 이완시켜, 휴식을 통해 온몸을 정상화시켜 주고 마음을 맑게 만든다.
동작 사진	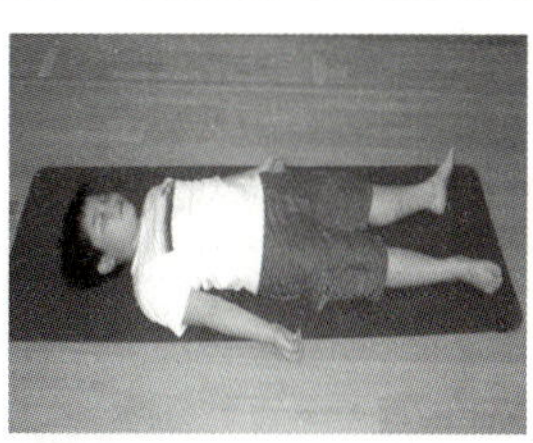 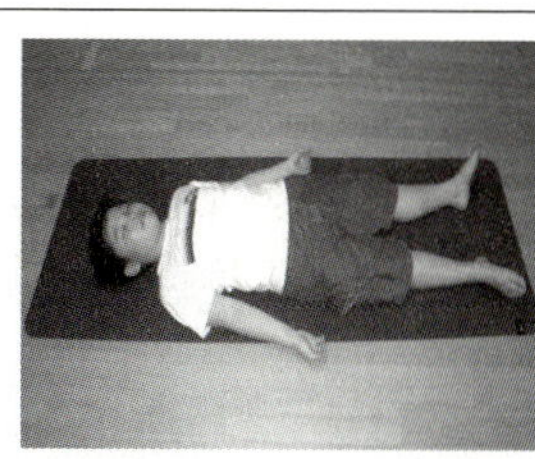

활동 2) : 동물을 표현한 꾸미기 요가동작

동작 1	꿀벌 자세
동작 설명 및 효과	♣ 동작 설명 - 바로 선 자세에서 왼쪽 다리를 쭉 뻗는다. - 몸이 흔들리지 않도록 양 팔을 옆으로 펼친다. - 양 팔을 뒤로 젖힌 후 천천히 날개짓을 한다. - 몸을 바로 세우고, 처음 자세에서 반대쪽으로도 한다. ♣ 효과 - 등의 근육을 강하고 튼튼하게 한다. - 다리의 힘을 강화시켜 성장을 도와 준다.
동작 사진	 

동작 2	독수리 자세
동작 설명 및 효과	♣ 동작 설명 - 두 발을 붙이고 똑바로 선다. - 오른쪽 무릎을 약간 구부리고, 왼쪽 발은 종아리 뒤로 비틀어 발등을 종아리에 붙인다. - 오른쪽 팔꿈치를 들어 왼팔 앞에 놓고 왼쪽 팔꿈치를 비틀어 오른팔 밑에서 교차하여 손바닥이 마주 보이도록 한다. - 왼쪽 팔이 오른쪽 팔을 감고 있도록 한다. ♣ 효과 - 집중력과 주의력을 기르는 효과가 있다. - 다리의 관절과 근육을 튼튼하게 한다. - 어깨와 등 위쪽이 뻣뻣하게 굳지 않도록 도와 준다.
동작 사진	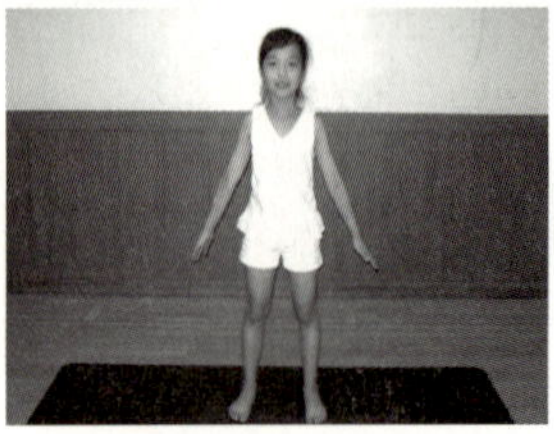 

동작 3	메뚜기 자세
동작 설명 및 효과	♣ 동작 설명 - 엎드린 상태에서 턱을 바닥에 붙인다. - 양 손을 대퇴부 사이에 넣고 두 팔에 힘을 준다. - 숨을 마시고 내쉬면서 두 다리를 순간적으로 들어올린다. - 익숙해지면, 두 다리를 쭉 펴서 높이 들어올리고 가슴도 들어올린다. ♣ 효과 - 내장기관 마사지, 소화기관을 원활히 운동시킨다. - 팔, 다리, 목에 힘이 생기고, 뒤쪽 근육을 탄력 있게 한다.
동작 사진	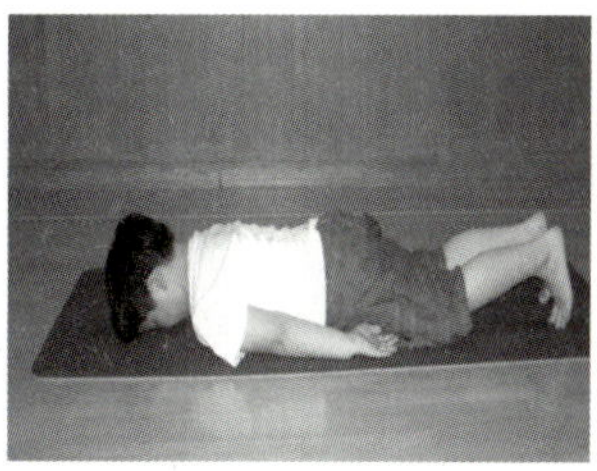 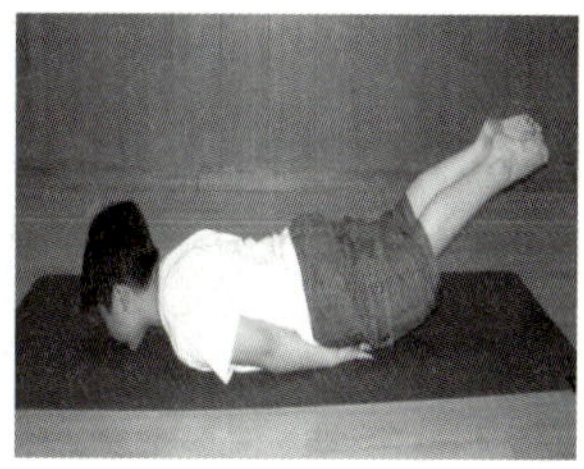

동작 4	고양이 자세
동작 설명 및 효과	♣ 활동 방법 - 손바닥은 어깨 넓이로 무릎은 엉덩이 넓이로 바닥에 대고 엎드린다. - 숨을 마시고 내쉬면서 허리를 바닥으로 내리고 고개를 천장으로 올린다. 숨을 마시면서 수평으로 돌아온다. - 숨을 내쉬면서 등과 허리를 천장으로 둥글게 말아 올리며, 고개는 숙여 턱이 가슴에 닿게 한다. 숨을 마시면서 수평으로 돌아온다. ♣ 효과 - 성장하는 아이들의 척추를 유연하게 하고 등이 강화된다. - 목 근육을 펴고 허리 근육을 키우며 발바닥 근육의 위축을 막는다. - 어깨가 유연해지고 심폐기능이 향상되어 몸의 피로를 풀어준다. - 등뼈, 배, 등, 허리의 근육을 부드럽고 강하게 만들어 준다.
동작 사진	 

동작 5	코브라 자세
동작 설명 및 효과	♣ 동작 설명 - 자연스러운 자세로 엎드려서 양 손으로 바닥을 짚는다. - 숨을 마시며 고개를 뒤로 쭉 젖힌다. - 숨을 내쉬면서 고개를 천천히 내려놓는다. - 두 번 정도 더 하고 엎드려서 편히 쉰다. ♣ 효과 - 자세를 바로잡아 주고, 바른 자세를 유지하게 도와 준다. - 심장과 위장을 건강하게 하는데 효과적이다.
동작 사진	 

동작 6	악어 자세
동작 설명 및 효과	♣ 동작 설명 - 배를 바닥에 대고 엎드려 두 손을 포갠 위에 얼굴을 묻는다. - 두 다리는 어깨 넓이보다 약간 더 벌린다. - 고개를 들면서 숨을 내쉬었다 마시면서 왼쪽 다리를 악어가 입을 벌리듯 위로 번쩍 든다(무릎을 편 상태 유지). - 반대 다리를 교대로 같은 방법으로 한다. ♣ 효과 - 신체 좌우의 균형을 잡고, 자세를 바르게 잡아 준다. - 심폐기능을 향상시킨다.
동작 사진	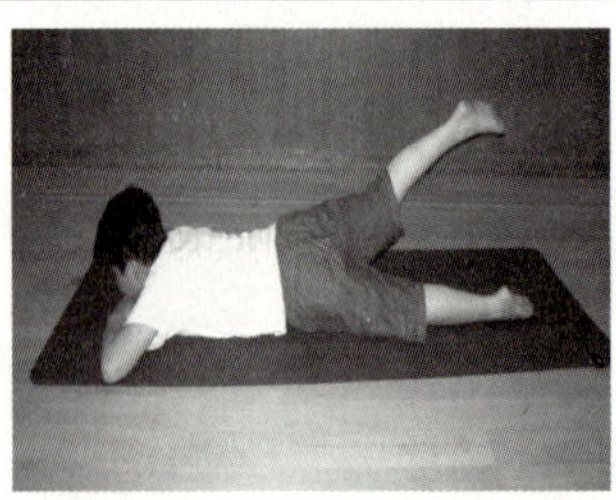 

동작 7	강아지 자세
동작 설명 및 효과	♣ 동작 설명 - 두 손을 어깨 넓이만큼 벌려 바닥에 짚고 무릎을 꿇고 책상 자세를 취한다. - 양 팔을 앞으로 쭉 뻗어 어깨를 낮춘다. - 두 발을 어깨 넓이로 벌리고 무릎이 펴질 때까지 엉덩이를 높게 들어올린다. ♣ 효과 - 어깨와 등 윗부분의 피로를 풀어 주고 등의 뻐근함을 해소한다. - 혈액순환을 향상시킨다. - 두뇌에 활력을 주어 기억력, 집중력을 향상시킨다.
동작 사진	 

동작 8	개구리 자세
동작 설명 및 효과	♣ 동작 설명 - 두 발을 벌린 채 엉덩이를 바닥에 닿지 않게 앉아서 양 손을 앞으로 닿게 한다. - 엉덩이를 바닥에 닿지 않게 한 채로 허리를 앞으로 숙인다. - 팔을 굽혀 이마가 바닥에 닿을 때까지 천천히 숙이며 숨을 내쉰다. - 숨을 들이 쉬며 머리와 윗몸을 일으켜 처음 자세로 앉는다. ♣ 효과 - 등 아래쪽과 엉덩이, 발목, 허벅지 근육을 강화한다. - 머리를 맑게 한다.
동작 사진	 

동작 9	나비 자세
동작 설명 및 효과	♣ 활동 방법 - 똑바로 앉아서 발바닥을 마주 대고, 무릎을 양 옆으로 편다. - 숨을 마시면서 허리를 펴 주고 내쉬면서 상체를 숙여 이마를 바닥에 붙인다. - 숨을 마시면서 상체를 올린다. 3/4번 반복한다. 주의사항) 이마가 바닥에 닿지 않는 아이들은 무리하게 하지 않는다. ♣ 효과 - 무릎, 엉덩이 관절이 이완되고, 대퇴부 안쪽과 허리에 스트레칭 효과를 가져다 준다.
동작 사진	 

동작 10	큰 나비 자세(반 나비)
동작 설명 및 효과	♣ 동작 설명 - 엉덩이를 바닥에 닿게 하여 두 다리를 쭉 펴고 앉는다. - 한쪽 다리는 무릎을 구부려 발바닥을 반대쪽 허벅지 안쪽에 붙인다. - 상체를 바로 세우고 두 팔을 위로 뻗어 숨을 마시면서 상체를 아래로 숙인다. - 천천히 몸을 일으킨 다음 처음 자세에서 반대쪽으로 진행한다. - 양 팔을 먼저 위로 하여 두 손을 서로 잡은 채로 윗몸과 함께 앞으로 숙인다. - 발을 서로 반대로 하여 진행한다. ♣ 효과 - 피로회복을 돕는다. - 경직된 어깨와 목의 근육을 풀어 주고, 척추 교정을 도와준다.
동작 사진	 

활동 3) : 사물을 표현한 꾸미기 요가동작

동작 1	오뚜기 자세
동작 설명 및 효과	♣ 동작 설명 - 무릎을 모으고 앉아 양 손으로 깍지를 끼어 허벅지 안쪽으로 붙잡는다. - 뒤로 넘어갔다가 다시 원래의 자세로 돌아온다. - 발을 바닥에 닿지 않게 하면서 균형을 잡는다. ♣ 효과 - 복부 근육이 강화되고, 몸 전체의 균형감이 향상된다. - 척추 전체를 마사지한다.
동작 사진	 

동작 2	보트 자세
동작 설명 및 효과	♣ 동작 설명 - 발을 앞으로 뻗고 자연스럽게 앉는다. - 팔을 뒤로 하여 바닥에 대고, 다리를 모아 들어올린다. - 다리가 제 위치에 가게 되면, 바닥을 지탱하고 있던 팔을 들어 지면과 수평으로 들어올린다. - 등과 다리가 V자 모양이 되도록 한다. ♣ 효과 - 복부를 강화하여 내장 기능을 활성화시킨다. - 영양 섭취능력을 강화시켜 성장 발육을 돕는다.
동작 사진	 

동작 3	수레바퀴 자세
동작 설명 및 효과	♣ 동작 설명 - 무릎을 구부리고 누워서 양 손으로 바닥을 짚는다. - 숨을 들이마시면서 팔, 다리를 쭉 펴고 배를 들어올린다. - 숨을 마시면서 팔, 다리와 허리에 힘을 주어 배와 엉덩이를 높이 든다. - 팔의 힘이 약한 경우, 허리를 받쳐 준다. - 바닥으로 내려 올 때 천천히 내려온다. - 2~3회 반복한 다음 점 자세로 편안하게 쉰다. ♣ 효과 - 척추의 유연성을 기른다. - 신체 전반의 조정 기능을 향상시킨다.
동작 사진	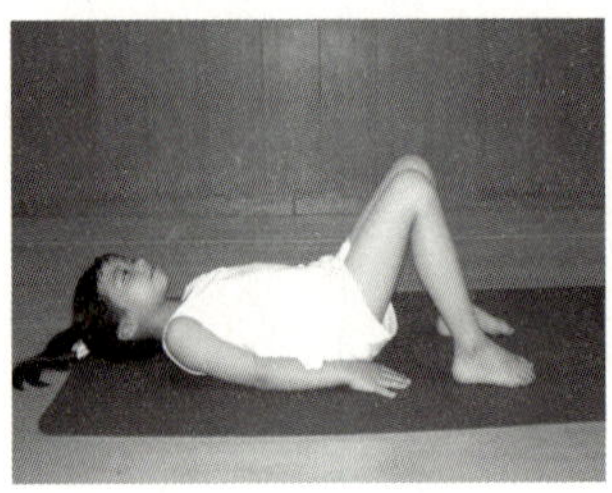 

동작 4	활 당기기 자세 (활 자세)
동작 설명 및 효과	♣ 동작 설명 - 자연스러운 자세로 엎드린다. - 양 발목 또는 발등을 양 손으로 붙잡아 준다. - 활시위를 당기듯 다리를 두 손으로 잡고 머리를 든다. - 바닥에는 배만 닿게 하고 하늘을 바라본다. ♣ 효과 - 다리 근육이 늘어나고 두 팔과 다리가 강해진다. - 허벅지 군살 제거에 효과가 있다. - 허리를 유연하게 한다.
동작 사진	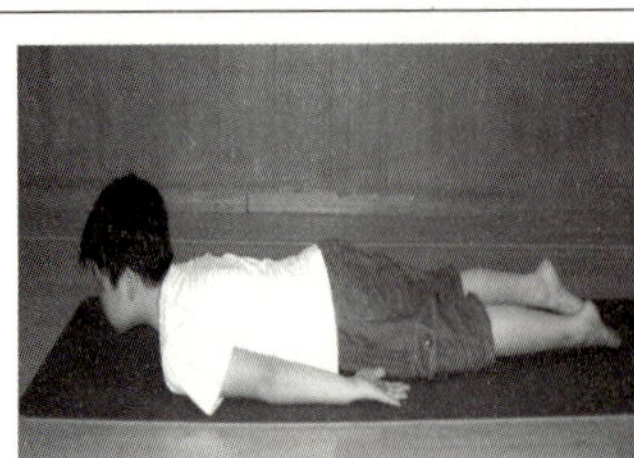 

활동 4) : 운동놀이를 표현한 꾸미기 요가동작

동작 1	수영 자세
동작 설명 및 효과	♣ 동작 설명 - 배를 바닥에 대고 엎드린 자세로 이마를 바닥에 댄다. - 고개를 바닥에 댄 채로 팔을 앞으로 곧게 쭉 편다. - 팔과 가슴, 머리와 다리를 들어 수영하듯이 팔을 천천히 몸통 옆으로 내린다. - 팔을 앞으로 내밀 때 숨을 들이 쉬고, 팔을 뒤로 보내면서 숨을 내쉰다. ♣ 효과 - 등, 어깨, 엉덩이, 넓적다리 근육을 튼튼하게 한다. - 균형감각을 기른다.
동작 사진	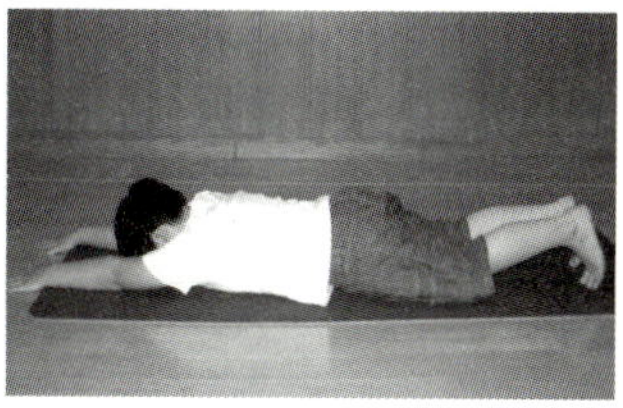 

동작 2	자전거타기 자세
동작 설명 및 효과	♣ 동작 설명 1) 앉아서 자전거타기 - 손을 바닥에서 뗀 채로 오뚝이 자세를 5초 정도 유지한다. - 손을 바닥에 닿게 하여 자전거타기를 한다. 2) 누워서 자전거타기 - 바로 누워서 무릎을 굽힌다. - 손으로 허리를 받쳐서 다리를 위로 세운다. - 양 다리를 자전거 페달을 밟듯이 돌린다. ♣ 효과 - 피로회복에 효과적이다. - 몸의 균형 맞추기를 도와 준다.
동작 사진	 

동작 3	돛단배 타기 자세
동작 설명 및 효과	♣ 동작 설명 - 둘이서 마주 보고 앉은 상태에서 양 다리를 구부리고 앉을 정도 간격을 둔다. - 양 손을 뒤로 편안하여 몸의 균형을 잡고, 짝 한쪽 다리씩 올려 짝꿍의 발을 마주 대고 붙인다. - 숨을 천천히 들이쉬듯 하면서 짝꿍의 양 손을 마주 잡는다. ♣ 효과 - 어깨와 팔을 유연하게 풀어 주고 등의 통증을 덜어 준다. - 짝과 함께 반복하여 동작을 만들어 가며 성취감을 느낄 수 있다.
동작 사진	 

동작 4	바람 불기 자세
동작 설명 및 효과	♣ 동작 설명 - 양 다리를 앞으로 쭉 편 상태에서 왼쪽 다리를 옆으로 뻗는다. - 숨을 마시며 양 팔을 벌려서 숨을 내쉬며 몸통과 한 팔을 한쪽 방향으로 숙이는 동작을 천천히 좌 · 우 반복한다. ♣ 효과 - 옆구리, 가슴을 확장시킨다. - 연동운동으로 배설을 도와 준다. - 원기를 회복시키고, 체력을 길러 준다.
동작 사진	  

참고 문헌

교육과학기술부(2009). 유치원교육과정해설집.

교육과학기술부(2012). 누리과정, 교육과학기술부 고시 제2011-30호.

교육과학기술부(2012). 5세 누리과정 교사 연수자료집, 교육과학기술부, 보건복지부, 유아정책 연구소.

교육부(1996). 유아음률 교육활동자료.

교육인적자원부(2006). 유아체력증진프로그램.

권미란 · 백주하(2011). 유아레크리에이션. 서울: 창지사.

김경중 · 최인숙(1991). 유아발달심리, 서울 : 형설출판사.

김두범 · 김현희 · 안수정(2008). 영유아를 위한 동작교육. 파주: 양서원.

김미숙(1995). 창의적 지도법이 유아의 신체표현 능력 및 창의력에 미치는 영향에 관한 연구, 중앙대학교 대학원 석사학위 논문.

김선 역(1995). 교육과 창의성, 서울 : 집문당.

김성균(1995). 김성균 동요집 제2집, 서울 : 국민서관.

김영연(1996). 유아음악교육론, 서울 : 학지사.

김은심(1995). 통합적 동작교수방법이 유아의 기본동작능력과 창의적 사고 및 신체표현 능력에 미치는 효과, 중앙대학교 대학원 박사학위 논문.

김은심(1997). 유아동작교육, 경기 : 정민사.

김은심(2007). 유아교사를 위한 창의적 동작교육, 서울: 파란마음.

김혜경(1995). 유아를 위한 음악교육, 서울 : 삼광출판사.

노영희(1995). 창의성교육 어떻게 할 것인가?, 「세계화시대의 창의성 교육」, 한국어린이육영회.

대한교과서(1992). 유치원 교육과정.

박상욱 · 남효순(2008). 놀이와 레크리에이션, 서울: 태학원.

박혜숙 · 김상윤(2009). 유아요가와 동작교육, 경기: 공동체.

배인자 외(1996). 유아를 위한 동작교육의 이론과 실제, 파주 : 양서원.

보건복지부(2011). 5세 누리과정, 보건복지부 고시 제2011-106호.

서봉연 · 이순향(1983). 발달심리학, 서울 : 중앙적성출판사.

서울특별시교육위원회(1990). 유아를 위한 음률교육활동.

서울특별시교원연수원(1997). 유치원 교원 일반연수 교재.

성균관대학교 교육학과 창의력 개발 연구실(1996), 창의력 개발 교육을 위한 교사 세미나

신세호 외 역(1981). 오스본 저. 창의성 개발을 위한 교육, 경기 : 교육과학사.

육완순(1986). Rudolf von Laban에 관한 연구 : Human Movement를 중심으로, 박사학위 논문, 한양대학교 대학원.

윤종건(1990). 창의성 개발 교육의 성공을 위한 선결 과제, 〈문교행정〉 제104호, 1990. 8.

이기숙(1990). 유아교육과정, 경기 : 교문사.

이기숙 · 김연주 역편(1996). 유아음악교육, 경기 : 교문사.

이성진(1995). 세계화와 창의성 교육 : 세계화 시대의 창의성 교육, 1995년도 유아교육학술대회, 한국어린이육영회.

이연섭 외(1996). 유아교육개론, 경기 : 정민사.

이영심(2005). 유아동작교육 프로그램, 파주: 양서원.

이은화(1995). 광의의 개념으로서 창의성, 「세계화시대의 창의성 교육」, 한국어린이육영회.

이은화 · 이순례(1996). 유아를 위한 음률활동 자료집, 경기 : 교문사.

이정환(1995). 유아교육의 교수학습방법, 경기 : 교문사.

이춘희(1991). 징검다리, 서울 : 보육사.

이춘희(1992). 아동교육무용, 서울 : 보육사.

이춘희(1997). 동화제시 및 질문유형이 유아의 창의성과 동화구조 이해에 미치는 영향, 서울여자대학교 대학원 박사학위 논문.

이춘희(2010). 아동문학교육. 서울 : 태영출판사.

이춘희(1998). 동시집 왜 그럴까요? 서울 : 두리출판.

임선하(1995). 창의성에의 초대, 서울 : 교보문고.

임영희 · 김미숙(2007). 운동 강도에 따른 요가운동프로그램이 주의집중 관련 뇌파에 미치는 영향. 한국여가레크리에이션학회지, 제 31(3).

장미정(1996). 유아의 창의성 교육을 위한 교사역할 인식 분석, 이화여자대학교 대학원 석사학위 논문.

장미정(2010). 아동문학교육. 서울 : 태영출판사.

정세호 · 김경철(2009). 유아의 친사회적 능력 향상을 위한 또래협동 신체활동 효과, 한국유아체육학회지. 제 10(2).

정옥분(2007). 영유아 발달의 이해, 서울: 학지사.

최지영 · 황선자(2010). 통합적 동작교육이 유아의 기본운동능력 및 창의적 신체표현에 미치는 영향, 미래유아교육학회지 제2(17).

한국어린이교육협회(1994). 유아의 창의적 음률활동.

한국어린이육영회 연수원(1996). 유아와 함께 하는 음률활동.

한국유아교육학회 · 교육과정개정 연구위원회(1997). 제6차 유치원 교육과정 개정 시안 연구 · 개발, 파주 : 양서원.

Barnes, R,(1987). Teaching Art to Young Children 4-9. UK : Allen & Unwin Ltd.

Barret, K(1997). Physical Education for Children. Philadelphia : Lea & Febiger

Barret, K.(1998). Two views : the subject matter of children's physical education. Journal of Physical Education, Recreation and Dance. 59(2), 42-46.

Biehler, R. F.(1953). An analysis of free painting procedures as used with preschool children. Unpublished doctoral dissertation. University of Minnesota.

Bredekamp, S.(Ed.)(1987). Developmentally appropriate practice in early childhood. programs serving children from birth through age 8. Expanded edition. Washington, D.C. : National Association for the Education of Young Children.

Brown, C. A.(1986). Elementary school dance : teaching rhythms and educational forms. Journal Of Physical Education, Recreation and Dance. 57(7), 39-45.

Charlesworth, R., et al.(1991). Kindergarten Teachers Beliefs and Practices. Early Child Development and Care, 70.

Clements, R.(1991). Making the Most of Movement Narratives. Journal Of Physical, Recreation and Dance. 62, 57-61.

Curtis, S. R.(1982). The Joy of Movement in Early Childhood. New York and London : Teachers college, Columbia University.

Day, B.(1994). Early childhood education : Developmental experiential teaching and learning(4th Ed.), NY : Macmillan College Publishing.

Feldhusen, J. F., & Treffinger, D. J.(1976). Design and evaluation of a workshop on creativity and problem-solving for teachers. Journal of Creative Behavior. 10(1), 12-14.

Foster, J.(1977). The influence of Rudolf von Laban. London : Henry Kempton Ltd.

Freud, S.(1910). Eine Kindheitserinnerung des Leonardo da Vinci. Wien : Deuticke.

Gallahue, D. L.(1982). Developmental movement experiences for children. New York : John Wiley & Sons.

Gallahue, D. L. Werner, P. H., & Luedke, G. C.(1975). A conceptual approach to moving and learning. New York : John Wiley & Sons.

Gallahue, D. L.(1976). Motor Development and Movement Experiences for Young Children. New York : John Wiley & Sons.

Gallahue, D. L.(1982). Understanding motor development in children. N.Y. : John Wiley & Sons.

Gallahue, D. L., & Ozmun, J.(1982). Understanding Motor Development : Infancts, Children.

Adolescents, Adults. IA : Brown & Benchmark.

Gallahue, D. L.(1993). Developmental physical education for today's children(2nd.). USA : Wm. C. Brown Communications, Inc.

Gilchrist, M. (1972). The psychology of creativity. Melbourne University Press.

Graham, G. Holt-Hale, S., & Parker, M.(1993). Children moving(3rd. ed.). USA : Mayfield Publishing Company.

Georginna Corneilus and Jacqueline Casler(1991). Enhancing creativity in young children : Strategies for teachers. Early Child Development and Care. Vol. 72.

Grinski, S.(1988). Teaching and learning in physical education for young children. Journal Of Physical Education, Recreation and Dance. 59(5), 91-94.

Grinski, S.(1992). What is a Truly Developtmentally Appropriate Physical Education Program for Children? Journal Of Physical, Recreation and Dance. 63, 33-60.

Guilford, J. P.(1950). Creativity. American Psychologist. 5, 444-454.

Guilford, J. P.(1959). Traits of creativity. In H. H. Anderson (Ed.), Creativity and its cultivation(pp. 31~39). New York : Harper.

Guilford, J. P.(1967). Creativity : Yesterday, today, and tomorrow. Journal of Creative Behavior. l, 3~14.

Guilford, J. P.(1967). Some theoretical views of creativity. In H. Helson & W. Bevan (Eds.). Contemporary approaches to psychology. Princeton, NJ : Van Nostrd.

Guilford, J. P.(1968). Intelligence, creativity, and their educational implications. San Diego, CA : R. R. Knapp.

Haines, B. & Gerber, L.(1984). Leading young children to music. Columbus, OH : Merrill Publishing.

Harmon, Willis and Rheingold, Howard(1984). Higher Creativity- Liberating the Unconscious for Breakthrough Insights. LA : Jeremy P. Tarcher, Inc.,

Hurlock, E. J.(1972). Child Development. McGraw-Hill Book Company.

Hurlock, E. J.(1978). Child Development(6th ed.). New York : McGraw-Hill, Inc.,

Laban, R.(1926). Gymnastik und tang. Oldenburg, Germany : Gerhard Stallings, Verlag.

Laban, R.(1976). Choreutics. London : MacDonald & Evans.

Mackinnon(1962). In search of Human Effectiveness : Identifying and Developing creativity. N.Y. : The Creative Education Foundation, 1962. Mackinnon, D. W. "The Nature and Nurture of Creative Talent", American Psychologist 17. pp. 484-495.

Mackinnon, D. W.(1978). Educating for creativity : A mordern myth? In G. A. Davis and J. A. Scott(Eds.), Training creative thinking. Melbourne : Krieger.

Mackinnon, D. W.(1962). "The nature and nurture of creative talent", The American Psychologists. Vol. 17. 484-490.

Morrison(1980). Early childhood education today, Columbus : Cherles E. Merrill Publishing Co.

Munro, J. G.(1985). Movement education : A program for young children. Mdea Press.

Murray, R.(1963). Dance in elementary education. New York : Harper and Row.

Osborn, A. F.(1968). 상상공학 : 창의력 개발을 위한 교육방법(신세호 공역). 서울 : 배영사 (original work published, 1953).

Osborn, A. F.(신세호 외 공역), 창의력 개발을 위한 교육, 서울 : 교육과학사, 1984.

Osborn, A. F.(이주순 역), 獨創力을 開發하는 法, 서울 : 정음사, 1979.

Osborn, A. F.(문호 역). 뉴프론티어 創造力, 서울 : 계원출판사, 1979.

Pica, R.(1990). Preschoolers Moving & Learning(2nd ed.). Human Kinetics Publishers.

Pica, R. & Gardzina, R.(1991). Early elementary children moving and learning. Illinois : Human Kinetics Books.

Pica, R.(1995). Experiences in Movement with Music, Activities and Theory. Delmar Publisher.

Seefeldt, C.(1987). The Early Childhood Curriculum. N.Y. : Teachers College Press.

Seefeldt, C.(Ed.)(1976). Curriculum for the preschool-primary child : A review of the research. Ohio : Charles E. Merill Publishing Co. 를 인용한 이영(1993), 유아를 위한 창의적 동작교육에서 재인용.

Seefeldt, V.(1987). Selling the potential rather than the record. Journal Of Physical Education, Recreation and Dance. 58(7), 42-43.

Sutton B. A., & Smith(1971). A syntax for play and bames. Child Play. New York : Johnson Willey & Sons, Inc.

Sweeney, R. T.(1970). Selected readings in movement education. Reading, MA : Addision Wesley.

Tan, C., Allman, T.(1962). Verbal originality and teacher behavior : A predictive validity study. Journal of Teacher Education. 21, 335-341.

Thornton, S.(1971). Laban's theory of movement : A new perspective. Boston : Plays Inc.

Torrance, E. P.(1959). Explorations in creative thinking in the early school years. VIII : IQ and creativity in school achievement. Minneapolis : Bureau of Educational Research. University of Minnesota.

Torrance, E. P.(1972). Can we teach children to think creatively? Journal of Creative Behavior. 6, 114-143.

Torrance, E. P.(1977). Creativity in the Classroom-What Research Says to the Teacher. Washington, D.C. : National Education Association.

Torrance, E. P.(1961). Primary creative thinking in the primary grades. Elementary School Journal. 62.

Torrance, E. P.(1964). Seven guides to creativity. Journal Of Physical Education, Recreation and Dance. 36(4).

Torrance, E. P., & Ball, O. E.(1984). Torrance tests of creative thinking : Streamlined______(revised) manual figural A and B. Scholastic Testing Service, Inc.

Wallas, G.(1926). The art of thought. New York : Harcourt Brace.

Wallas, G.(1970). "The art of thought", In P. E. Vernon(Ed.), Creativity. New York. Penguin Books.

찾아 보기

내 용

저자 소개

✍ 이춘희

〈학력〉

- 중앙대학교 대학원 유아교육과(교육학 석사)
- 서울여자대학교 대학원 교육과(문학박사)

〈경력〉

- 가천대학교 유아교육과 교수(역임)
- 한양대학교 교육대학원 강사(역임)
- 아동문학가 동시 시인

〈저서〉

- 유아문학교육
- 독서치료(공역), 유아교육실습(공저), 유아교육기관 운영관리(공저)
- 아동교육무용, 창의적 유아동작교육, 교육실습(공저)
- 유아동요 · 동시집 '징검다리', 큰별아기 동요 Tape 출반
- 전래동화 '은혜갚은 까치' · 위인전 '이순신', '장보고'
- 동시집 "봄 향기, 여름 하늘, 가을 햇살, 겨울바람"
- 동시집 "Why is it ?" (영어 · 일본어 · 중국어 · 한국어 번역본)

✍ 장미정

〈학력〉

- 가천대학교 생활과학대학 아동학과 졸업
- CANADA University of Regina 교육학과 수강
- 이화여자대학교 대학원 유아교육과 졸업(교육학 석사)
- 이화여자대학교 대학원 유아교육과 졸업(교육학 박사)

〈경력〉

- 청강문화산업대학 유아교육과 외래교수
- 동남보건대학 보육과 겸임 교수
- 수원과학대학 아동보육과 겸임교수
- 가천대학교 유아교육과 외래교수
- 가천대학교 교육대학원 유아교육과 외래교수
- 현, 한국유치원 원장

〈저서〉

- 유치원/어린이집 : 유아교육기관 운영관리
- 아동문학교육

✍ 남효순

〈학력〉

- 가천대학교 교육대학원 유아교육전공(교육학 석사)
- 가천대학교 대학원 유아교육과 졸업(문학박사)

〈경력〉

- 가천대학교 유아교육과 외래교수
- 을지대학교 유아교육과 외래교수
- 동남보건대학교 유아교육과 외래교수
- 장안대학교 유아교육과 외래교수
- 경희사이버대학교 사회복지과 외래교수
- 한국대학 레크리에이션협회 전문위원(유아놀이분과)
- 현, 오산대학교 유아교육과 교수

〈저서〉

- 유아체육(공저)
- 놀이와 레크리에이션(손유희 CD 출반)

유아와 교사를 위한

동작교육 -개정판-

초판발행 2012년 8월 31일
개정3쇄 2019년 8월 20일

Chun Hee
2019. 8.

저 자 이춘희 · 장미정 · 남효순
발행인 김현태
발행처 태영출판사

주 소 (08371) 서울시 구로구 디지털로31길 90, 115-1601
전 화 02 · 839-3757, 839-3752
팩 스 02 · 837-3754
등 록 2005년 5월 30일 제12-421호
http://www.taeyeongbook.co.kr
E-mail tys2005@hanmail.net
ISBN 978-89-6302-158-4 93370
정 가 20,000원

* 잘못 만들어진 책은 교환해 드립니다.

NAVER 태영출판사